Inbetriebnahme von Logistikzentren

Carsten Schuchmann

Inbetriebnahme von Logistikzentren

Praxiserprobte Methoden, Hilfsmittel und Checklisten

Carsten Schuchmann
Bremen, Deutschland

ISBN 978-3-658-20138-8   ISBN 978-3-658-20139-5 (eBook)
https://doi.org/10.1007/978-3-658-20139-5

Die Deutsche Nationalbibliothek verzeichnet diese Publikation in der Deutschen Nationalbibliografie; detaillierte bibliografische Daten sind im Internet über http://dnb.d-nb.de abrufbar.

Springer Gabler
© Springer Fachmedien Wiesbaden GmbH 2018
Das Werk einschließlich aller seiner Teile ist urheberrechtlich geschützt. Jede Verwertung, die nicht ausdrücklich vom Urheberrechtsgesetz zugelassen ist, bedarf der vorherigen Zustimmung des Verlags. Das gilt insbesondere für Vervielfältigungen, Bearbeitungen, Übersetzungen, Mikroverfilmungen und die Einspeicherung und Verarbeitung in elektronischen Systemen.
Die Wiedergabe von Gebrauchsnamen, Handelsnamen, Warenbezeichnungen usw. in diesem Werk berechtigt auch ohne besondere Kennzeichnung nicht zu der Annahme, dass solche Namen im Sinne der Warenzeichen- und Markenschutz-Gesetzgebung als frei zu betrachten wären und daher von jedermann benutzt werden dürften.
Der Verlag, die Autoren und die Herausgeber gehen davon aus, dass die Angaben und Informationen in diesem Werk zum Zeitpunkt der Veröffentlichung vollständig und korrekt sind. Weder der Verlag noch die Autoren oder die Herausgeber übernehmen, ausdrücklich oder implizit, Gewähr für den Inhalt des Werkes, etwaige Fehler oder Äußerungen. Der Verlag bleibt im Hinblick auf geografische Zuordnungen und Gebietsbezeichnungen in veröffentlichten Karten und Institutionsadressen neutral.

Lektorat: Susanne Kramer

Gedruckt auf säurefreiem und chlorfrei gebleichtem Papier

Springer Gabler ist Teil von Springer Nature
Die eingetragene Gesellschaft ist Springer Fachmedien Wiesbaden GmbH
Die Anschrift der Gesellschaft ist: Abraham-Lincoln-Str. 46, 65189 Wiesbaden, Germany

Vorwort

Nachdem mich ein Projektleiter eines Kunden am Rande einer Feierlichkeit bei Seite genommen und sich ausdrücklich für die erfolgreiche Arbeit bei der Planung und Realisierung seines Logistikzentrums bedankt hat, habe ich das erste Mal den Wunsch verspürt, diese Erfahrungen weiterzugeben. Es hat noch gute zwei Jahre gedauert, bis ich den ersten Gehversuch unternommen habe: die Veröffentlichung eines kleinen Artikels zum Thema Inbetriebnahme. Dieser Artikel war der Anstoß, mich mit meinem ersten Buchprojekt auseinanderzusetzen. Ich begann aufzuschreiben, was ich im Rahmen Projektarbeit bei dem Bau von Logistikzentren ausprobiert und erlebt habe.

Erstaunlicherweise kann man bis heute zu dem Thema „Inbetriebnahme von Logistikzentren" nur sehr wenige Einträge im Internet finden. Das gleiche Ergebnis hat man bei der Suche nach entsprechender Literatur.

Das Ziel ist, meine Erfahrungen aus über 20 Jahren Projektarbeit im Rahmen von Investitionsprojekten in der Logistik weiterzugeben – also eine Art Anleitung zum Erfolg zu schreiben. Meine Herangehensweise folgt dem Grundsatz des pragmatischen Arbeitens: die einfache Lösung in den Vordergrund zu stellen und konsequent zu arbeiten. Ich bin davon überzeugt, dass sich bei jedem Projekt mit relativ einfachen, aber konsequenten Maßnahmen eine erfolgreiche Inbetriebnahme sicherstellen lässt.

Ich bedanke mich ganz herzlich bei allen, die in irgendeiner Form zur Realisierung dieses Buches beigetragen haben. Insbesondere danke ich Viola Pleines, die mich ermutigt hat, dieses Buch zu schreiben und den Text fachlich Korrektur gelesen hat.

Über Zuschriften zu Fragen und zum Austausch zu diesem Thema unter inbetriebnahme@logistics-go-live.de würde ich mich sehr freuen. Selbstverständlich stehe ich für Beratungen zum ausgeführten Themenbereich zur Verfügung.

Carsten Schuchmann

Inhaltsverzeichnis

1	**Einleitung**..	1
2	**Die zehn häufigsten Fehler im Logistikprojekt**	5
3	**Anforderungen an den Auftraggeber**	7
	3.1 Festlegung der Ziele und Anforderungen......................	7
	3.2 Klare Herleitung der Planungsbasis...........................	9
	3.3 Die Projektfähigkeit sicherstellen	10
	3.3.1 Verfügbarkeit des Projektteams.......................	11
	3.3.2 Besetzung der Rolle des Projektleiters	12
	3.3.3 Professionelle Zusammenarbeit........................	13
	3.4 Einrichtung eines Projektbüros	15
	3.5 Tests durch den Auftraggeber	21
	3.6 Einsatz eines Emulationssystems..............................	22
4	**Anforderungen an den Auftragnehmer**.............................	25
	4.1 Projektteam des Systemlieferanten	25
	4.2 Inbetriebnahmerelevante Vertragsinhalte......................	27
	4.3 Leistungstestszenarien.......................................	28
5	**Abnahmen und Testphasen**	35
	5.1 Abnahme Pflichtenheft.......................................	39
	5.2 Werksabnahmen...	40
	5.3 Statische Abnahme Fördertechnik	42
	5.4 Statische Abnahme IT	43
	5.5 Dynamische Abnahme I.....................................	44
	5.6 Dynamische Abnahme II	46
	5.7 Behördliche Abnahmen	49
	5.8 Leistungsabnahme...	49
	5.9 Abnahme Verfügbarkeit......................................	51
	5.10 Endabnahme..	51

6	**Projektphase – Konzeptentwicklung**............................		53
	6.1	Pflichtenhefterstellung.................................	53
	6.2	Prozessbeschreibung..................................	58
		6.2.1 Gliederung der Geschäftsvorfälle.......................	62
		6.2.2 Geschäftsvorfälle in Tabellen.........................	64
		6.2.3 Geschäftsvorfälle in Flussdiagrammen...................	68
7	**Projektphase – Vorbereitung der Funktionstests**...................		75
	7.1	Durchführung von Schulungen...........................	75
	7.2	Testorganisation und Rahmenbedingungen...................	82
	7.3	Erstellung der Testfälle für die Funktionstests................	88
	7.4	Testfalldokumentation.................................	95
	7.5	Bereitstellung der Testumgebung.........................	98
	7.6	Konfiguration und initialer Datenimport....................	103
8	**Projektphase – Durchführung der Funktionstests**..................		109
	8.1	Bearbeitung der Testergebnisse..........................	109
	8.2	Dokumentation der Testergebnisse........................	113
	8.3	Änderungsmanagement vor dem Go-live....................	117
9	**Projektphase – Durchführung der Leistungstests**...................		123
10	**Projektphase – Inbetriebnahme**...............................		137
	10.1	Die Vorbereitung des Go-live............................	137
	10.2	Der Echtbetrieb......................................	144
11	**Projektphase – Messung der Verfügbarkeit**.......................		147
12	**Zum Schluss**...		153
13	**Anhang**...		155
	13.1	Stichworte Test und Inbetriebnahme.......................	155

Sachverzeichnis... 161

Abbildungsverzeichnis

Abb. 3.1	Einsatzmöglichkeiten einer Emulation	23
Abb. 4.1	Leistungs- und Layoutanforderung aus dem Konzept	31
Abb. 4.2	Beispiel eines Leistungstestszenarios	33
Abb. 5.1	Testphasen und Abnahmen	36
Abb. 5.2	Autarkes Testen	44
Abb. 5.3	Stufenweise Anbindung der Systeme	46
Abb. 5.4	Funktionstest im Verbund mit einem Emulationssystem	48
Abb. 6.1	Pflichtenheft und Prozessbeschreibung	60
Abb. 6.2	Prozessbeschreibung	63
Abb. 6.3	Prozesstabelle	65
Abb. 6.4	Flussdiagramm mit Funktionsstreifen	69
Abb. 6.5	Weitere Symbole zur Darstellung in Flussdiagrammen	70
Abb. 6.6	Flussdiagramme in der Gruppe entwickeln	70
Abb. 7.1	Testorganisation	82
Abb. 7.2	Testfälle aus der Pflichtenheft- und der Prozessbeschreibung erstellen	89
Abb. 7.3	Zuordnung der Themen zu den Testteams	92
Abb. 7.4	Testfälle und Übersichtstabelle	96
Abb. 7.5	Testfalldokument	97
Abb. 7.6	Übersichtstabelle für die Testfälle	98
Abb. 7.7	Typische Testumgebung für ein Logistikzentrum	99
Abb. 7.8	IT-Komponenten der Testumgebung	101
Abb. 7.9	Systemhierarchie am Beispiel Lagerverwaltungssystem	102
Abb. 8.1	Kommunikationsablauf	110
Abb. 8.2	Geringe Erfolge beim Testbeginn	113
Abb. 8.3	Dokumentation der Testergebnisse	115
Abb. 8.4	Übersichtstabelle für den täglichen Testfortschritt	116
Abb. 8.5	Darstellung des Testfortschrittes	118

Abb. 9.1	Leistungstestszenario	127
Abb. 9.2	Laufzeit für einen Leistungstest	128
Abb. 9.3	Leistungsermittlung durch Zählen der Ladungsträger	128
Abb. 9.4	Positionierung der Zählstellen	129
Abb. 9.5	Stapel von Ladungsträgern	130
Abb. 9.6	Besetzung der Zählstellen	131
Abb. 9.7	Hilfsmittel für die Leistungstests	131
Abb. 9.8	Gezielte Freigabe von Aufträgen	132
Abb. 10.1	Systemumgebung im Testbetrieb	139
Abb. 10.2	Systemumgebung im Echtbetrieb	139
Abb. 10.3	Drehbuch zum Go-live	140
Abb. 11.1	Zusammensetzung einer Ausfallzeit	148
Abb. 11.2	Ermittlung der Teilverfügbarkeiten	149
Abb. 11.3	Teilverfügbarkeiten – Reihenanordnung und Parallelanordnung	150
Abb. 11.4	Teilverfügbarkeiten – Kombinierte Anordnung	150
Abb. 11.5	Liste zur Erfassung und Auswertung der Störungen	152

Tabellenverzeichnis

Tab. 3.1	Vor- und Nachteile des Einsatzes einer Emulation	24
Tab. 4.1	Leistungstestszenarien mit unterschiedlichen Lastschwerpunkten	30
Tab. 5.1	Abnahmen und Testphasen	38
Tab. 6.1	Formen der Prozessdarstellung	60
Tab. 6.2	Fehlerfälle	67
Tab. 6.3	Verwendung von Symbolen in Flussdiagrammen	71
Tab. 7.1	Schwerpunkte eines Schulungsplans für ein Logistikprojekt	79
Tab. 7.2	Beispiele für Informationen in der Übersichtstabelle	98
Tab. 8.1	Exemplarischer Tagesablauf der ersten Testtage	111
Tab. 8.2	Statusfelder	117
Tab. 8.3	Fehlerklassen	119
Tab. 8.4	Änderungsmanagement	121

Einleitung 1

Der Begriff „Warmstart" steht für einen Start eines bereits vorgewärmten Motors. Der Vorteil eines Warmstarts ist es, dass der Verbrennungsmotor nicht so stark belastet wird und Schäden vermieden werden.

Genau darum geht es in diesem Buch. In kurzer und knapper Form werden die wesentlichen Aspekte für einen sicheren Start eines Logistikzentrums beschrieben. Selbstverständlich gilt das auch für komplexere förder- und softwaretechnische Erweiterungen von bestehenden Anlagen.

In der Regel hat man es bei einem Aufbau eines Logistikzentrums mit einer Vielzahl von Systemlieferanten und Beratern zu tun. Die Architekten und Bauingenieure sollen hier der Einfachheit halber ausgeklammert und wie in allen anderen Teilen dieses Buches nur auf die Zusammenarbeit von Auftraggeber sowie Software- und Fördertechniklieferanten und deren Unterlieferanten eingegangen werden. Mit jedem dieser Partner müssen Konzepte abgestimmt und Schnittstellen zwischen den Gewerken festgelegt werden. Das ist ein sehr aufwendiger Prozess.

Wie sich oft zeigt, ist das Zusammenspiel der Lagertechnik und der Lagerverwaltungssysteme einer der häufigsten Gründe für langfristige Störungen in der Hochlaufphase eines Logistikzentrums. Hier ist eine aufwendige Integration der Funktionen und Prozesse über Schnittstellen herzustellen. Softwareteile, die am Schreibtisch des Programmierers noch reibungslos liefen, können nach der Kopplung mit den unterlagerten Systemen manchmal die einfachsten Funktionen nicht mehr korrekt ausführen. Konstellationen, die in der Masse auftreten, werden erst nach dem „Go-live" entdeckt und können zu stunden- oder sogar tagelangen Auszeiten führen. Diese Auszeiten können ganze Auslieferungen zum Endkunden gefährden.

In der Fachpresse gibt es sehr wenig Berichte über gescheiterte Inbetriebnahmen, weil es natürlich nicht opportun ist, dies an die große Glocke zu hängen. Als gescheitert werden hierbei solche Inbetriebnahmen bezeichnet, bei denen über mehrere Arbeitstage Probleme bei der fristgerechten Zustellung der Waren und Güter aufgetreten sind und die

© Springer Fachmedien Wiesbaden GmbH 2018
C. Schuchmann, *Inbetriebnahme von Logistikzentren*,
https://doi.org/10.1007/978-3-658-20139-5_1

Mitarbeiter auf allen Ebenen versuchen, in unzähligen Überstunden mit Behelfslösungen die Situation in den Griff zu bekommen.

Die meisten Logistiker kennen mindestens ein Unternehmen, bei dem eine zurückliegende Inbetriebnahme eines Logistikzentrums zu erheblichen Problemen in der Auslieferung führte. Unter der Hand wird schon vor der Inbetriebnahme mit Schwierigkeiten gerechnet. „Ein bisschen Knirschen wird es auf jeden Fall", ist ein häufig ausgesprochener Satz der Verantwortlichen. Von einer großen Motivation zur strukturierten Vorbereitung des „Go-live" kann in diesem Fall nicht mehr ausgegangen werden. Wenn man einen Projektverantwortlichen eines gescheiterten Projektes im Nachgang nach den Gründen für die Probleme befragt, werden meistens besondere Bedingungen wie „unsere Anlage ist innovativ" oder „hat eine außergewöhnliche Komplexität" vorgeschoben. Es gibt aber auch gute Beispiele. Wie gehen die Projektverantwortlichen vor, wenn ein Logistikzentrum fast lautlos in Betrieb geht? Wenn die Warenempfänger nicht wahrnehmen, dass sie von einem Werktag auf den nächsten von einem neuen Logistikstandort beliefert werden?

▶ Das Ziel ist, eine fristgerechte Inbetriebnahme ohne Störungen des Auslieferprozesses zu erreichen.

Dieses Buch zeigt auf, wie der Projektleiter und das Team vorgehen müssen, um eine erfolgreiche Inbetriebnahme eines Logistikzentrums sicherzustellen. Zielgruppe sind alle Projektverantwortlichen oder Projektmitarbeiter, die eine Inbetriebnahme eines neuen Logistikzentrums oder eine umfangreiche Erweiterung einer bestehenden Anlage vor sich haben.

Der Aufbau des Buches orientiert sich chronologisch an den wichtigsten Phasen eines Logistikprojekts. Dieser Aufbau soll zu jeder Zeit im Projekt einen direkten Einstieg in die entsprechenden Themen der jeweiligen Projektphase ermöglichen. Der Leser kann sich so in den kritischen Phasen des Projektes bestimmte Themen noch einmal ansehen und kontrollieren, ob sein Projekt schon von der Ideallinie abgekommen ist. Ähnlich wie die Formulierung von Quality Gates in der Fertigungsindustrie sollte die folgende Projektphase erst begonnen werden, wenn die Ergebnisse der vorherigen bestimmten Qualitätskriterien entspricht. Die Checklisten sollen das Formulieren von geeigneten Qualitätskriterien unterstützen, die allerdings schon vor dem Projektstart verabschiedet werden müssen.

In Kap. 2 wurden zur Einführung in das Thema die häufigsten Fehler in einem Logistikprojekt zusammengetragen. Dieses Kapitel gibt einen ersten Eindruck zu den Problemen und Hindernissen, die einer erfolgreichen Inbetriebnahme im Wege stehen.

In Kap. 3 sind die Anforderungen an den Auftraggeber aufgeführt. Die Erfüllung dieser Anforderungen ist Voraussetzung für das Gelingen der folgenden Projektphasen. Im Vordergrund stehen die Anforderungen an die Mitarbeiter, die dieses Projekt zu bearbeiten haben.

Kap. 4 behandelt die Voraussetzungen auf der Seite des Auftragnehmers für eine erfolgreiche Inbetriebnahme. Es geht um die frühzeitige Abstimmung der Erwartungen und der Festschreibung im Vertrag als Grundlage einer konfliktfreien Zusammenarbeit.

In der Regel wird eine Testphase immer mit einer Abnahme abgeschlossen, weshalb Kap. 5 die für ein Logistikzentrum erforderlichen Abnahmen und Testphasen differenziert und beschreibt.

In Kap. 6 geht es um die inhaltliche Arbeit, die Konzeptentwicklung. Die Ergebnisse dieser Phase sind Grundlage für den gesamten Projektverlauf. Die Dokumente, die hier entstehen, müssen klar und deutlich formuliert sein und dürfen mindestens bei den Projektteilnehmern keinen inhaltlichen Spielraum zulassen.

Kap. 7 behandelt die Testvorbereitung, die auf den Konzeptdokumenten aufsetzt. Es wird auf die notwendigen Schulungsmaßnahmen, die strukturierte Erstellung der Testfälle, die Rahmenbedingungen zum Testen und die initiale Konfiguration der neuen Systeme eingegangen.

In Kap. 8 wird die Durchführung der Funktionstests, mit und ohne Anbindung der Schnittstellen, behandelt. Der Schwerpunkt liegt dabei auf dem Umgang mit Fehlern in den Systemen und der erforderlichen Kommunikation mit den Systemlieferanten bei der Bearbeitung der Testergebnisse.

Kap. 9 beschreibt die sehr umfangreiche Vorbereitung und Durchführung der vertraglich festgelegten Leistungstests – eine wesentliche Prüfung vor der Bereitschaftserklärung zum Go-live.

Die Projektphase der Inbetriebnahme wird in Kap. 10 behandelt. Es geht um die Vorbereitung der Systeme zum Umschalten auf den Echtbetrieb und die Durchführung von organisatorischen Maßnahmen zur Sicherstellung eines reibungslosen Anlaufes des operativen Betriebes.

In Kap. 11 werden die notwendigen Verfügbarkeitsmessungen behandelt. Diese zeigen in mehreren Schritten, wie zuverlässig und störungsfrei die fördertechnische Anlage arbeitet. Dabei werden die zu erreichenden Verfügbarkeitswerte schrittweise erhöht.

Zum Abschluss des Buches fasst Kap. 12 die wesentlichen Aspekte im Verlauf eines Logistikprojektes zusammen.

Die zehn häufigsten Fehler im Logistikprojekt

Im Folgenden werden aus der Erfahrung von über 20 Inbetriebnahmen von Logistikzentren die häufigsten Fehler und Versäumnisse zusammengefasst.

1. **Pflichtenhefterstellung**
   Die Probleme beginnen mit der ungenügenden Aufmerksamkeit der Pflichtenhefterstellung beim Auftraggeber. Wenn die Pflichtenhefte, also die Vorlage für die IT und Fördertechnik-Konzepte, unzureichend beschrieben sind und nicht von allen Beteiligten ernsthaft „abgenommen" werden, führt das zwangsläufig zu Problemen im gesamten Projektverlauf. Hierfür ist vom Auftraggeber von Anfang an ein kompetentes Projektteam zusammenzustellen und vom Tagesgeschäft mindestens abschnittsweise zu befreien

2. **Prozessbeschreibung**
   Die ausführlichen Prozessbeschreibungen, die Teil des Pflichtenheftes sein müssen, werden nicht mit Hilfe von Tabellen und Flussdiagrammen verifiziert und enthalten dadurch viele unsaubere Stellen. Nur eine konsequente tabellarische und grafische Darstellung der neuen Prozesse deckt Unzulänglichkeiten oder Missverständnisse im Text auf. An jeder Stelle muss eindeutig beschrieben sein: Wer oder welches System macht was in welcher Folge unter welchen Voraussetzungen mit welchen Hilfsmitteln?

3. **Testszenarien im Vertrag**
   Die Organisation und Durchführung der Tests, sowie die Anforderungen an den Systemlieferanten werden zu gering oder gar nicht im Vertrag behandelt. Des Weiteren werden die Testszenarien zur Messung der definierten Systemleistung nicht im Vertrag mit dem Systemlieferanten fixiert. Diese enthalten für verschiedene Schwerpunktszenarien festgelegte Leistungen für bestimmte Transportströme, zum Beispiel mit dem Schwerpunkt Auslagerung. Ohne eine detaillierte Beschreibung der Durchführung dieser Projektphase und der Anforderungen an die Systemlieferanten muss

mit erheblichen Streitigkeiten über den Verlauf und über unerwartete Mehrkosten gerechnet werden.

4. **Rolle des Auftraggebers**

   Mit dem Verständnis, dass sie eine schlüsselfertige Anlage gekauft haben, zeigt das Management des Auftraggebers bei der Vorbereitung und der Durchführung der Tests nur wenig Interesse. Die Tests werden nur unzureichend vorbereitet und durchgeführt und haben eher den Charakter von „Ausprobieren".

5. **Schulungen**

   Das Testteam bekommt in der Regel keine Systemschulungen vor Beginn der Abnahmen und Tests. Das liegt daran, dass die Fertigstellung der Software auf dem kritischen Pfad liegt und daher eine Phase „Schulung" mit einem kundenspezifischen Testsystem nicht möglich ist. Die Schulungen reduzieren sich häufig auf trockene Powerpoint-Präsentationen. Die Testteams müssen sich oft selbst helfen und mit kurzen Einweisungen und „Learning by doing" zurechtkommen.

6. **Personalverfügbarkeit**

   Das Personal zur Bedienung und Steuerung des Logistikzentrums wird erst kurz vor oder sogar nach der Inbetriebnahme eingestellt und kann nicht die wichtigen Projektphasen zur Sicherstellung einer reibungslosen Inbetriebnahme begleiten. Das kann auch dazu führen, dass die Mitarbeiter, die die Tests vorbereiten, nicht in den Pflichtenheftgesprächen dabei waren und somit keine Durchgängigkeit im Know-how-Aufbau sichergestellt ist.

7. **Tests**

   Der Aufwand der Testvorbereitung und der -durchführung wird unterschätzt. In vielen Projektterminplänen kommt die Aktivität gar nicht vor. Die Tests müssen geschrieben und durchgeführt werden. Nicht selten kommen mehrere hundert Testfälle zusammen, die sogar in einigen Fällen in mehreren Phasen wiederholt werden müssen.

8. **Zeit**

   Die Belastung des Testteams wird unterschätzt. In der heißen Phase kommen für die Key User und das Testteam 50 bis 60 h pro Woche zusammen. Tage, an denen zwölf bis 14 h gearbeitet wird, sind keine Seltenheit.

9. **Fehlerdokumentation**

   Die aufgetretenen Fehler werden nicht sauber dokumentiert und verfolgt. Die Art der Fehlerdokumentation sollte zwischen dem Testteam und den beteiligten Lieferanten vor Beginn der Testphase abgestimmt werden.

10. **Projekthandbuch**

    Für die Test- und Inbetriebnahmephase werden keine Regelungen zu der Organisation und der Kommunikation definiert. Diese sollten in Form eines Projekthandbuches festgeschrieben werden. Besonders für diese Phasen sind klare Verantwortlichkeiten, Regeltermine, Meldewege und abgestimmte Aktivitäten für das effektive Arbeiten notwendig.

Anforderungen an den Auftraggeber 3

Die meisten Auftraggeber gehen davon aus, dass sie ein schlüsselfertiges System für ihr Logistikzentrum kaufen, vergleichbar etwa mit dem Kauf eines Autos: Der Kunde wählt aus, was er haben möchte, dies wird in einem Vertrag festgehalten – und nach einer bestimmten Dauer für Produktion und Überführung steht da ein fahrbereites Auto. In der Regel ist der Kunde zufrieden. Der Kunde muss das Auto nicht testen, sondern dreht den Schlüssel herum und fährt los.

Mit dieser Erwartungshaltung gehen viele Unternehmen in ein Logistikprojekt und glauben, dass sie sich auf die Erfüllung des Vertrags berufen können, wenn dieser überhaupt professionell aufgesetzt wurde. Der Vertrag und das positive Auftreten des Dienstleisters in der Akquisephase geben ihnen schon genügend Sicherheit. In diesem Fall kann nicht mehr mit genügend Eigeninitiative des Auftraggebers für eine gewissenhafte Erstellung der Pflichtenhefte, für die Vorbereitung und die Durchführung der Tests und der professionellen Inbetriebnahme gerechnet werden.

3.1 Festlegung der Ziele und Anforderungen

Immer wieder ist zu beobachten, dass Unternehmen die Formulierung von Projektzielen nicht ernst nehmen. Da gab es einen Fall, bei dem ein Systemlieferant[1] schon beauftragt wurde, obwohl im Unternehmen noch nicht mal eindeutig klar war, was genau das Ziel des Projektes sein sollte. Darüber hinaus wird dies auch im Unternehmen nicht ausreichend kommuniziert. Irgendwann im Laufe des Projektes sind Aussagen zu hören wie: „Ich habe erwartet, dass diese Funktionen durch das Projekt mit abgedeckt

---

[1]Systemlieferant steht hier für den Lieferanten einer fördertechnischen Anlage oder einer Lagerverwaltungssoftware.

sind." Um solche Missverständnisse von vornherein auszuschließen, sollte das Ziel des Logistikprojektes klar beschrieben werden. Außerdem hat sich eine kleine Werbetour durch das Unternehmen vor dem eigentlichen Start des Projektes, in der über die Ziele und die Zeitschiene des Projektes in den benachbarten Abteilungen des Unternehmens berichtet wird, bewährt. Daraus sollte auch hervorgehen, wie andere laufende Projekte von dem Logistikprojekt betroffen sind – sei es durch neue Schnittstellen oder einfach durch den Ressourcenbedarf in anderen Projekten.

Es ist angeraten, die Ziele klar zu formulieren und schriftlich festzuhalten. Kurze Halbsätze reichen hier nicht. Mögliche Einwände und Fragen von anderen Abteilungen sollten aufgenommen werden. Die Dokumente sollten persönlich vorgestellt werden. Selbstverständlich kann es im Projektverlauf zu Veränderungen oder Erweiterung in der Zieldefinition kommen. Diese Änderungen sollten ebenfalls dokumentiert und an einen entsprechenden Verteilerkreis geleitet werden.

▶ Das Ziel des Logistikprojektes muss klar beschrieben und deutlich von anderen laufenden Projekten abgegrenzt werden. Das Ziel des Projektes muss außerdem für alle Verantwortlichen und Projektbeteiligten gleich sein.

Neben der Beschreibung von Projektzielen müssen vom Auftraggeber für die Beschaffung von umfangreichen Gewerken, wie z. B. einer fördertechnischen Anlage[2] oder einer Logistiksoftware, umfangreiche Lastenhefte erstellt werden. Die Lastenhefte sind die Basis für funktionale Ausschreibungen am Markt und dienen dazu, ausgewählte Systemlieferanten in die Lage zu versetzen, aussagekräftige Angebotskonzepte zu erstellen. Das Lastenheft ist so zu formulieren, dass der Systemlieferant seine Gestaltungsfreiräume erkennen kann, ohne dabei die Mindestanforderungen außer Acht zu lassen. Der Systemlieferant soll innerhalb der Freiräume das beste Lösungskonzept im Angebot präsentieren.

Der Beschreibung des Lastenheftes ist sehr große Aufmerksamkeit zu schenken, um sicherzustellen, dass alle notwendigen Anforderungen und Rahmenbedingungen vollständig beschrieben sind. Häufig haben die Auftraggeber wenig Erfahrung mit der strukturierten Erarbeitung von Anforderungskatalogen und sollten sich daher auch schon für diese Phase professionelle Unterstützung hinzuziehen.

▶ Die Lastenhefte werden in einer sehr frühen Phase des Logistikprojektes erstellt. Da diese Dokumente die Basis für die Angebotskonzepte und die folgenden Projektphasen sind, muss auf eine professionelle Bearbeitung geachtet werden.

---

[2]Unter einer fördertechnischen Anlage wird hier die Gesamtheit der eingesetzten Technik für die Intralogistik zusammengefasst. Darin enthalten sind die Regalanlage, Regalbediengeräte, Paletten- und Kartonfördertechnik, Flurförderfahrzeuge usw.

3.2 Klare Herleitung der Planungsbasis

Nach der Zieldefinition des Projektes folgt in der Regel eine Analyse. In der Analyse werden Informationen und Zahlen zum geplanten Projektvorhaben zusammengetragen und analysiert. Neben der Beschreibung von Unternehmenszielen, dem Planungshorizont, der Auflistung von zu berücksichtigen Vertriebswegen, Produktgruppen, Liefergebieten usw. geht es im Wesentlichen um die eindeutige Aufbereitung von Zahlen. Zahlen sind die Grundlage für die Planung von Kapazitäten und der Ermittlung der erforderlichen Leistungen eines Logistikzentrums.

Das Ergebnis der Analyse muss in einem Dokument mit dem Titel Planungsbasis zusammengetragen werden. Die Inhalte in dem Dokument sollten sehr klar und eindeutig aufgebaut sein. Zu jeder Zahl müssen eine klare Abgrenzung und eine eindeutige Herleitung der Herkunft und Entstehung ablesbar sein. So sind z. B. neben den Vertriebswegen, die in dem zu realisierenden Logistikzentrum abgewickelt werden sollen, auch die zu nennen, die nicht dort abgewickelt werden sollen. Bei den Mengendaten, die entstehen, müssen die Rechenwege aufgezeigt werden. Jede Basiszahl hat eine Quellenangabe. Jede Quellenangabe hat ein Datum und einen Dateinamen, von der Datei, aus der diese Zahl stammt, einen Verfasser usw.

Bei einer durchaus üblichen Projektlaufzeit von 1,5–2 Jahren für die Realisierung eines Logistikzentrums gibt es im Laufe des Projektes Änderungen dieser Zahlen, weil sich die Rahmenbedingungen verändert haben. Diese Änderungen müssen aber eindeutig chronologisch festgehalten und, je nach Bedeutung und Auswirkung der Änderungen, von der Projektleitung oder der Geschäftsführung beispielsweise in einem Steuerkreis bestätigt werden. Es muss ablesbar sein, wann die Zahlen geändert wurden, wie die vorherigen Werte waren, warum sie geändert wurden, wer das im Unternehmen entschieden hat und welche Auswirkung diese Änderung auf das Konzept hat.

In den Tabellen zur Entwicklung des Kapazitätsbedarfes auf Basis von Ausgangsdaten lässt sich jede Zahl mit einer Erläuterung versehen und der Rechenweg transparent aufzeigen. Bei Annahmen, die gemacht wurden, sollte jede Zahl entsprechend gekennzeichnet und eine Erläuterung ergänzt werden, wie diese Schätzung entstanden ist und von wem sie vorgenommen wurde. Wenn im Verlauf des Projektes Änderungen notwendig waren, wurde jeder betroffene Wert mit einem Datum und einer Bemerkung zu dieser Änderung ergänzt.

▶ Die klare und eindeutige Aufbereitung von Zahlen und Daten und deren ständige Korrektur, wenn sich Rahmenbedingungen im Projektverlauf ändern, sind Voraussetzung für einen erfolgreichen Projektverlauf. Ähnlich wie in einer Buchführung, wo jede Transaktion auf den Cent genau erkennbar ist, sollten die Entstehung und die Veränderungen der Basisdaten chronologisch erfasst werden. So gilt in allen Projekten der Grundsatz: Eine Zahl ohne Herleitung ist keine Zahl.

Anekdote aus dem Projektleben
Im Rahmen einer Konzeptvorstellung bei einem großen Kontraktdienstleisters präsentierte das Planungsunternehmen eine Zusammenfassung der dazugehörigen Basisdaten. Der anwesende Geschäftsführer des Kontraktdienstleisters versuchte, die Zahlen über eigene bekannte Eckdaten zu verifizieren, und kam an einer Stelle zu einem anderen Ergebnis. Daraufhin fragte der Geschäftsführer, woher der Berater denn die Zahlen hätte. Der Berater konnte dies, auch im Nachhinein, nicht beantworten. Dieses Ereignis hat das ganze vorgestellte Ergebnis infrage gestellt, weil das Vertrauen in die Arbeit des planenden Unternehmens verloren gegangen ist.

3.3 Die Projektfähigkeit sicherstellen

Woran erkennt man im Vorfeld eines Projektes, ob das Management und das Team des Auftraggebers überhaupt in der Lage sind, ein erfolgreiches Projekt zu führen?

Die Projekte, über die wir hier sprechen, haben oft eine Dimension, die für das Unternehmen selbst außergewöhnlich ist. In der Regel baut ein Unternehmen nicht in kurzen Abständen ein Logistikzentrum oder ändert dieses umfangreich und hat daher ein „eingespieltes Team", das leicht mit den Herausforderungen eines Großprojektes im Logistikumfeld zurechtkommt.

Selbstverständlich hat jedes Unternehmen schon etliche Projekte durchgeführt. Aber keines dieser Projekte hatte ein so große Komplexität, enthielt die Einführung neuer Techniken, hatte so viele Lieferanten und Dienstleister gleichzeitig eingebunden und hatte so eine große Aufmerksamkeit auf die Außenwirkung des Unternehmens. Bei keinem dieser Projekte hat eine Verzögerung des kritischen Pfades zu erheblichen Kosten bei vielen beteiligten Firmen geführt und hat eine schlechte Vorbereitung der Inbetriebnahme solche großen und für den Endkunden sichtbaren Auswirkungen wie in einem Großprojekt in der Logistik gehabt:

- Wie können Sie ermitteln, wo Ihr Unternehmen steht?
- Ist Ihr Team reif für ein Großprojekt, wo es um das Zusammenspiel von Organisation, Technik und Software geht und wo die erfolgreiche Zusammenarbeit mit den beteiligten Parteien entscheidend für den Erfolg ist?
- Haben Sie genug Erfahrung, um das Projekt so zu steuern und zu überwachen, dass einer erfolgreichen Inbetriebnahme nichts im Wege steht?

Anhand der folgenden Kapitel kann der Leser sein Unternehmen einer Prüfung unterziehen und den Bedarf an externer Unterstützung erarbeiten.

3.3.1 Verfügbarkeit des Projektteams

Mal angenommen, es soll ein Team für ein umfangreiches Logistikprojekt zusammengestellt werden. In der Regel klopft man die bekannten Fachgebiete bzw. Fachabteilungen ab und nennt die Schlüsselfiguren im Unternehmen. Das können Abteilungsleiter sein, Mitarbeiter mit besonderem Wissen oder Mitarbeiter, die schon „ewig" im Unternehmen sind. In der Regel sind das die alten Bekannten. Das sind oft die Personen, die bei schwierigen Themen immer herangezogen werden und auch schon im Tagesgeschäft immer eine tragende Rolle spielen. Eine zweite Gruppe besteht aus Neulingen. Das Projekt wird mit neuen jungen Mitarbeitern aufgefüllt. Die haben ja Zeit, sind noch nicht so stark im Unternehmen verankert und wurden schon mal für das Projekt eingestellt. Damit haben wir das erste Dilemma: Die eine Gruppe hat keine Zeit und die andere Gruppe keine Erfahrung. Wie soll das funktionieren?

Selbst bei dieser Aufgabe hilft schon ein externer Berater, der einige erfolgreiche Projekte hinter sich hat und Ihr Vertrauen genießt. Der Berater kommt im ersten Ansatz mit einer Auflistung von Funktionen, die in Ihrem Projekt besetzt werden müssen. Die Besetzung ist natürlich abhängig von der Art und vom Umfang des Projektes. Der Berater hat in erster Linie die Sicht auf das Projekt und nicht die Sicht aus dem Unternehmen heraus.

Zu jeder Funktion werden typische Fragestellungen und Aufgaben definiert und festgehalten. Erst anschließend werden Namen als Vorschläge zugeordnet. Damit entsteht ein erster Entwurf eines Projektorganigramms. Aus den Beschreibungen der Tätigkeiten können grob der Aufwand und die Dauer der notwendigen Verfügbarkeit im Projekt abgeleitet werden. Es ist empfehlenswert, ein Organigramm immer im Zusammenhang mit einem Terminplan und einer Ressourcenübersicht zu betrachten. Ein großer Fehler, der häufig gemacht wird, ist, bewusst Ressourcen zu benennen, die nicht ausreichend Zeit für das Projekt haben. Eine häufige Aussage, die in solchen Fällen zu hören ist: „Wir haben keinen anderen, und das Tagesgeschäft muss ja auch weitergehen."

Selbstverständlich sind die Tätigkeiten und die notwendigen Verfügbarkeiten der Personen und Teams so genau wie möglich zu beschreiben. Erst dann kann die Person oder das Team bewerten, ob es das leisten kann und was es für die reguläre Arbeit der Mitarbeiter bedeutet.

An dieser Stelle sollte konsequent geprüft werden, ob der Mitarbeiter für die Dauer des Projektes bestimmte Tätigkeiten abgeben und wie er im Projekt durch externe Ressourcen unterstützt werden kann. Diese Ressource sollte frühzeitig eingestellt oder beauftragt werden, damit eine Aufwärmzeit vor der eigentlichen Projektarbeit möglich ist.

▶ Die Projektmitarbeiter müssen für die notwendige Zeit im Projekt freigestellt werden. Der Aufwand beschränkt sich nicht auf die Teilnahme an den Workshopterminen, sondern muss die Vor- und Nachbereitungszeit mit einschließen.

3.3.2 Besetzung der Rolle des Projektleiters

Eine weitere wichtige Frage ist, ob das Unternehmen ausreichend Projektmanagementerfahrung besitzt und die Stelle des Projektleiters kompetent besetzen kann.

„Na klar, wir haben schon viele Projekte gemacht", hört man diesbezüglich immer wieder.

Oder auch: „Projektmanagement können wir selber, da brauchen wir keine Hilfe."

Zu klären ist:

- Gibt es im Unternehmen jemanden, der Erfahrung mit der Moderation von Gruppen mit mehr als 5 Personen hat?
- Kann diese Person frei von Zwängen auch mal für eine ruhigere und konzentriertere Arbeitsweise im Workshop sorgen?
- Kann der Mitarbeiter konsequent Aufgaben für bestimmte Personen formulieren und die Bearbeitung auch einfordern?
- Traut sich diese Person eine neue Methode der Moderation zu?
- Kann diese Person auch wirklich führen und bei Bedarf in Konfliktsituationen die Situation beruhigen?

Oft wird ein Projektleiter aus Anerkennungsgründen benannt und nicht nach der Sinnhaftigkeit für das Unternehmen bzw. für das Projekt. Oder es gibt keinen Mitarbeiter, der die Anerkennung, die Kompetenz, das Durchsetzungsvermögen und die Projekterfahrung mitbringt. Ein Projektleiter sollte:

- Zeit für das Projekt haben,
- die Kompetenz für Logistik und die Systeme mitbringen und
- im Unternehmen gut vernetzt sein,
- im Sinne des Projektes und damit unternehmensübergreifend denken und handeln können,
- akribisch an Methoden festhalten,
- genauso aber auch kurzfristig eine Änderung in der Projektorganisation vornehmen können sowie
- führungsstark sein.

Darüber hinaus muss der Projektleiter durch Mitarbeiter unterstützt werden, die die Dokumentation von Konzepten, Terminplänen, Offenen-Punkte-Listen und organisatorischen Themen wahrnehmen. Was sich in vielen großen Investitionsprojekten in der Logistik bewährt hat, ist einen unternehmensinternen und einen unternehmensexternen Projektleiter zu berufen. Hier ist natürlich die Chemie zwischen den beiden sehr wichtig. Deshalb empfiehlt es sich auf jeden Fall, eine externe Hilfe einzusetzen, die genügend „Abstand" zu den Projektteilnehmern hat. Die Erfahrung zeigt, dass die Auftraggeber diesen Punkt unterschätzen und auch zu Beginn eines Projektes die Kosten für diese Tätigkeit nicht kalkulieren.

3.3 Die Projektfähigkeit sicherstellen

▶ Der Projektleiter und die Mitarbeiter, die ihn dabei unterstützen, müssen Erfahrung mit dem Führen und Organisieren von Projekten haben.

3.3.3 Professionelle Zusammenarbeit

Neben der fachlichen Kompetenz im Rahmen von Logistikprozessen und der Fördertechnik müssen bei allen Projektmitarbeitern gewisse Fähigkeiten für die erfolgreiche zielorientierte Zusammenarbeit über eine lange Zeit vorhanden sein.

Aus diesem Grund sind die folgenden Kompetenzen und Fähigkeiten besonders hervorzuheben:

Wertschätzung durch Zuhören
Wertschätzung im Zusammenhang mit Kommunikation bedeutet im Wesentlichen: zuhören können. Vielen Kollegen fällt es sehr schwer, zuzuhören und einen Kollegen ausreden zu lassen. Das ständige „ins Wort fallen" erschwert es jedem Teilnehmer, dem Inhalt zu folgen. In jeder Sitzung sollte sich jeder einen Notizblock nehmen und eigene Gedanken zunächst in Stichworten aufschreiben, bevor er diese vortragen kann. Ein Moderator lenkt die Gespräche so, dass jeder nacheinander zu dem Gesprochenen etwas beitragen kann.

Störung der Aufmerksamkeit durch Handys
Workshops, die oft mehrere Tage in einer Woche und über mehrere Wochen oder Monate andauern, erfordern eine hohe Konzentrationsfähigkeit. Leider muss immer wieder festgestellt werden, dass die Benutzung von Handys im Workshop, und gerade bei den Mitarbeitern des Auftraggebers, zur Normalität gehört. Handys, geöffnete Laptops und Tablets sollten nicht den Workshop stören. Nur der Vortragende oder der Protokollant dürfen einen Laptop verwenden.

Pünktlichkeit bei Sitzungen
Eigentlich eine Selbstverständlichkeit. In vielen Projektworkshops lässt sich dennoch erstaunlicherweise feststellen, dass häufig die Mitarbeiter des Auftraggebers zu spät zu einer Sitzung kommen und nicht die der Dienstleister, Lieferanten und Berater. Darüber hinaus handelt es sich in der Regel um Personen in höherer Position, oft sogar um den Projektleiter des Auftraggebers selbst. Eigentlich eine Lappalie, sollte man meinen, doch es steht auch für eine gewisse Respektlosigkeit und für ein Ressourcen verschwendendes Verhalten. Alle Projektteilnehmer sollen sich spätestens 5 min vor dem Beginn des Workshops im Raum treffen. Gerade die Führungspersonen des Auftraggebers sollten vorbildlich sein und auf eine Einhaltung der Termine achten.

Verlässlichkeit bei der Projektarbeit
Entscheidend für den Erfolg der Projektarbeit ist die genaue und zeitnahe Lieferung von Informationen durch die Projektmitarbeiter. Oft ist zu beobachten, dass die Projektmitarbeiter mehrmals ermahnt werden müssen, bis sie eine Aufgabe erledigen, oder erst auf

Nachfrage damit beginnen, diese Themen in großer Runde zu diskutieren, obwohl sie diesen Punkt außerhalb der Sitzungen klären sollten. Das ist eine Unzuverlässigkeit, die das Projekt sehr belasten kann. Daher lässt sich in den Offene-Punkte-Listen als Ergebnis eines offenen Punktes auch einen Kommentar eintragen, wenn das Ergebnis nicht fristgerecht geliefert wurde.

Nur klare Formulierungen zulassen
Auch etwas Banales, sollte man meinen. Aber die Fähigkeit, einen Sachverhalt, einen Konzepttext, eine Aufgabe, einen Lösungsweg oder einen Testfall so klar auszuformulieren, dass er in der Gruppe von allen eindeutig verstanden wird, auch noch nach mehreren Wochen, ist eine Fähigkeit, die einen Projekterfolg sehr stark unterstützt. Erfahrungsgemäß wird in Projekten sehr viel Zeit damit verbracht, unklare Formulierung zu deuten. Diese führen zu langwierigen Diskussionen, die eher den Charakter von „Raten" haben als von inhaltlicher Arbeit. Erstaunlicherweise wird das Ausformulieren immer als lästig angesehen, und daher muss ein Moderator immer wieder nachhaken, um zu einer wirklich klaren und eindeutigen Formulierung zu kommen.

Dem Moderator Folge leisten
Hiermit ist gemeint, sich auch mal leiten zu lassen und sich auf etwas Neues einzulassen. Gerade in Großprojekten kommen auf viele Mitarbeiter neue Methoden zu, die oft von außen in das Unternehmen durch Berater und externe Moderatoren eingebracht werden. Neue Methoden werden oft belächelt. Das ist kontraproduktiv. Stattdessen sollte den Projektbeteiligten empfohlen werden, sich zunächst auf eine neue Methode einzulassen. Ein guter Moderator mit viel Erfahrung fragt nach einer gewissen Zeit, wie die Methode ankommt und holt sich Feedback. Auf dieser Basis können selbstverständlich Korrekturen vorgenommen werden, wenn die Methode nicht zum gewünschten Ergebnis führt. Außerdem übernimmt ein guter Moderator auch eine Führungsrolle und stellt in den Workshop alle Beteiligten auf eine Ebene. Das ist für die Beteiligten oft auch sehr ungewohnt.

Prozessorientiertes Arbeiten
In einem prozessorientierten Unternehmen sind alle Tätigkeiten nach den Geschäftsprozessen ausgerichtet. Das bedarf einer prozessorientierten Denkweise. Oft ist gerade zu Beginn von Pflichtenheftgesprächen zu beobachten, wie schwer es einigen Mitarbeitern des Auftraggebers fällt, sich in Geschäftsprozesse hineinzudenken und diese zu beschreiben. In der Regel verbessert sich diese Fähigkeit nach einiger Zeit in den Workshops.

Aktiv zum Gelingen des Workshops beitragen
Bei vielen Teilnehmern, die zu den Projektworkshops erscheinen, gewinnt man immer wieder den Eindruck, dass sie sehr schlecht vorbereitet sind. Es wird daher viel Zeit darauf verschwendet, Sachverhalte mehrmals zu wiederholen, damit sich die Teilnehmer wieder an bereits besprochene Inhalte erinnern. Es ist für das gute Gelingen der Workshops

notwendig, dass die Teilnehmer die Workshops vor- und nachbereiten. Jeder der Workshop-Teilnehmer muss sich daher selbstständig fragen: Wie kann ich zum Gelingen des nächsten Workshops beitragen.

▸ Die besondere Größe und Komplexität des Projektes und die Zusammenarbeit mit Lieferanten und Dienstleistern verlangen besondere Fähigkeiten der Projektmitarbeiter.

3.4 Einrichtung eines Projektbüros

Wer erledigt was bis wann? – dies könnte eine einfache Formel für das Gelingen eines Projektes sein. Leider zeigt sich in der Realität, dass selbst diese einfache Zuordnung von Aufgaben zu Personen und Terminen oft ein sehr schwieriges Unterfangen sein kann.

Viele Logistikprojekte sind gekennzeichnet durch Verzögerungen im Projektverlauf, die zu erheblichen Mehrkosten führen. Die anfängliche Ordnung zum Zeitpunkt des Kick-off-Termins verfliegt leider im Tagesgeschäft schon nach einigen Wochen. Zu den Berichtszeitpunkten hat der Projektleiter große Mühe, den Status klar darzustellen, da er nicht alle Informationen im direkten Zugriff hat und erst bei der Zusammenstellung des Statusberichtes offene Punkte zutage treten, die nicht konsequent abgearbeitet wurden. Erschwert wird diese Situation noch, wenn in einem Projekt mehrere Unternehmen beteiligt sind und die Kommunikation nicht optimal organisiert ist.

Gut organisierte Projektbüros können hier Abhilfe schaffen. Ein Projektbüro, das idealerweise den Blick von außen haben sollte und langjährige Erfahrung aus Logistikprojekten mitbringt, hat die Aufgabe, den Projektleitern die lästigen administrativen, aber für das Projekt unentbehrlichen Tätigkeiten abzunehmen.

Zunächst geht es um einen erfolgreichen Projektstart. Die Fehler, die am Anfang eines Projektes gemacht werden, können im Projektverlauf nur schwer wieder ausgeglichen werden. Das Projektbüro leitet die Aufbauphase des Projektes und erstellt mit den Projektleitern die Grundlagen für einen erfolgreichen Projektverlauf. In dieser Planungsphase sollten sämtliche bekannten Aktivitäten, die verfügbaren bzw. erforderlichen Ressourcen sowie Kosten und Termine erfasst werden. Genauso wichtig ist aber die Einführung von Kommunikationsregeln. Dazu wird ein speziell erstelltes Projekthandbuch offiziell zur Arbeitsgrundlage für das gesamte Team erklärt. Es geht dabei nicht darum, ein 100 Seiten starkes Werk zu verfassen, das ohnehin von kaum einem Projektmitglied gelesen wird, sondern um eine kurze verständliche Zusammenfassung der wichtigsten zur täglichen Projektarbeit notwendigen Regeln und Vereinbarungen, frei nach dem Motto: Weniger ist mehr. In der Praxis erprobte Organisations- und Kommunikationsstrukturen, eindeutig formulierte Projektregeln und exakt fixierte Verantwortlichkeiten tragen dazu bei, die Arbeit des Teams von Anfang an effektiv zu gestalten. Die Einrichtung einer auf das Projekt abgestimmten Kommunikationsplattform gewährleistet einen optimalen Informationsfluss – allerdings nicht ohne Regeln, wie diese zu verwenden ist.

Zur Unterstützung der Akzeptanz ist es wichtig, dass die Mitarbeiter des Projektbüros formal mit ihren Aufgaben schon zu Beginn des Projektes durch den Projektleiter vorgestellt werden. Es muss von Anfang an deutlich gemacht werden, dass die Ziele des Projektbüros mit der Projektleitung abgestimmt sind. Aber noch viel wichtiger ist, dass die Mitarbeiter des Projektbüros persönlich bei den Projektmitarbeitern für die Arbeit des Projektbüros werben, um eine vertrauensvolle Beziehung aufzubauen.

> Ein straff organisiertes Projektbüro sichert notwendige Klarheit im Projektverlauf und hält den Projektleitern den Rücken frei. Ohne die Akzeptanz einer regelbasierten Projektarbeit bei allen Projektbeteiligten ist eine erfolgreiche Projektsteuerung auf Dauer nicht möglich.

Das Projektbüro hat die Aufgabe, das Projektteam über sämtliche Aktivitäten auf dem Laufenden zu halten. Es ist eine Art unabhängige Schaltstelle zwischen den Projektressourcen, mit ständigem Blick auf das Projektziel. Es wird nicht nur eine Liste mit Besprechungsterminen verteilt. Eine Terminübersicht enthält alle Workshops und Meetings mit den Angaben zu Ziel der Veranstaltung, den Agendapunkten, dem Veranstaltungsort, dem Teilnehmerkreis und dem Protokollanten. Alle Protokolle und Präsentationsunterlagen werden nach der Veranstaltung auf Vollständigkeit geprüft und inhaltlich ausgewertet. Dabei geht es primär um die allgemeine Verständlichkeit der Dokumente und um die einheitliche Aufbereitung. Besonderes Augenmerk wird aber auf die offenen Punkte gelegt. Aufgaben müssen klar beschrieben sein. Was wird genau erwartet, von wem wird es bis wann erledigt? Gibt es Abhängigkeiten zum Projektzeitenplan? Das sind Fragen, die beantwortet werden müssen.

Ein abgestimmter Verteilerkreis wird anschließend mit dem Protokoll, einer aktualisierten Offene-Punkte-Liste und den Präsentationsunterlagen versorgt. Außerdem werden die Dokumente mit einer eindeutigen Nomenklatur zentral abgelegt und stehen dezentral zur Verfügung. Das Projektbüro übernimmt die komplette Terminorganisation, inklusive der Einladungen. Bei Bedarf können Projektmeetings und Workshops moderiert und protokolliert werden.

Der Projektzeitenplan und die Kostenübersicht werden von einer Stelle verwaltet. Das Projektbudget wird so genau verwaltet, dass zu jeder Zeit auf den Euro genau klar ist, wie viel vom Budget bereits beauftragt wurde, wo Mehrungen entstanden sind, wodurch diese entstanden sind und welches Gremium diese wann genehmigt hat. Jede Änderung, die zu einer neuen Version führt, wird formal mit dem Projektleiter abgestimmt und dokumentiert. Änderungen zur Vorversion werden erläutert und ebenfalls einem abgestimmten Verteilerkreis zur Verfügung gestellt. Sämtliche Aktivitäten, die Bezug zu einer Projektphase oder einem Meilenstein im Projektzeitplan haben, werden verfolgt. Nur so können Projektverzögerungen frühzeitig erkannt und Gegenmaßnahmen eingeleitet werden.

Die Inbetriebnahmephase ist der Spiegel der Organisation im Projektverlauf. Mängel in der Kommunikation und beim Dokumentenmanagement können zum Problem werden. Kurz vor der Inbetriebnahme steigt der Abstimmungsbedarf in der Regel enorm an. Gerade zwischen den Parteien kommen in der Regel Themen hoch, die für einzelne

3.4 Einrichtung eines Projektbüros

Projektteilnehmer schon als erledigt galten. Eine gut sortierte Dokumentenablage mit einer nachvollziehbaren Historie hilft oft, die Spannungen durch schnelle Klärung aus dieser Projektphase herauszunehmen. Die Projektbeteiligten können sich so auf die Vorbereitung einer erfolgreichen Inbetriebnahme konzentrieren.

Ein Projektbüro ist nur erfolgreich, wenn die entsprechende Erfahrung und Fingerspitzengefühl vorhanden ist. Voraussetzung für die Akzeptanz des Projektbüros im Projektteam sind gute Kenntnisse der Methoden, Engagement, Verlässlichkeit, Ausdauer und – nicht zu unterschätzen – Sozialkompetenz. Die Projektmitglieder müssen die Arbeit des Projektbüros als Unterstützung erfahren, auch wenn es mal unruhig wird.

Von entscheidender Bedeutung ist die Fähigkeit, eine ergebnisorientierte Kommunikation sicherzustellen. Die folgende Formulierung bei einer Nachfrage zu einem offenen Punkt ist sicherlich nicht der Sache dienlich:

Moderator: „Herr X, was ist mit dem offenen Punkt XY"?

Mitarbeiter: „Oh, ich hatte keine Zeit. Was war noch mal genau die Aufgabe, was sollte ich noch mal machen? Wir haben doch schon mal über diese Sache gesprochen."

Moderator: „Gut, dann nehmen Sie den Punkt doch einfach noch mal mit."

Fazit: Der Punkt bleibt unklar. Es wird zum nächsten Punkt übergegangen, obwohl Herrn X nicht klar ist, was er machen soll.

Der Moderator muss hier sehr genau nachhaken. Die offene Aufgabe muss ausführlich beschrieben werden. Der Moderator muss sicherstellen, dass der betroffene Mitarbeiter die Aufgabe verstanden hat und weiß, wie er sie bearbeiten kann. Darüber hinaus muss das erwartete Ergebnis erläutert und in der Offene-Punkte-Liste erfasst werden. In der Historie zu diesem offenen Punkt wird zu dem aktuellen Datum ein Eintrag gemacht, aus dem deutlich wird, dass der Punkt nicht erledigt werden konnte. Das Zieldatum wird abgestimmt und in der Liste aktualisiert.

Dagegen ist das nächste Beispiel einer Kommunikation eher dazu geeignet, das Projektziel zu erreichen:

> Frau Y, aus meinen Unterlagen geht hervor, dass Sie für den offenen Punkt 123 benannt sind. Der Termin ist verstrichen. Können Sie mir kurz erläutern, wie und wann Sie die Ergebnisse zu der Fragestellung liefern können? Ist Ihnen die Aufgabe klar genug formuliert? Sind Sie überhaupt der richtige Ansprechpartner oder benötigen Sie Unterstützung von einem Ihrer Kollegen? Wie kann ich Ihnen bei der Erledigung dieser Aufgabe helfen? Sollen wir noch mal gemeinsam die Aufgabe durchgehen?

Ein ideales Projektbüro zeichnet sich durch eine Kontinuität in der Abwicklung aus. Die Konzentration auf das Wesentliche mit dem Blick von außen auf die Projektbeteiligten bei gleichzeitigem Fachverständnis zu den logistischen Themenbereichen ermöglicht eine perfekte Projektorganisation, die sich wie ein roter Faden vom Start bis zum Projektabschluss durch das Projekt zieht.

▶ Das einzige, was wirklich hilft, ist das konsequente Verfolgen von offenen Punkten über die gesamte Projektlaufzeit. Zu jeder Zeit muss klar sein, wer was wann zu erledigen hat und welche Unterstützung dabei benötigt wird.

Ziel jedes Projektleiters sollte es sein, frühzeitig eine effektive Abwicklung eines Projektes durch den Einsatz eines kompetent besetzten Projektbüros sicherzustellen.

Was sich in der Projektarbeit außerdem bewährt hat:

- Einstellung von Regelterminen bei den Beteiligten, um schon weit im Voraus Termine in den Kalendern zu blocken. Die Bestätigung, ob der Termin tatsächlich stattfindet, erfolgt ca. eine Woche vor dem Datum. Das erleichtert die Terminfindung erheblich und die Mitarbeiter können langfristig ihre Termine um die Projekttermine herum planen.
- Eine zentrale Urlaubsliste. Die Urlaubsdaten der Projektmitarbeiter sollten möglichst langfristig in einer Übersicht gepflegt werden. Der Einzelne sollte bei Bedarf noch mal darauf hinweisen, dass er bei bestimmten Terminen nicht dabei sein kann und ggf. selbstständig für eine fachliche Vertretung sorgt.
- Die Offene-Punkte-Liste wird nur von einer Person geführt. Nur so kann sichergestellt werden, dass es eine einheitliche Schreibweise und Ordnung in der Führung der Aufgabenliste gibt. Die Nutzung von „State of the art task management tools" über das Internet mit Schreib- und Leserechten für alle Projektmitglieder haben sich in vielen Projekten nicht bewährt. Es ist besser, einer Person die Pflege dieser Dateien zu überlassen, so können sehr viele Rückfragen zu unklaren Eintragungen vermieden werden.
- Die Offene-Punkte-Liste sollte über die gesamte Projektlaufzeit mindestens wöchentlich abgeglichen werden. Da nicht alle Parteien durchgehend beim Auftraggeber vor Ort sind, hat sich die Nutzung eines Web-Konferenztools sehr bewährt, wobei alle Teilnehmer auf einen Bildschirm sehen können. Die Moderation dieser Konferenz wird von dem Mitarbeiter des Projektbüros übernommen.
- In jeder Sitzung oder in jedem Gespräch können neue offene Punkte entstehen. Diese werden gemeinsam formuliert, es werden Maßnahmen bzw. Lösungswege zur Bearbeitung des offenen Punktes formuliert, es wird ein Termin zur Erledigung des Punktes genannt und es wird nur ein verantwortlicher Name erfasst und direkt in die Liste aufgenommen.
- Jeder Projekttermin erhält eine Agenda. Das kann z. B. eine Themengebiet sein, das detailliert werden soll.
- Es werden keine Protokolle nach der Besprechung geschrieben. Üblicherweise wird einer Person aufgetragen, das Protokoll zu schreiben. Diese macht sich in der Sitzung Notizen und fertigt daraus im Nachgang ein Protokoll an. Dieses Protokoll wird an einen Verteiler zur Kontrolle verschickt und bei Bedarf angepasst. Dieser Prozess ist viel zu aufwendig. Vorrangig sollte immer durchgesetzt werden, dass gar kein Protokoll geschrieben wird. Wenn es doch gewünscht ist, sollte es direkt in der Sitzung am Beamer geschrieben werden und sich auf wirklich wesentliche Stichworte und Entscheidungen beschränken. Darüber hinaus hat sich ein Endlosprotokoll bewährt, so ist nur eine Datei im Umlauf und die Chronologie der Ereignisse lässt sich leicht in der Datei erkennen.
- Die Flipcharts, die in den Workshops entstehen, sollten am Ende der Sitzung fotografiert werden. Die Dateien werden dem Endlosprotokoll beigefügt oder der Speicherort im Projektlaufwerk wird bekannt gegeben.

3.4 Einrichtung eines Projektbüros

Der Auftraggeber sollte bezüglich der Projektfähigkeit folgende Punkte beachten:

Checkliste 1 – Anforderungen an den Auftraggeber	erfüllt	
	ja	nein
Das Projektteam muss auf die notwendigen Fähigkeiten im Projekt hin überprüft werden. Gegebenenfalls müssen Nachschulungen durchgeführt oder externe Ressourcen zur Unterstützung aktiviert werden.		
- Sind die notwendigen Fähigkeiten für die Bearbeitung eines Großprojektes bekannt?	☐	☐
- Kann im Unternehmen offen über die Mängel der Fähigkeiten und die erforderlichen Maßnahmen gesprochen werden?	☐	☐
- Ist das Projektteam offen für neue Methoden, die von dem externen Berater eingebracht werden?	☐	☐
Die Projektorganisation wird vor Projektbeginn definiert, schriftlich in Form eines Projekthandbuches festgehalten und mit den Führungskräften und den Projektbeteiligten im Unternehmen abgestimmt.		
- Sind den Mitarbeitern die Aufgaben klar?	☐	☐
- Ist die Projektorganisation in einem Projekthandbuch festgehalten?	☐	☐
- Steht die Unternehmensführung hinter dieser Arbeitsweise?	☐	☐
Es ist eine ausreichende Freistellung des Projektteams vom Tagesgeschäft sicherzustellen.		
- Sind die benannten Projektmitarbeiter so entbunden, dass der Fortschritt des Projektes, bis auf extreme Ausnahmen, immer Vorrang hat?	☐	☐
- Ist dies allen Kollegen bekannt?	☐	☐
- Kann eine Überlastung der Mitarbeiter im Tagesgeschäft durch den Arbeitseinsatz des Kollegen im Projekt ausgeschlossen werden?	☐	☐
- Sind die Aufgaben und Arbeitszeiten für die Projektmitarbeiter für das Tagesgeschäft und für das Projekt klar benannt?	☐	☐
Eine länger andauernde Stresssituation im Tagesgeschäft, durch das Fehlen von Mitarbeitern, die im Projekt eingebunden sind, kann zu einer schlechten Unterstützung des Projektes führen.		
Eine räumliche Trennung vom Tagesgeschäft durch Schaffung eines Projektraums schafft eine erhebliche Entlastung.		
- Können ausreichend Arbeits- und Besprechungsräume für die Dauer der Projekte belegt werden?	☐	☐
Durchführung von Teambildungsmaßnahmen und Absprachen zu dem Umgang mit Kommunikationsschwierigkeiten. In Großprojekten kommt es nicht selten zu erheblichen Spannungen.		
- Können Maßnahmen zur Bildung von Teams und zur Vermeidung von Konflikten im Unternehmen durchgeführt werden?	☐	☐

	erfüllt	
	ja	nein
Das Projekt muss von einer Person geführt werden, die Projektfortschritt und Ergebnisse konsequent nachhält, dokumentiert und Informationen gezielt verteilt.		
- Hat der interne Projektleiter diese Fähigkeiten?	☐	☐
- Macht eine Doppelspitze mit einem internen und einem externen Projektleiter Sinn?	☐	☐
- Wird das konsequente Nachhalten von Aufgaben im Unternehmen als positiv gesehen?	☐	☐
Die Systemlieferanten bringen in der Regel eine Vorstellung mit, in welcher Reihenfolge und in welcher Geschwindigkeit die Aktivitäten zum Aufbau des Logistikzentrums zu erfolgen haben. Die Projektleitung muss früh diese Anforderungen und Vorstellungen von mehreren Lieferanten zu einem großen Ganzen zusammenführen. Es entsteht ein globaler Projektplan.		
- Ist die Projektleitung in der Lage, diese Vielzahl an Anforderungen von den Systemlieferanten zu einem allgemeingültigen Projektterminplan zusammenfließen zu lassen?	☐	☐
Das Projekt sollte grundsätzlich ressourcenschonend durchgeführt werden. Bei jedem Meeting sollte gefragt werden, wer unbedingt bei der Sitzung teilnehmen muss und aus welchem Grund. Auch der Einsatz von Web-Konferenzen sollte gefördert werden.		
- Ist das Bewusstsein für eine ständige Kontrolle, ob Mitarbeiter in einer Sitzung teilnehmen müssen oder nicht, vorhanden?	☐	☐
- Kann offen über die notwendige Besetzung der Meetings gesprochen werden?	☐	☐
- Kann sichergestellt werden, dass zielorientierte Sinnhaftigkeit vor unternehmenspolitischem Kalkül steht?	☐	☐
- Können Reisetätigkeiten so weit wie möglich vermieden werden?	☐	☐
Es kann immer wieder erlebt werden, dass aufgrund von unternehmensinternen Spannungen Workshops so groß besetzt waren, dass ein inhaltliches Arbeiten praktisch nicht möglich ist. Erstaunlicherweise werden die Gruppen mit der Zeit immer kleiner.		
Jedes Meeting sollte mit größter Aufmerksamkeit durchgeführt werden. Auf folgende Punkte sollte geachtet werden: • Pünktlichkeit • Konzentration • respektvolle Diskussion • ordentliche Dokumentation • professionelle Moderation		
- Kann im Projektteam offen über die Nichteinhaltung der oben genannten Punkte gesprochen werden?	☐	☐
- Können Maßnahmen zur Verbesserung vorgenommen werden?	☐	☐

	erfüllt	
	ja	nein
Regelmäßiges Anpassen von Basisdokumenten, wie Projekthandbuch, Projektzeitenplan, Projektorganigramm, Verteilerlisten usw.		
- Sind Mitarbeiter benannt, die sich kurzfristig um die Aktualisierung der zentralen Dokumente kümmern?	☐	☐
- Sind zentrale Ablageverzeichnisse verfügbar und sind Regeln zur Benutzung der Dateien verabredet?	☐	☐
Es sollte nicht so viel Aufmerksamkeit auf den Einsatz moderner Tools zur Unterstützung des Arbeitens im Team über das Netz gelegt werden als vielmehr auf einfache bekannte Software und Dateiformate, geführt durch fähige Mitarbeiter, die strukturiert und diszipliniert Dateien pflegen und verteilen. Wenn der Einsatz von internetfähigen Tools gewünscht ist, müssen Regeln zur Nutzung der Tools festgelegt werden.		
Die Projektziele müssen klar beschrieben und von anderen Aktivitäten im Unternehmen abgegrenzt werden. Der Text ist in einem Dokument zu verfassen.		
- Sind die Projektziele ausführlich beschrieben und mit der Geschäftsführung abgestimmt?	☐	☐
- Sind alle Unternehmensbereiche darüber informiert?	☐	☐
- Sind Überlappungsbereiche zwischen anderen laufenden Projekten deutlich voneinander abgegrenzt?	☐	☐
Das aufgestellte Projektteam benötigt volle Rückendeckung aus der Geschäftsführung. Wenn der Wind von vorne bläst, sollte sich die Geschäftsführung vor das Projektteam stellen.		
- Gibt es ein deutliches Bekenntnis aus der Geschäftsführung zu dem Projektleiter und dem Projektteam?	☐	☐
Die Geschäftsführung muss in kurzen sinnvollen Abständen über Fortschritt und auftretende Probleme in Kontakt mit dem Projektteam kommen und Entscheidungen treffen.		
- Sind Regeltermine frühzeitig bei der Geschäftsführung eingestellt?	☐	☐
- Wurden die Erwartungen von diesen Regelterminen festgelegt?	☐	☐
- Werden die Entscheidungen in Regelmeetings festgehalten?	☐	☐
- Werden diese veröffentlicht?	☐	☐

3.5 Tests durch den Auftraggeber

Da fördertechnische Anlagen oder Logistiksoftware aus Standardkomponenten bestehen, aber in der Kombination mit Kundenanpassungen doch zum großen Teil als Sonderanfertigung gesehen werden können, ist es zwingend notwendig, dass die Systeme vor dem Echtbetrieb ausreichend getestet werden. Der Systemlieferant wird die Systeme auf Basis der gemeinsam erarbeiteten Dokumente realisieren. Die Programmierer und die Techniker der Systemlieferanten werden eigene Tests durchführen. Diese Tests können aber nie die Intensität erreichen, als wenn ein Mitarbeiter des Auftraggebers Testfälle aus seiner fachlichen Sicht vorbereitet und selbst durchführt. Außerdem neigen die Systemlieferanten dazu, weniger als notwendig zu testen. Das Augenmerk der Lieferanten liegt häufig auf Tests von Teilabschnitten und nicht auf der Durchgängigkeit.

> Selbst wenn sich der Systemlieferant bei der Realisierung sehr genau an die Dokumente gehalten hat, erkennt der Anwender des Auftraggebers viel schneller Unzulänglichkeit und logische Fehler aus dem fachlichen Gesamtzusammenhang des Unternehmens.

Des Weiteren gilt: Je früher ein Fehler gefunden wird, desto geringer ist der Aufwand, diesen zu beseitigen. Kann ein Fehler durch die Anwesenheit eines Anwenders des Auftraggebers früher erkannt werden, führt das zu einem geringeren Nachbearbeitungsaufwand. Bei der Testfallerstellung kann der Anwender des Auftraggebers besser abschätzen, welcher Testfall sinnvoll ist und welcher nur eine Wiederholung darstellt und keine neuen Erkenntnisse bringt. Ein weiterer wichtiger Grund, warum der Auftraggeber sich intensiv in die Inbetriebnahme der Systeme durch Testen einbringen sollte, ist der frühzeitige Know-how-Transfer. Nur so können die Mitarbeiter später das Verhalten der Anlage im Gesamtzusammenhang verstehen lernen.

Die Systemlieferanten liefern immer nur einen Teil der zukünftigen Systemlandschaft des Auftraggebers. Diese Systeme müssen integriert und durch Tests im Verbund auf das Zusammenspiel hin überprüft werden. Der Auftraggeber hat die besten Voraussetzungen, um Tests über alle Systemgrenzen vom Warenwirtschaftssystem bis zur fördertechnischen Anlage hinweg vorzubereiten und durchzuführen. Für diese Tests ist es von großem Vorteil, wenn die Anwender des Auftraggebers auch das „Innere" des einzelnen Systems erkundet haben und nicht einen Test im Verbund mit einer „Blackbox" durchführen.

Bei allen Aktivitäten darf man auch nicht vergessen, dass trotz möglicher Malus- und Bonusregelungen mit dem Systemlieferanten am Ende eine Projektverzögerung oder ein misslungener Start in den Echtbetrieb immer zulasten des Auftraggebers geht.

> Die Erstellung der Testfälle und die Durchführung der Tests in den verschiedenen Abstufungen durch ein Anwenderteam des Auftraggebers sind unbedingt vorzunehmen. Nur in dieser Konstellation können eine effektive Sicherung der Systemqualität und ein notwendiger Know-how-Transfer zum Auftraggeber vor dem Go-live erreicht werden.

3.6 Einsatz eines Emulationssystems

Zur Minimierung des Inbetriebnahmerisikos im Zusammenhang mit einem Bau einer fördertechnischen Anlage sollte geprüft werden, ob der Einsatz einer Emulation Sinn macht. Eine Emulation ist eine Software, die gemäß Pflichtenheft die gleichen Funktionalitäten

3.6 Einsatz eines Emulationssystems

abbildet wie der Materialflussrechner und die darunterliegende Fördertechnik mit der Steuerung.

Ein alternatives Szenario ist, dass unterhalb des Materialflussrechners die Steuerung abgebildet wird. Die Emulation ist in den meisten Fällen nur eine Interimslösung und wird in der Regel nur für die Inbetriebnahmephase der Software und der fördertechnischen Anlage verwendet. In seltenen Fällen nutzen die Auftraggeber das Emulationsmodell zur Simulation von neuen Strategien oder baulichen Veränderungen in der Anlage auch nach der Inbetriebnahme.

Durch den Einsatz einer Emulation ist es möglich die Inbetriebnahme planbarer zu machen. Es können Tests mit umfangreicher Auslastung, Aufträge und Ladungsträger etc., mit unterschiedlichen Geschäftsvorfällen durchgeführt werden, obwohl die fördertechnische Anlage mit ihrer Steuerung noch nicht komplett montiert ist und in Betrieb genommen wurde. Der Vorteil liegt zum einen in der Entkopplung der Realisierungszeiten zwischen Lagersoftware, Steuerung und Fördertechnik und zum anderen in der leichten Durchführung von realitätsnahen Tests unter Laborbedingungen. Durch die Entkopplung lässt sich die Projektdauer in der Regel erheblich verkürzen und das Risiko der Inbetriebnahme reduzieren.

Allerdings ist mit zusätzlichen Kosten für die Erstellung des Emulationsmodells zu rechnen. Die langwierige und kostenintensive Fehlerbearbeitung mit angeschlossener Fördertechnik steht der Investition in ein Emulationsmodell gegenüber. Zur Erläuterung der darstellten Systemebenen siehe Abschn. 7.5.

In Abb. 3.1 sind zwei Varianten dargestellt. Links ist nur die speicherprogrammierbare Steuerung in einer Emulation abgebildet. In der rechten Variante bildet die Emulation

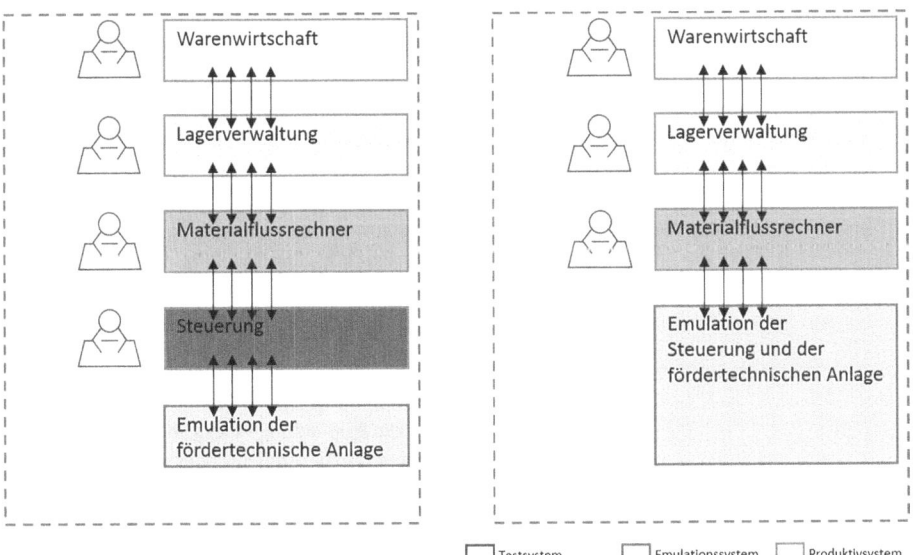

Abb. 3.1 Einsatzmöglichkeiten einer Emulation

zusätzlich das Materialflusssystem ab. In beiden Fällen ist für die Testvorgänge keine fördertechnische Anlage notwendig.

Im ersten Fall werden im Materialflussrechner Aufträge aus dem Lagerverwaltungssystem empfangen und auf Basis von Strategien in Transportaufträge umgewandelt. Diese werden über die Schnittstelle an das Emulationsmodell übertragen. Im Emulationsmodell werden die Fahrbefehle ausgeführt und nach Abschluss über die Empfangsschnittstelle an den Materialflussrechner zurückgemeldet.

Im zweiten Fall ist der Materialflussrechner Teil des Emulationsmodells. Die Schnittstellen unterhalb des Lagerverwaltungssystems werden mit dem Emulationsmodell verbunden.

Im Idealfall können die Tester das Lagerverwaltungssystem so bedienen, als sei es mit der realen fördertechnischen Anlage verbunden. Die Realisierung einer Emulation spielt auch eine große Rolle bei Erweiterungen einer bestehenden fördertechnischen Anlage. So können Tests durchgeführt werden, ohne den Echtbetrieb der operativen Anlage zu stören. In Tab. 3.1 sind die Vor- und Nachteile des Einsatzes einer Emulation aufgeführt.

▶ Der Einsatz einer Emulation macht bei größeren, komplexeren fördertechnischen Anlage auf jeden Fall Sinn. Auch bei Erweiterungen einer Anlage ist eine Emulation zu empfehlen.

Tab. 3.1 Vor- und Nachteile des Einsatzes einer Emulation

Vorteile	Nachteile
Ein Funktionstest im Verbund mit seiner Vielzahl an Testvarianten kann ohne den Einsatz der fördertechnischen Anlage durchgeführt werden	Zusätzliche Kosten für die Programmierung und Bewertung der Emulation
Mit dem Einsatz einer Emulation können die darüber liegenden Systeme ausführlich getestet werden. Wenn die fördertechnische Anlage direkt angeschlossen wird, kann sich das Testteam auf den Test der Anlage konzentrieren	Die Emulation selbst muss auch getestet werden. Bildet die Emulation nicht das spätere Systemverhalten der fördertechnischen Anlage ab, können scheinbar erfolgreiche Systemtests ungültig werden
	Die fördertechnische Anlage muss nach der Anbindung der Anlage und Abschalten der Emulation noch mal komplett getestet werden
	Das Emulationsmodell wird in der Regel nach der Inbetriebnahme nicht weiter verwendet
	Für die Einbindung einer Emulation ist ein(e) weitere(r) Dienstleister oder Abteilung des Systemlieferanten einzubinden

Anforderungen an den Auftragnehmer 4

4.1 Projektteam des Systemlieferanten

Die in dem vorherigen Kapiteln beschriebenen Anforderungen an den Auftragnehmer gelten selbstverständlich alle sinngemäß auch für das Projektteam des Systemlieferanten. Einige Lieferanten bieten an, das Projektteam vor der Vergabe beim Auftraggeber vorzustellen oder kommen schon ungefragt zu den Präsentationsterminen für die Angebote mit den verantwortlichen Mitarbeitern. Der Auftraggeber kann sich so einen Eindruck von den für die Umsetzung verantwortlichen Mitarbeitern machen.

Das Projektteam und dessen Fähigkeiten und Kompetenzen sind ein sehr wichtiger Faktor für die erfolgreiche Inbetriebnahme. Der Auftraggeber sollte sich in dieser Phase unbedingt ein qualitatives Bild von den Mitarbeitern des Systemlieferanten machen. Neben dem fachlichen Konzept und dem Preis ist die Fähigkeit des Projektteams ein wichtiger dritter Faktor, der über die Vergabe entscheiden kann.

In der folgenden Checkliste sind Punkte formuliert, die vor der Vergabe geprüft werden sollten:

Checkliste 2 – Anforderungen an den Auftragnehmer	erfüllt	
	ja	nein
Die Systemlieferanten müssen ausreichend Erfahrung in der Abwicklung von Projekten mitbringen. Das ist selbstverständlich, daher sollten Sie es prüfen.		
- Hat der Projektleiter des Lieferanten schon mindestens 3 Großprojekte bei dem Lieferanten erfolgreich geleitet?	☐	☐
- Sind diese Referenzprojekte bekannt?	☐	☐
Wenn der Projektleiter neu im Unternehmen des Dienstleisters ist, hat er noch kein eingespieltes Team beim Dienstleister und ist noch nicht gut vernetzt. Das macht aber einen guten Projektleiter aus, wenn es mal kriselt.		
Zu den Referenzkunden:		
- Haben Sie sich bei mindestens 3 Referenzkunden des Lieferanten mit einem ähnlichen Auftragsumfang mindestens telefonisch mit den Auftraggebern über die Qualität der Anlage/Software erkundigt?	☐	☐
- Haben Sie sich bei mindestens 3 Referenzkunden des Lieferanten mindestens telefonisch mit dem Auftraggeber über die Arbeitsweise des Dienstleisters unterhalten und informiert?	☐	☐
- War in einem dieser Projekte auch der aktuelle Projektleiter verantwortlich?	☐	☐
Zum Projektteam des Systemlieferanten:		
- Ist das Team, das für Ihr Projekt vorgesehen ist, ein eingespieltes Team?	☐	☐
- Haben die Mitglieder schon in mehreren Projekten erfolgreich zusammengearbeitet?	☐	☐
- Hat der Systemlieferant dargestellt, wie er seine Ressourcen in den unterschiedlichen Phasen und Situationen bedarfsgerecht einsetzt?	☐	☐
- Und welches Kernteam ist durchgehend für alle Fragen ansprechbar?	☐	☐
Jeder der Hauptlieferanten wird noch an das jeweilige Gewerk angepasste Spezifikationen erstellen und vom Auftraggeber abnehmen lassen. Lassen Sie sich mindestens eine Spezifikation eines anderen Projektes zeigen. Daraus können Sie die Arbeitsweise gut erkennen. Die Spezifikation kann anonymisiert sein, wenn der Dienstleister darauf besteht.		
- Haben Sie eine Spezifikation bekommen und für gut befunden?	☐	☐

	erfüllt	
	ja	nein
Zur Qualitätssicherung des Systemlieferanten:		
- Wie stellt der Dienstleister sicher, dass Fehler vermieden werden?	☐	☐
- Wie wird das Gewerk intern getestet bevor es zum Testen durch den Auftraggeber freigegeben wird?	☐	☐
- Haben Sie sich die interne Qualitätssicherung des Dienstleisters erläutern lassen und diese für gut befunden?	☐	☐
Bei vielen Projekten lässt sich feststellen, dass die Lieferanten nur unzureichend ihre Software testen bzw. ihre Anlage selbst genau abnehmen, bevor sie diese an die Testteams ausliefern. Besonders fällt dies bei Tests von Software auf. Wenn Sie beispielsweise einfachste Funktionen in der Software verwenden und diese nicht funktionieren, fragen Sie sich als Auftraggeber, ob der Softwarelieferant diese Stelle überhaupt getestet hat.		
Zur Vor-Ort-Präsenz des Systemlieferanten:		
- Wie definiert der Dienstleister die „Vor-Ort-Präsenz"?	☐	☐
- Wann wird der Dienstleister in welcher Stärke vor Ort sein, und bei welchen Termine sieht er sich nicht vor Ort?	☐	☐

4.2 Inbetriebnahmerelevante Vertragsinhalte

Zur Konfliktvermeidung zwischen dem Auftraggeber und dem Auftragnehmer werden neben dem Vertragstext zum Liefer- und Leistungsumfang des Systemlieferanten zum einen die Anforderungen zur erwarteten Unterstützung und Begleitung sämtlicher Testtätigkeiten aufgenommen. Zum anderen sollten die Leistungstestszenarien selbst Teil des Vertrags werden. Die Leistungstestszenarien beschreiben die Testanforderungen an einen Testdurchlauf mit unterschiedlichen Schwerpunkten und Schwierigkeitsgraden. Es bietet sich an, dies in einem separaten Dokument zusammenzufassen, das Teil des Hauptvertrags und dadurch verbindlich wird.

Der Nachteil dabei ist, dass sich der Auftraggeber schon sehr früh mit den Testphasen detailliert auseinandersetzen muss. Der große Vorteil ist aber, dass der Auftraggeber die Abläufe und die Verpflichtung, aufwendige Tests durchzuführen, beim Lieferanten vertraglich einfordert. Diese Möglichkeit haben Sie in der Regel im späteren Projektverlauf nicht mehr ohne, dass der Lieferant Zusatzkosten einfordert oder die Parteien das Ergebnis infrage stellen.

Neben der Begleitung der Funktionstests in den verschiedenen Test- und Abnahmephasen ist die Beschreibung der Leistungstests von besonderer Bedeutung. Wie bereits oben erwähnt, sind die Leistungstests sehr aufwendig, erbringen aber einen echten Tauglichkeitsnachweis für die spätere operative Nutzung der Anlage im Zusammenspiel mit den verbundenen Systemen. Es werden dazu sowohl die Anforderungen an den Systemlieferanten zur Begleitung und Unterstützung der Durchführung der Leistungstests als auch die Leistungstestszenarien in ihren Varianten selbst aufgenommen.

Auch die Anforderungen an die Durchführung der Verfügbarkeitstests sollten sehr genau aufgenommen werden. Häufig wird sich mit einem Satz auf die verfügbaren allgemein anerkannten veröffentlichten Regelwerke berufen. Dies reicht nicht aus. Das Konfliktpotenzial ist zu groß, als dass man diese wichtigen Nachweise derart grob im Vertrag festhalten sollte. Daher gilt es auch hierfür das Messverfahren, klar für die konkrete Anlage zu definieren. Die Art und Weise, wie die fördertechnische Anlage geprüft wird, sollte im Vertrag geregelt sein. Die Messpunkte, die fördertechnischen Teilabschnitte, die Berechnungsformel angepasst für die spezifische Anlage usw. müssen geklärt und schriftlich festgehalten werden. Sollten im Verlauf des Projektes noch Änderungen an der fördertechnischen Anlage vorgenommen werden, haben die Parteien ein abgestimmtes Layout und Verfahren, das nur leicht verändert werden muss, aber im Grundsatz gleich bleibt.

Im Anhang wurden beispielhaft stichwortartig Informationen zusammengetragen, die als Grundlage zur Entwicklung eines individuellen Vertragsanhangs dienen können (siehe Abschn. 13.1). Eine rechtskonforme Ausformulierung durch einen Fachanwalt ersetzt dies nicht und ist zwingend erforderlich.

Der Aufwand für die Durchführung der Tests ist sehr hoch und die Erwartungen gehen zwischen dem Lieferanten und dem Auftraggeber oft sehr weit auseinander. Aus den Ablaufbeschreibungen muss der Lieferant seinen Aufwand für diese Testunterstützung einschätzen können und diesen Aufwand einkalkulieren. Wenn die Abläufe des Testens nicht vor der Vertragsunterzeichnung klar und deutlich beschrieben sind und als Teil des Vertrages verbindlich unterzeichnet werden, kann es zu Konflikten mit dem Systemlieferanten und zu Mehrkosten kommen.

▶ Die Testphasen müssen im Vertrag klar beschrieben werden. Das Erreichen der Ziele der einzelnen Phasen sollte mit Zahlungsmeilensteinen oder Bonus-Malus-Regelungen verbunden werden.

4.3 Leistungstestszenarien

Das Konzept der fördertechnischen Anlage steht. Die Anlage wurde auf Basis der Ausschreibung vom Lieferanten entworfen und bereits mit dem Auftraggeber abgestimmt und verfeinert. Das Konzept ist in einem maßstäblichen Layout gezeichnet worden. Der Auftrag steht kurz vor der endgültigen Vergabe.

In der Regel sind die zentralen Punkte auf dem Layout durch das Konzept in der maximalen Leistung eindeutig bestimmt:

4.3 Leistungstestszenarien

- Abnahmestellen
- Aufgabestellen
- Arbeitsplätze mit Fördertechnikanbindung
- Automatische Hochregallager, wie Paletten- oder Kartonlager
- Regalbediengeräte
- Heber
- Sorter usw.

Im Layout ergeben sich nun Transportwege auf der Fördertechnik, auf denen mehrere dieser Quellen und Senken zusammenfließen oder sogar kreuzen. Außerdem müssen in die Förderstrecken an vielen Stellen Puffer eingebaut werden, sodass Einschleusungen, Ausschleusungen oder kurzes Halten vor Hebern den Warenfluss der gesamten Anlage nicht stören und ein harmonischer Ablauf möglich ist. Genau darin liegt die Kunst des Fördertechniklieferanten. Er muss das Layout so planen, dass ein harmonischer Ablauf auch unter Spitzenlast in allen Kombinationen der Quellen und Senken möglich ist. Dies erfordert sehr viel Erfahrung des Systemlieferanten.

Um die geforderten Leistungen in ihrem Zusammenwirken auf der fördertechnischen Anlage abzuprüfen, sind Leistungstestszenarien zu erstellen. Diese müssen so definiert werden, dass sie in ihrer begrenzten Anzahl eine nachweisliche Prüfung der Leistungsfähigkeit im Test zulassen.

▶ Auf eine Erstellung der Leistungstestszenarien vor der Auftragsvergabe darf nicht verzichtet werden. Die spätere Durchführung der Tests ist der technische Nachweis, ob die fördertechnische Anlage den operativen Anforderungen im Echtbetrieb gerecht werden kann.

Die unterschiedlichen Szenarien dürfen nur Leistungsdaten abfordern, die gemäß des Konzeptes der fördertechnischen Anlage zu liefern sind. Die Leistungstestszenarien sollten nach folgenden Gesichtspunkten entwickelt werden:

- Alle im Pflichtenheft genannten Leistungswerte müssen berücksichtigt werden.
- Alle Angaben, die eine Ableitung von punktuellen Maximalauslastungen in bestimmten Arbeitsbereichen zu bestimmten Zeiten zu einem Lastprofil zulassen, sollten herangezogen werden. Dies könnte z. B. die Arbeitszeit für den Wareneingangsbereich und der Kommissionierung sein, wenn diese deutlich voneinander abweichen. Die Anlage wird dadurch zu unterschiedlichen Zeiten in unterschiedlichen Abschnitten einer großen Last ausgesetzt.
- Die Anzahl der Leistungstestszenarien sollte sehr begrenzt sein, da der Aufwand für die Durchführung der Tests sehr hoch ist.
- Andererseits muss die Anzahl so groß sein, dass in ausreichender Varianz der Lastprofile getestet werden kann.
- Des Weiteren sollten die Leistungstestszenarien von vornherein in der Leistung und der Komplexität aufeinander aufbauen – von leicht nach schwer.

- Als erstes Testszenario sollte ein zeitlich begrenztes Einlaufszenario, z. B. 15 min, vorgesehen werden. Hiermit kann der Gesamtablauf als erstes kurz getestet werden.
- Wenn in einem Fördertechniklayout bereits Erweiterungsmöglichkeiten für weitere Baustufen berücksichtigt wurden, sollten diese Leistungsanforderungen mit getestet werden. Dies kann dadurch erreicht werden, dass an den Anschlussstellen im Test Last eingebracht wird, die dem späteren Förderfluss mit der Erweiterung entspricht.

Die Testszenarien für die Leistungstests im Verbund sind, wie bereits oben erwähnt, schon mit der Vertragsgestaltung festgelegt worden und sind Grundlage für die Durchführung der Leistungstests. Bei größeren oder komplexeren Anlagen hat sich die in Tab. 4.1 gezeigte Gliederung bewährt.

Tab. 4.1 Leistungstestszenarien mit unterschiedlichen Lastschwerpunkten

	Lastprofil	Dauer
Testszenario 1: Einlauftest		15 min
Testszenario 2: Maximale Einlagerung und geringe Auslagerung		60 min
Testszenario 3: Geringe Einlagerung und maximale Auslagerung		60 min
Testszenario 4: Maximale Einlagerung und maximale Auslagerung		60 min

4.3 Leistungstestszenarien

Je nach Größe des Layouts und Komplexität können aber noch weitere Testszenarien notwendig sein. An diesen vier Beispielen soll das Vorgehen erläutert werden.

Das Testszenario 1 – der Einlauftest ist ein verkürzter Leistungstest. Da der Aufwand für die Leistungstestszenarien sehr groß ist und die Anlage zum ersten Mal mit einer größeren Menge an Ladungsträgern und Aufträgen belastet wird, hat sich die Durchführung eines Leistungstests von 10–15 min in der ersten Stufe bewährt. Hier zeigt sich, ob die Anlage unter Last überhaupt gut anläuft. Dieser Einlauftest ist in einem Projekt entstanden, als der erste einstündige Leistungstest zweimal aufgrund grober Strategiefehler komplett abgebrochen werden musste. Daraufhin sollte man sich auf einen 10-minütigen Zwischentest einigen, um den Aufwand zu reduzieren. In den folgenden Projekten wurde der Einlauftest eingeführt.

Die Testszenarien 2 bis 3 sind beispielhafte Szenarien, die mit unterschiedlichen Lastschwerpunkten aufgebaut sind. Das Szenario 2 hat eine hohe Last im Wareneingang, während der Warenausgang nur gering belastet wird. Das Testszenario 3 hat den umgekehrten Schwerpunkt. Hier liegt die Hauptlast in der Auslagerung von Ladungsträgern. Je nach dem individuellen Fördertechniklayout können aber noch beliebige andere Szenarien entworfen werden.

Das Testszenario 4 ist der krönende Abschluss und beinhaltet die 100-prozentige Auslastung der fördertechnischen Anlage in beide Hauptrichtungen.

An einem stark vereinfachten fiktiven Beispiel wird in Abb. 4.1 ein Leistungstestszenario mit dem Schwerpunkt Einlagerung dargestellt.

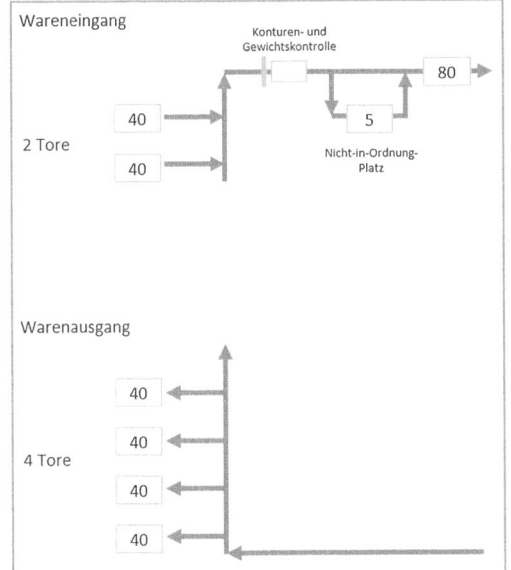

Abb. 4.1 Leistungs- und Layoutanforderung aus dem Konzept

Im Fördertechnikkonzept sind im Wareneingang zwei Entladeförderstrecken vorzusehen, die jeweils eine Mindestleistung von 40 Ladungsträgern pro Stunde aufweisen müssen. Das entspricht in Summe einer Gesamtleistung von 80 Ladungsträgern pro Stunde im Wareneingang.

Der Nicht-in-Ordnung-Platz nach der Konturen- und Gewichtskontrolle der Ladungsträger ist für maximal 5 Ladungsträger pro Stunde ausgelegt. Nach der manuellen Korrektur der Ladungsträger durch einen Mitarbeiter werden diese zur Einlagerung wieder eingeschleust. Die Summe der Einlagerungen verändert sich dabei nicht.

Für den Warenausgang sind 4 Verladestellen vorgesehen, die jeweils von einer Versandbahn versorgt werden. Jede einzelne Versandbahn kann mit maximal 40 Ladungsträgern pro Stunde beschickt werden. In Summe können maximal 160 Ladungsträger pro Stunde ausgelagert und zum Warenausgang befördert werden.

In den Leistungstests sind Förderflüsse zu erzeugen, die, je nach Schwerpunkt des Szenarios, die konstruktiven Maximalwerte abfordern – in diesem Fall mit dem Schwerpunkt Einlagerung. Förderflüsse können durch Auflegen von Ladungsträgern im Wareneingang oder an anderen Stellen in dem Fördertechniklayout erzeugt werden. Andererseits können auch mittels Auslagerungs-, Nachschub- oder Umlagerungsaufträgen Bewegungen von Ladungsträgern erzeugt werden. Diese Transportaufträge werden über das Lagerverwaltungssystem beauftragt und von der Materialflusssteuerung an die fördertechnische Anlage weitergegeben.

In den Leistungstestszenarien können Vereinfachungen vorgenommen werden, wenn die tatsächlichen Förderleistungen der einzelnen Förderstrecken diese zulassen. In diesem Beispiel werden die Maximalleistungen für die Einlagerstrecken summarisch zusammengelegt und auf einer Wareneingangsstrecke aufgelegt befördert.

Nach der Fortführung dieser Vorgehensweise oben ergibt sich für das fiktive Beispiel folgendes Gesamtbild, siehe dazu die Abb. 4.2:

An Punkt ① sollen an der äußeren Aufgabestelle 80 Ladungsträger pro Stunde aufgelegt werden. 80 Ladungsträger, das entspricht der geforderten Maximalleistung des gesamten Wareneingangs, also beide Aufgabestellen zusammen. Die Förderleistung ist bedingt durch die Verwendung von Standardbaugruppen des Herstellers in den Förderstrecken an diesen Stellen wesentlich höher. Alle Ladungsträger sollen im Testdurchlauf das Ziel Hochregallager haben. Die äußere Aufgabestelle wurde gewählt, damit die längste Strecke der Fördertechnik in Anspruch genommen wird.

Bei Punkt ② sollen maximal 5 Ladungsträger pro Stunde ausgeschleust werden, die die Konturen- und Gewichtskontrolle auf gerader Strecke vor dem NIO-Platz nicht bestanden haben. Das sind 5 von den 80 aufgegebenen Ladungsträgern. An diesem Platz erfolgt später im Echtbetrieb die Nachbearbeitung oder Korrektur des Ladungsträgers. Die 5 Ladungsträger werden im Testdurchlauf wieder freigegeben zur Einlagerung in das Hochregallager und nicht von der Fördertechnik genommen. Summarisch bleibt es bei 80 Ladungsträgern in der Stunde.

An Punkt ③ im Kreisel vor dem Hochregallager werden die Leistung von 80 Ladungsträgern pro Stunde aus dem Wareneingang und die 12 einzulagernden Ladungsträger von den Arbeitsplätzen beansprucht. Das ergibt in Summe bei maximaler Auslastung beider

4.3 Leistungstestszenarien

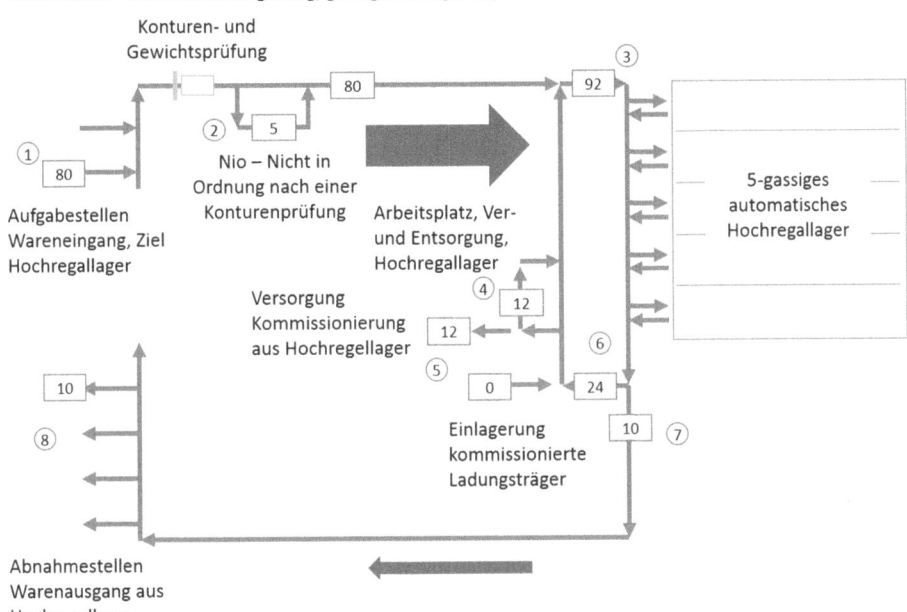

Abb. 4.2 Beispiel eines Leistungstestszenarios

Prozesse 92 Ladungsträger pro Stunde. Das fünfgassige Hochregallager mit seinen Regalbediengeräten ist so ausgelegt, dass es diese 92 Ladungsträger pro Stunde ohne Probleme einlagern kann.

An Punkt ④ soll ein Arbeitsplatz simuliert werden, an dem später im Echtbetrieb Waren manipuliert werden. Im Testdurchlauf werden die Ladungsträger nach der Ankunft an dem Platz gleich wieder zur Einlagerung mit dem Ziel Hochregallager freigegeben.

An dem Punkt ⑤ werden 12 Ladungsträger pro Stunde ausgelagert. Hier findet im Echtbetrieb die Kommissionierung statt. Diese Ladungsträger sind für den Nachschub der Kommissionierung vorgesehen und werden daher nicht wieder aufgesetzt.

Der Punkt ⑥ wird in diesem Szenario mit 24 Ladungsträgern pro Stunde beansprucht. Die 24 ergeben sich aus 12 bei Punkt ④ und 12 bei Punkt ⑤.

Bei Punkt ⑦ werden 10 Ladungsträger pro Stunde erwartet. Es handelt sich um die gleichen 10, die beim Warenausgang an Punkt ⑧ abgenommen werden müssen. Hier wurde ähnlich wie im Wareneingang wieder die äußerste Fördertechnik gewählt.

▶ Entscheidend für den Erfolg ist, dass der Systemlieferant schon zum Zeitpunkt der Auftragsvergabe diese Szenarien und die damit verbundenen Aktivitäten kennt und sie verbindlich akzeptiert.

Zu weiteren Details zur Vorbereitung und Durchführung eines Leistungstestszenarios siehe Kap. 9.

Abnahmen und Testphasen 5

Unter einem Test in Rahmen von Projekten in der Intralogistik lässt sich das Prüfen von Funktionen in Software und Fördertechnik auf Basis der im Pflichtenheft geforderten Funktionen und Prozesse verstehen. Eine Abnahme ist ein schriftlicher Nachweis, dass bestimmte Kriterien erfüllt sind. Im Zusammenhang mit einer Lieferung sind entsprechende Kriterien vorher zu definieren.

Ein wesentlicher Teil dieses Buches befasst sich mit der Organisation und der Durchführung der Tests von Fördertechnik und Software mit dem Ziel einer erfolgreichen Inbetriebnahme von Logistikzentren. Die Abnahmen und Testphasen zur Erfüllung der Liefer- und Leistungsstufen gemäß Vertrag zwischen dem Auftraggeber und dem Auftragnehmer sind voneinander abhängig. Eine Abnahme bedingt immer eine Prüfung des für diese Abnahme festgesetzten Liefer- und Leistungsumfangs. Sind die geforderten Bedingungen erfüllt, ist die Abnahme erfolgreich.

Neben der reinen Lieferung von Maschinen, Geräten und anderen Materialien geht es in Logistikprojekten im Wesentlichen um die Montage, Inbetriebsetzung und Programmierung von Fördertechnik und Software. Letztere erfordert eine Prüfung der Funktionalität und Leistungsfähigkeit durch Testen.

In diesem Kapitel werden die typischen Abnahmen und Testphasen zum Aufbau eines Logistikzentrums in chronologischer Reihenfolge aufgeführt (siehe zur Übersicht der beschriebenen Abnahmen und Testphasen die Abb. 5.1).

Die Inhalte, die Abfolge und die Test- und Prüfverfahren müssen im Vertrag eindeutig beschrieben werden. Darüber hinaus muss der Vertrag die Handlungen beschreiben, die erfolgen, wenn die Abnahmen nicht fristgerecht erreicht werden. Der Sinn und Zweck, dass diese Inhalte in dem Vertrag mit aufgenommen werden, ist, dass die Parteien sich frühzeitig mit diesen Themen sehr genau auseinandersetzen und dass über diese Vereinbarungen eine Verbindlichkeit und Klarheit über die Liefer- und Leistungserbringung erzeugt wird. In der Regel haben die Abnahmen Einfluss auf den monetären Teil

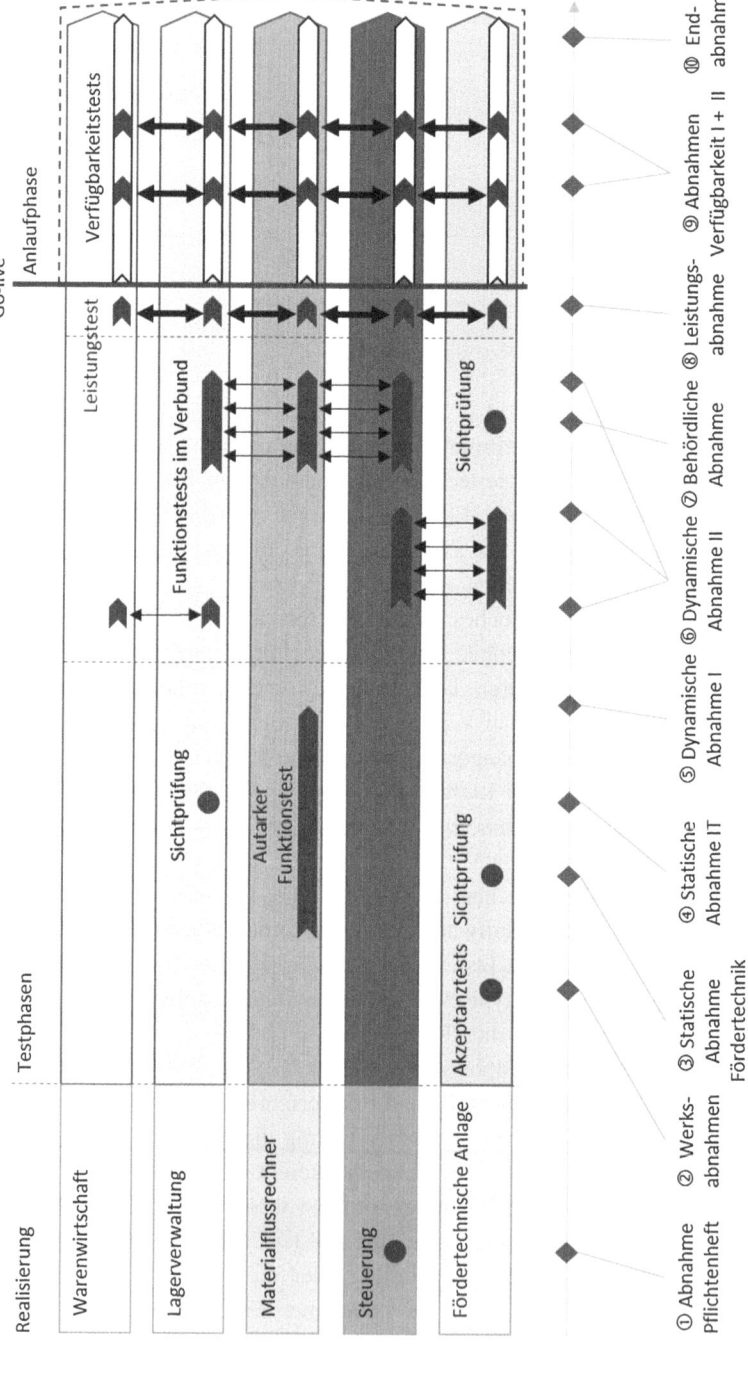

Abb. 5.1 Testphasen und Abnahmen

des Projektes. Die Realisierung der Systeme wird in der Regel in Tranchen beglichen. Diese Tranchen werden vertraglich geregelt. Erreicht der Systemlieferant nachweislich nicht den geplanten Zahlungsmeilenstein durch eine erfolgreiche Abnahme, behält der Auftraggeber die entsprechende Tranche ein. Erst mit dem Abschluss der Nacharbeit zu diesem Meilenstein wird die Abnahme erteilt und die Zahlung an den Systemlieferanten kann erfolgen.

Bei den Tests kann es sich um kurze Prüfungen handeln, wie z. B. Akzeptanztests, und auch um längere Testphasen, wie z. B. die Funktionstests im Verbund, die mit einem Abnahmemeilenstein abgeschlossen werden. In Tab. 5.1 werden die Abnahmepunkte den Test- und Prüfaktivitäten gegenübergestellt. Diese Einteilung muss sicherlich bei jedem Projekt angepasst werden und kann hier nur als Leitfaden oder Vorlage zur Weiterentwicklung für das individuelle Logistikprojekt dienen.

Es gibt etliche Normen und Vorschriften aus Verbänden, die andere Begriffe verwenden. Umso wichtiger ist es, sich im Vorfeld des Projektes auf die Begriffe und deren Bedeutung zu einigen und dieses für alle beteiligten Parteien schriftlich festzuhalten. Im Kern geht es um die Klarheit der Inhalte und schriftliche Abstimmung mit dem Lieferanten vor Projektbeginn. Jede Abnahme wird mit einem unterschriebenen Abnahmedokument abgeschlossen.

Dieses Buch befasst sich nur mit den Tests, die durch den Auftraggeber durchgeführt werden. Der Systemlieferant führt eigene Tests durch, bevor er das System an den Auftraggeber zum Test freigibt.

Die Systemtests finden in aufeinander aufbauenden Phasen statt. Je nach Fortschritt der Realisierung und in Abhängigkeit der im Projekt neu zu schaffenden oder anzupassenden Systeme gibt es unterschiedlichen Aufwand in den Testphasen.

Bevor die Systeme über Schnittstellen miteinander verbunden werden, wird es bei den autarken Funktionstests parallele Testaktivitäten von unterschiedlichen Testteams in den unterschiedlichen Systemen geben.

Idealerweise sollte für den Beginn einer Projektphase der komplette erfolgreiche Abschluss der vorherigen Testphase Bedingung sein. Ist nach der Testphase eine Abnahme vorgesehen, ist der vollständige und erfolgreiche Abschluss der Tests ohnehin Bedingung.

Grundsätzlich sollte der Lieferant eines Systems dem Auftraggeber ca. 2 Wochen vor dem Erreichen des geplanten Meilensteins schriftlich anzeigen, dass die Bereitschaft für die Erfüllung des Meilensteins erreicht wird. Kann der Lieferant bestimmte Meilensteine aufgrund des mangelnden Fortschrittes des Auftraggebers oder eines anderen Lieferanten nicht fristgerecht erreichen, kann der Lieferant eine Behinderungsanzeige formulieren und übergeben. Ziel ist es, die damit verbundene Zahlung einzufordern, ohne die mit dem Meilenstein verbundene Abnahme erreicht zu haben.

Ist keine Abnahme zum Abschluss einer Testphase vorgesehen, kommt es gerade zwischen den autarken Funktionstests und den Tests im Verbund häufig zu Überschneidungen. Die Testteams wollen, obwohl sie erst den Großteil der Testfälle bearbeitet haben, schon einzelne Testfälle im Verbund durchspielen. Dies kann durch kurzzeitiges Aktivieren

Tab. 5.1 Abnahmen und Testphasen

	Abnahmen	Testphasen	Verfahren	Dokumente
①	Abnahme Pflichtenheft	Inhaltliche Prüfung der Dokumente	Die Dokumente werden vom Auftraggeber unterschrieben. Der Inhalt ist damit verbindlich. Änderungen im Konzept nach der Abnahme werden in einem Änderungsverfahren gehandhabt	Pflichtenhefte und ergänzende Dokumente
②	Werksabnahmen	Akzeptanztests	Die Werksabnahme erfolgt nach bestandenem Akzeptanztest	Ein Abnahmedokument, ggf. ergänzt um Fotos von einem Muster oder Ausführungszeichnungen
③	Statische Abnahme Fördertechnik	Sichtprüfung	Die Sichtprüfung der fördertechnischen Anlage ist erfolgreich, wenn die gesamte Anlage montiert ist und es keine Mängel mehr gibt	Ein Abnahmedokument, ggf. mit der Mängelliste im Anhang
④	Statische Abnahme IT	Sichtprüfung	Bestimmte Softwareteile werden geprüft. Die Hardware wird auf Vollständigkeit und fachmännische Installation geprüft	Abnahmeprotokoll
⑤	Dynamische Abnahme I	Autarker Funktionstest	Beim autarken Funktionstest sind alle Testfälle ohne Kopplung zu anderen Systemen zu erfüllen	Eine Übersicht aller Testfälle mit der Kennzeichnung, dass alle Testfälle erfolgreich getestet wurden
⑥	Dynamische Abnahme II	Funktionstest im Verbund	Nach der Kopplung der Systeme werden die Tests mit den unterschiedlichen Geschäftsprozessen in Interaktion der Systeme getestet	Eine Übersicht aller Testfälle mit der Kennzeichnung, dass alle Testfälle erfolgreich getestet wurden
⑦	Behördliche Abnahmen	Sichtprüfung	Abnahme durch die Behörden zur Einhaltung der Verordnungen	Abnahmeprotokoll der Behörde
⑧	Leistungsabnahme	Leistungstest	Der Fokus liegt auf der fördertechnischen Anlage. Diese wird über einen definierten Zeitraum einer realitätsnahen Auslastung ausgesetzt	Der erfolgreiche Abschluss aller Testszenarien wird vom Auftraggeber durch ein Abnahmedokument bestätigt. Dies ist gleichzeitig die Freigabe, den Echtbetrieb aufzunehmen
⑨	Abnahme Verfügbarkeit I + II	Verfügbarkeitstests	In einen definierten Zeitabschnitt wird die Verfügbarkeit der Anlage gemessen	
⑩	Endabnahme		Erfüllung aller Vertragsbedingungen	Abnahmeprotokoll

der entsprechenden Schnittstellen geschehen. Das liegt oft daran, dass die Behebung der offenen Punkte aus der ersten Phase noch andauert und zum anderen die Schnittstellenexperten schon mal einen ersten Versuch wagen möchten, Daten zwischen den Systemen auszutauschen.

Ein anderer Grund ist die optimale Auslastung der Testteams. Das Ziel für die Testteams sollte immer die ordentliche Abarbeitung der Testphasen sein. Aber als Projektleiter eines Logistikprojektes versuchen Sie natürlich, die zur Verfügung stehenden Ressourcen optimal einzusetzen. Entscheidend bei aller Abweichung vom idealen Plan ist, dass bei Abweichungen die Zustimmung vom Lieferanten eingeholt wird. Darüber hinaus sollte noch erwähnt werden, dass sämtliche Testtätigkeiten und Verabredungen zwischen den Parteien genauestens protokolliert werden müssen. Im Falle eines Streitfalles sind Sie als Projektleiter froh, wenn Sie eine gute Dokumentenlage zu dem Testverlauf haben. Die Dienstleister haben das in der Regel nicht.

Im Folgenden werden die Testphasen und Abnahmen im Einzelnen beschrieben.

5.1 Abnahme Pflichtenheft

Dem Pflichtenheft[1] vorausgegangen ist die Erstellung eines Lastenheftes. Das Pflichtenheft unterscheidet sich vom Lastenheft dadurch, dass das Pflichtenheft zusammen mit dem Kunden vom Systemlieferanten erstellt wird. Das Pflichtenheft ist wesentlich genauer als das Lastenheft und beschreibt die Lösungen auf Basis des Produktes vom Systemlieferanten. Hier und im Folgenden wird immer von „nur" einem Pflichtenheft gesprochen. In Großprojekten zum Bau eines Logistikzentrums wird es aber mehrere Gewerke und damit auch mehrere Pflichtenhefte geben.

Das Pflichtenheft wird das Team des Auftraggebers zusammen mit dem Team des Systemlieferanten erstellen. Die Regie über den Verlauf der Pflichtenheftgespräche übernimmt der Systemlieferant oder ein externer Moderator. Der Auftraggeber stellt sicher, dass ein kompetentes Kernteam zur Verfügung steht und zu den Themen die richtigen Fachbereiche vertreten sind. Im Pflichtenheft werden alle zu realisierenden Funktionen zur Abbildung der notwendigen Geschäftsprozesse beschrieben. Beide Parteien, der Auftraggeber und der Auftragnehmer, müssen sich in dem Text eindeutig wiederfinden. Der Auftraggeber sollte immer mit der Sicht „Was möchte ich bekommen" und der Auftragnehmer immer mit der Sicht „Was werde ich dem Auftraggeber liefern" arbeiten. Auf die inhaltliche Klarheit sollte sehr viel Wert gelegt werden. Die Systemprogrammierung und der Bau der fördertechnischen Anlage basieren auf diesem Text. Wenn also später etwas nicht geliefert wurde oder die Realisierung nicht den Bedürfnissen des Unternehmensprozesses

---

[1]Pflichtenheft wird hier und im Folgenden als Überbegriff für die Beschreibung des Lösungskonzeptes des Anbieters zur Umsetzung der Anforderungen des Auftraggebers verwendet. Bei rein technischen Gewerken wird u. a. der Begriff Spezifikation verwendet.

entspricht, wird immer das Pflichtenheft herangezogen. Wenn es nicht klar und deutlich aufgenommen wurde, kommt es zu Mehrkosten, zu Projektverzögerungen und zu Spannungen im Projekt.

Neben dem reinen Pflichtenheft können bestimmte Aspekte in ergänzenden Dokumenten erarbeitet werden. So gibt es Dialogbeschreibungen und Zeichnungen, wenn diese eine zentrale Bedeutung haben. Es wird Schnittstellendokumentationen geben, es gibt Anforderungen an die IT-Infrastruktur, Spezifikationen zu Signalanlagen und Steuerungen usw. Außerdem sind umfangreiche Prozessbeschreibungen anzufertigen.

Der Systemlieferant hat ein großes Interesse, dass diese Dokumente vom Auftraggeber schriftlich zum geplanten Zeitpunkt unterzeichnet werden. Nicht selten sträubt sich der Auftraggeber, zu dem geplanten Zeitpunkt eine Unterschrift unter die Abnahmedokumente zu setzen, weil es unternehmensintern noch etliche offene Punkte gibt und der Bearbeitungsprozess nicht konsequent geführt wurde. Die Folge ist, dass der Projektleiter des Systemlieferanten die intern reservierten Ressourcen nicht beauftragen oder der Herstellungsprozess zur Herstellung einer fördertechnischen Anlage nicht begonnen werden kann.

Oftmals wollen die Auftraggeber den Auftragnehmer dazu nötigen, eine Teilabnahme zu akzeptieren. Der Hintergrund ist, dass der Auftraggeber keine Zeit verlieren möchte. Dies erweist sich aber in den allermeisten Fällen als nicht durchführbar, da die Systemlieferanten die noch nicht definierten Teile nicht isoliert betrachten können und der Einfluss auf das Gesamtkonzept unklar ist. Außerdem werden die internen Planungs- und Realisierungsabläufe durcheinandergebracht, was bei dem Auftragnehmer zu Mehrkosten führt. Leider bauen die Auftraggeber in solchen Situationen häufig sehr viel Druck auf, sodass es doch zu einem Realisierungsbeginn ohne vollständige Abnahme des Pflichtenheftes kommt. Der Auftraggeber schadet sich mit diesem Verhalten selbst.

▶ Das Pflichtenheft darf aus Zeitgründen nicht unvollständig abgeschlossen werden und es darf auch mit der Realisierung nicht ohne eine vollständige Abnahme des Pflichtenheftes begonnen werden. Die vermeintlichen Kosten für eine Projektverschiebung sind wesentlich geringer als die, die aus einer unzureichenden Beschreibung der Anforderungen heraus im weiteren Projektverlauf entstehen können.

5.2 Werksabnahmen

Die Begriffe Werksabnahme und Akzeptanztest werden in diesem Kontext synonym verwendet. Bei einer Werksabnahme geht es darum, ausgewählte Teile der Fördertechnik oder der Software abzunehmen, damit die Realisierung darauf aufsetzen kann. Auch hier ist eine klare und zügige Abwicklung der Abnahme von entscheidendem Vorteil für den Erfolg des Projektes. Die Organisation und die Leitung dieser Veranstaltungen liegen in der Regel bei dem Lieferanten. Für einen Akzeptanztests wird oft ein kleines

5.2 Werksabnahmen

Team zu einem Präsentationstermin beim Lieferanten eingeladen, bei dem auf jeden Fall die Entscheider des Auftraggebers anwesend sein sollten. Oft dienen nur das entsprechende Kapitel des Pflichtenheftes oder ergänzende Spezifikationen und Zeichnungen als Grundlage. Vor Ort müssen gute Teile sofort abgenommen werden. Mängelpunkte müssen zusammen mit dem Lieferanten klar formuliert werden. Idealerweise entstehen daraus keine offenen Punkte, sondern direkt neue Lösungen, die vom Auftragnehmer skizziert und vom Auftraggeber direkt abgenommen werden. Aufgrund der zeitlichen Knappheit in einer Präsentation reichen hier Handskizzen, Fotos und kurze Texte vollkommen aus. Wichtiger ist, dass sie verbindlich sind. Ein Protokoll muss noch im Beisein der Beteiligten in dem Termin erstellt werden.

Ein Akzeptanztest wird in der Regel im Laufe der Realisierungsphase durchgeführt, also der Phase, in der das detaillierte Softwaredesign und die Programmierung erfolgen. Das beste Beispiel ist die Präsentation eines kundenindividuellen Dialoges. Zu diesem Zeitpunkt ist der Dialog noch nicht vollumfänglich verwendbar, aber einzelne Schritte können schon live am Beamer vorgeführt werden. Außerdem werden der Bedienungsablauf und die darstellte Information anhand von Fragen aus dem Alltagsgeschäft diskutiert. Oft tut sich der Lieferant mit der Präsentation von Softwareteilen im Entwicklungssystem zu diesem Zeitpunkt keinen Gefallen, denn die Wahrscheinlichkeit, bei der Präsentation auf einen Fehler oder eine unzureichend parametrisierte Stelle im Programm zu stoßen, ist sehr groß.

Dieser Test ist für komplexere Softwareteile gut geeignet und erleichtert die Realisierung. Der Aufwand ist für beide Parteien hoch, der Vorteil aber groß. Der Softwarelieferant muss diesen Test aufwendiger vorbereiten und durchführen und der Kunde muss sich sehr früh im Projekt sehr detailliert, wie hier im Beispiel, um die Bedienung des Dialoges Gedanken machen und das vorgestellte Design und den Bedienungsablauf bewerten und abnehmen. Es werden nur einige zentrale Teile des Programmier- oder Lieferumfangs so getestet. Alle anderen Teile der Realisierung basieren auf dem Pflichtenheft und werden in den folgenden Testphasen geschäftsprozessbezogen getestet und abgenommen.

Ein Akzeptanztest kann aber auch für ein Entwurfsmodell oder ein Probeteil durchgeführt werden. Beispielsweise werden individuell angefertigte Kommissionierwagen oder Arbeitsplätze, die später in einer großen Anzahl gefertigt werden, ebenfalls über eine Werksabnahme geprüft und abgenommen.

Zu bedenken ist dabei, dass der Lieferant diesen Test schon als Teilabnahme verbucht. Dieser Punkt sollte auch im Vertrag geregelt sein. Denn ein Änderungswunsch durch den Kunden an einem bereits im Akzeptanztest abgenommenen Software- oder Anlagenteil kann zu Mehrungen im Projekt führen. Anderseits möchte der Kunde noch nicht von einer Abnahme oder Teilabnahme sprechen, da er ja die Funktionalität vollumfänglich noch nicht gesehen hat.

▶ Das Ergebnis einer Werksabnahme muss klar und eindeutig dokumentiert werden.

Bei Software eignen sich Hardcopies oder Auszüge aus dem Pflichtenheft, die nicht erfüllt wurden. Bei Musterbauteilen helfen Fotos und Ausführungszeichnungen. Die erfolgte Abnahme muss durch Unterschriften auf ein Abnahmeprotokoll von beiden Parteien quittiert werden.

5.3 Statische Abnahme Fördertechnik

Bei der statischen Abnahme Fördertechnik geht es um die Begutachtung auf Sicht. Es wird das begutachtet, was montiert ist. Hier geht es nur um den „Hardware"-Teil der gesamten fördertechnischen Anlage. Der Materialflussrechner und die Steuerung sind hier ausgenommen. Es geht darum, dass nach dem Abschluss der Montagearbeiten oder kurz davor, bevor die Anlage eingefahren wird, ein Projektteam durch die Anlage geht und im Detail nach der Vorlage der Vertragsunterlagen, Konzepte und Zeichnungen eine Sichtprüfung der Anlage vornimmt. Der einfache Teil dabei ist, die angelieferte Menge durch Zählen von Einheiten oder Teilgewerken zu prüfen oder auch Maße durch Abmessen zu prüfen. Der viel schwierigere Teil ist die Prüfung der Ausfertigung der Anlage im Detail. Hier gibt es etliche Positionen, die nicht gezeichnet wurden. Es geht z. B. um die Positionierung von Schalttafeln oder Signallampen, um die Prüfung von Sicherheitsvorkehrungen, der ordnungsgemäßen Montage, Begehbarkeiten von Arbeitsplätzen, Arbeitsplatzergonomie, Beschädigungen durch die Montage und vergessene lose Verbindungen. Für diese Sichtprüfung wird ein Teamkollege benötigt, der sehr viel Erfahrung mit dem Bau und dem Betrieb von fördertechnischen Anlagen hat. Und: Für diese Prüfung gibt es keinen Standardablauf.

Die Mängel sollten durch Fotos und eine Beschreibung dokumentiert werden. Dazu muss festgehalten werden, an welchem Tag ein Punkt aufgenommen wurde und durch wen. Nach der Erstellung einer Liste mit Mängeln der Anlage sollte diese Liste mit den Fotos an den Lieferanten zur Kommentierung übergeben werden. Wenn die Punkte vom Lieferanten akzeptiert werden, müssen Umsetzungstermine genannt werden. Entsprechende Nachprüfungen sind vorzunehmen.

Ein großer Vorteil ist es, wenn die Techniker des Auftraggebers schon sehr früh in der Aufbauphase den Realisierungsprozess begleiten. Dies sollte auch vom Auftraggeber vor der Vergabe eingefordert werden.

> **Sichtprüfungen**
> Diese sollten nach alter Schule erst nach der Übergabe der montierten Anlage vom Lieferanten an den Kunden erfolgen.
>
> Es macht sehr wohl Sinn, in der laufenden Montage Besichtigungen vorzunehmen und Unregelmäßigkeiten an bereits montierten Abschnitten zu erfassen und beim Lieferanten anzumerken. Dem Lieferanten gefällt das gar nicht.

> An dieser Stelle sei kurz darauf hingewiesen, dass eine Unzulänglichkeit vor der Übergabe der Anlage an die Kunden zur Prüfung durch eine Sichtprüfung noch nicht „Mangel" genannt werden darf. Daher wird an dieser Stelle vermieden, vor der offiziellen Übergabe der Anlage an den Kunden von Mängeln zu sprechen. Ein guter Systemlieferant akzeptiert aber die Ergebnisse der Begehungen und übernimmt die gefundenen Punkte in seine Arbeit.

5.4 Statische Abnahme IT

Bei der statischen Abnahme IT geht es um die Software- und Hardware-Komponenten. Bei der statischen Abnahme für Software geht es darum, bestimmte definierte Teile der Software vor der eigentlichen Nutzung durch den Auftragnehmer zu begutachten. Diese Abnahme kann sich auf die Systemebenen Warenwirtschaftssystem, Lagerverwaltungssystem und auch den Materialflussrechner beziehen. Außerdem können auch Emulationssysteme und Visualisierungen für die fördertechnische Anlage statisch abgenommen werden. Folgende Teile kommen dafür in Betracht:

- Dialoge und Ansichten
- Listen und Etiketten inkl. Barcodes
- Materialflussdarstellungen bei einer Anlagenvisualisierung und einem Emulationssystem

Bei Hardwareprüfungen geht es im Wesentlichen um die mengenmäßige korrekte Anlieferung der Komponenten und die fachgerechten Installationen. Beispiele können sein:

- Server und Clients
- Einrichtung des Serverraums
- WLAN-Installationen
- Mobile Endgeräte inkl. Ladeeinrichtungen
- Mobile Hilfsmittel und Halterungen
- Leitstände

Die Basis für diese Abnahme sind Lieferaufträge mit Lieferterminen und Lieferbedingungen. Oft geht es nicht nur um die reine Lieferung, sondern sind mit der Lieferung von Hardware auch Dienstleistungen zum Aufbau, der Einrichtung, der Schulung verbunden. An dem Abnahmetermin nicht erfolge Lieferungen oder Leistungen werden in Form eines Protokolls festgehalten. Nachlieferungen und Nacharbeiten sind mit einem Termin zu bestätigen.

5.5 Dynamische Abnahme I

Bei der dynamischen Abnahme I geht es um die prozessorientierten Systemtests ohne Anbindung an andere Systeme. Das Team für das Warenwirtschaftssystem und das Team für das Lagerverwaltungssystem testen in dieser Phase ausschließlich innerhalb der Systemgrenzen. Prozesse, die von einer Rückmeldung eines später anzubindenden Systems abhängen, können nur bis zu diesem Schritt durchgeführt werden. Die Schnittstellen können so weit geprüft werden, wie die Funktionen beim Testen in die Schnittstellen hineinschreiben. Mithilfe von Softwaretools lassen sich die Schnittstelleninhalte ausgangsseitig gegen das Schnittstellendokument prüfen.

Sind Ausgangsdaten, wie Stammdaten oder Auftragsdaten, erforderlich, werden diese entweder initial auf der Datenbankebene eingespielt oder, z. B. bei Auftragsdaten oder Telegrammen, manuell eingegeben.

Auf der Ebene der Lagertechnik, also dem Materialflussrechner, der Steuerung und der Anlage selbst, verhält es sich etwas anders. Ein autarker Test des Materialflussrechners allein macht nur in einem sehr kleinen Umfang Sinn. Der Hauptteil der Tests wird in Verbindung mit der Steuerung und der fördertechnischen Anlage bearbeitet und hauptsächlich vom Lieferanten durchgeführt. Wie in Abb. 5.2 zu sehen ist, haben die drei Systemebenen in dieser Testphase keine Anbindung an das Lagerverwaltungssystem. Die Testfälle werden über die Bedienungsoberflächen des Materialflussrechners ausgeführt. Im Hintergrund bewirkt aber ein Testfall am Bildschirm auch eine Materialflussbewegung auf der Anlage. Diese Tests sind sehr aufwendig, da bei jedem Testfall die Fördertechnik und das passende Fördergut für den einen Testfall vorbereitet werden müssen. In

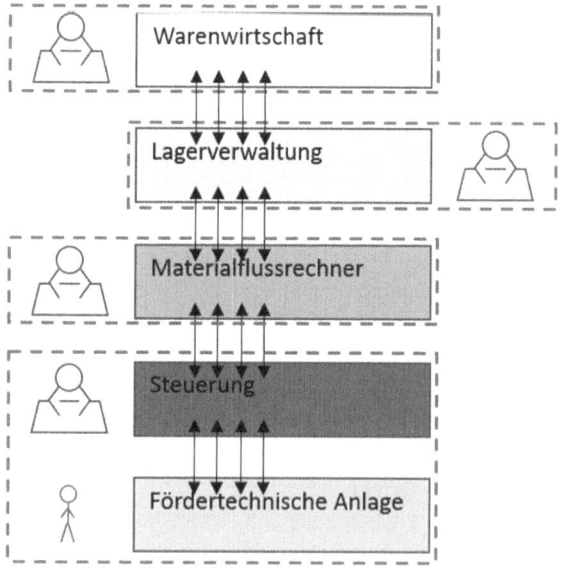

Abb. 5.2 Autarkes Testen

der Regel lassen sich jeweils nur einzelne Testfälle auf der Anlage nacheinander durchführen, was die Anlage für nur diesen Fall blockiert. Bei diesen Testfällen ist je nach Anlagengröße auch entsprechendes technisches Personal zur Verfügung zu stellen, da der Verlauf des Tests nicht mehr nur allein am Bildschirm des Materialflussrechners beobachtet werden kann.

Ein Beispiel zur Erläuterung der Arbeitsweise des Testens innerhalb der Systemgrenzen ist eine Bestandsbuchung im Lagerverwaltungssystem, die später nach Eingang eines Datensatzes vom Materialflussrechner der fördertechnischen Anlage erfolgen soll. Im autarken Test kann ein Datensatz mithilfe entsprechender Tools manuell erzeugt werden. Gegebenenfalls sind hier IT-Spezialisten erforderlich, da es für solche Aktionen in der Regel keine benutzerfreundliche Bedienoberfläche für den späteren Lagermitarbeiter gibt. Später, im Funktionstest im Verbund, wird der Datensatz über die Schnittstelle zum Materialflussrechner eingelesen und verarbeitet und führt zu der gewünschten Bestandsbuchung. Alternativ zur manuellen Erstellung von Datensätzen kann über einen Dateitransfer, das kann auch eine Datei sein, aus dem Testsystem des später anzubindenden Systems schon ein Vorrat an Datensätzen mit entsprechendem Aufbau zur Verfügung gestellt werden. So kann das Testen erleichtert werden und hat den Vorteil, dass der Datensatzaufbau, so wie er später über die Schnittstelle zu liefern ist, vom Testteam des empfangenden Systems unter die Lupe genommen werden kann.

Teststellung
In einem neuen Kommissionierzentrum wurden vor der Inbetriebnahme die Funktionen für die Kommissionierung auf einem Mobilen Datenfunkterminal (MDT) im Einzeldurchgang präsentiert und abgenommen. Es wurden auch Schulungen durchgeführt. Der Systemlieferant wäre damit in Betrieb gegangen. Der Kunde hat aber auf einem kleinen Massentest bestanden, bevor die Software in den Echtbetrieb mit echter Ware geht. Dieser bestand darin, dass in dem Testraum eine imaginäre Kommissionierzone mit Hilfe von Barcodes der Kommissionierplätze an den Wänden eingerichtet wurde. Durch Einsatz aller verfügbaren Kollegen wurde mit allen Mobilen Datenterminals der Kommissionierablauf an der vorbereiteten Wand mit den Barcodes getestet.

Ergebnis: Das Programm hat nach 2 min abgebrochen, da es das parallele Abarbeiten von vielen Mobilen Datenterminals in dem Kommissionierprozess nicht verarbeiten konnte.

Fazit: Durch eine einfache Teststellung konnte ein großer Fehler vor dem Golive mit echtem Bestand und einem großen Team von Logistikmitarbeitern verhindert werden. Im Echtbetrieb hätte es zu einem Stillstand von mindestens 3–4 h geführt.

5.6 Dynamische Abnahme II

Der Zweck der dynamischen Abnahme II, der Funktionstests im Verbund, ist die Durchführung von Tests zur Prüfung der Funktionsfähigkeit über die Systemgrenzen hinaus. Die zu testenden Systeme werden abschnittsweise miteinander verbunden. Die Geschäftsvorfälle werden in Interaktion mit den angrenzenden Systemen getestet. Dabei werden in der Regel nicht alle Verbindungen gleichzeitig hergestellt. Beispielsweise möchten sich die Testteams zunächst auf die Verbindung zwischen dem Lagerverwaltungssystem und dem Materialflussrechner mit der fördertechnischen Anlage und anschließend auf die Verbindung zwischen dem Warenwirtschaftssystem und dem Lagerverwaltungssystem konzentrieren.

Das Ziel dieser Testphase ist, alle Verbindungen nacheinander herzustellen und Geschäftsvorfälle über alle Ebenen hinweg zu testen. Die in Abb. 5.3 dargestellten 4 Stufen sind exemplarisch, zeigen aber eine vielfach durchgeführte Reihenfolge der Aufschaltung der datentechnischen Verbindungen.

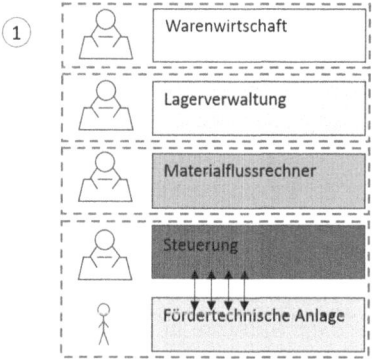

Vor dem Verbundtest werden die Systeme autark getestet. Nur die Steuerung wird schon früh mit der fördertechnischen Anlage gekoppelt.

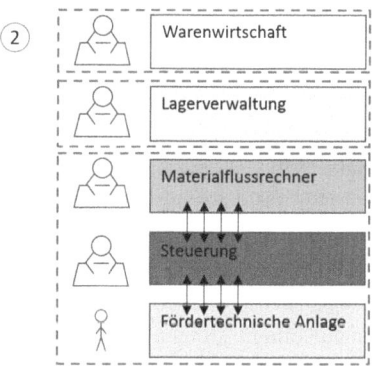

Der Materialflussrechner wird mit der Steuerung verbunden. Die Tests beziehen die fördertechnische Anlage mit ein.

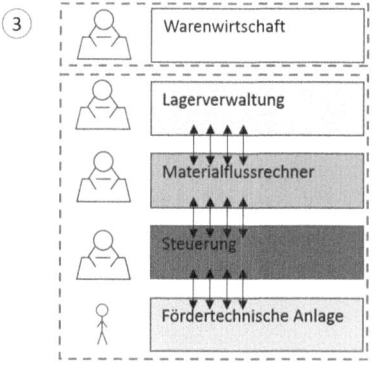

Im nächsten Schritt werden mit der Anbindung des Lagerverwaltungssystems alle Geschäftsvorfälle vom Lagerverwaltungssystem aus initiiert.

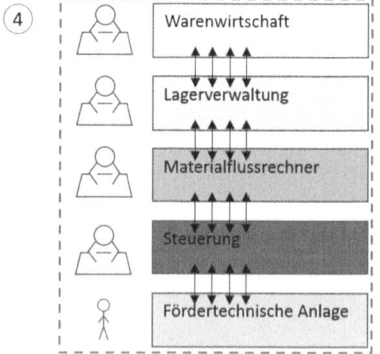

Der letzte Schritt ist die Anbindung des Warenwirtschaftssystems. Wobei dies häufig schon mit Schritt 3 erfolgt, damit Bestandsveränderungen beobachtet werden können.

Abb. 5.3 Stufenweise Anbindung der Systeme

5.6 Dynamische Abnahme II

Eine andere Möglichkeit ist die Emulation der Fördertechnik. Mithilfe eines Emulationsprogramms kann der Materialflussrechner in seinen Spielarten auch ohne die fertiggestellte Anlage getestet werden. Dabei werden die Interaktionen mit der Fördertechnik anhand eines Telegrammaustausches mit einem Emulationssystem simuliert. Voraussetzung ist allerdings die recht kostspielige korrekte Erstellung des Emulationsmodells. Dieses Verfahren ist auf jeden Fall bei komplexeren Anlagen zu empfehlen. Diese Verfahrensweise hat auch den Vorteil, dass der Materialflussrechner schon vor der Inbetriebnahme der Anlage komplett durchgetestet ist, vorausgesetzt, das Emulationsmodell bildet alle Geschäftsvorfälle korrekt ab. Zum Einsatz eines Emulationsmodells siehe Abschn. 3.6.

Wenn aufgrund der oben genannten Gründe eine Emulation eingesetzt wurde, sind innerhalb der Funktionstests im Verbund die in Abb. 5.4 dargestellten zwei Stufen zu unterscheiden. Alle Testfälle in dieser Phase werden zunächst mit der Emulation durchgeführt. Erst wenn die Testfälle für diese Phase komplett bearbeitet wurden und die fördertechnische Anlage komplett montiert und eingefahren ist, werden die Schnittstellen aktiviert. Das Emulationssystem wird von der Testumgebung abgekoppelt. Anschließend werden einige ausgewählte Testfälle mit der angebundenen fördertechnischen Anlage wiederholt.

Eine besondere Herausforderung ist, dass die zu verbindenden Systeme zu diesem Zeitpunkt komplett autark getestet worden sein müssen. Oft ist zu beobachten, dass im Verbund relativ „einfache" Fehler auftauchen, die im autarken Test schon hätten auffallen müssen. Das Testteam muss sich dann fragen lassen, wie es zu diesem Testfall gekommen ist und warum dieser gleiche Testfall nicht schon autark getestet wurde. Dieser Fehler im Ablauf ist sehr ärgerlich, da der Test im Verbund um ein x-faches aufwendiger ist als ein autarker Test. Daher hier nochmals der Hinweis, der für den gesamten Projektverlauf entscheidenden Einfluss hat: Bei einem autarken Test lassen sich relativ schnell hintereinander und auch parallel Testfälle abarbeiten. Die Testergebnisse können im Rahmen des fokussierten Systems recht gut lokalisiert und bewertet werden. Bei der Fehlerbeschreibung, Korrektur und dem Nachtesten beschränkt sich das Testteam auf ein System und einen Systempartner.

Bei den Funktionstests im Verbund sind die Tests aufwendiger und können oft nicht parallelisiert werden. Außerdem sind die Testteams größer, was die Kommunikation um einiges aufwendiger macht. Kommt es zu Wartezeiten zur Klärung oder Bereinigung von Systemen, betrifft dies mehr Mitarbeiter als bei einem autarken Test. Das Fehlermanagement ist wesentlich aufwendiger. Ein korrigierter Fehler muss nachgetestet werden, was wieder beide Testteams erfordert. Oft sind diese Testteams auch von einer anderen „Partei". Bei der Bewertung gilt es auch, herauszufinden, welches System was genau ausgelöst hat und welches System welche Anpassungen durchzuführen hat. Denn notwendige Anpassungen bedeuten Aufwand und Aufwand bedeutet Geld.

▶ Je früher ein Fehler gefunden wird, desto geringer ist der Aufwand für die Bearbeitung.

Test im Verbund mit einem Emulationssystem. Die fördertechnische Anlage mit Steuerung kann parallel unabhängig aufgebaut und eingerichtet werden.

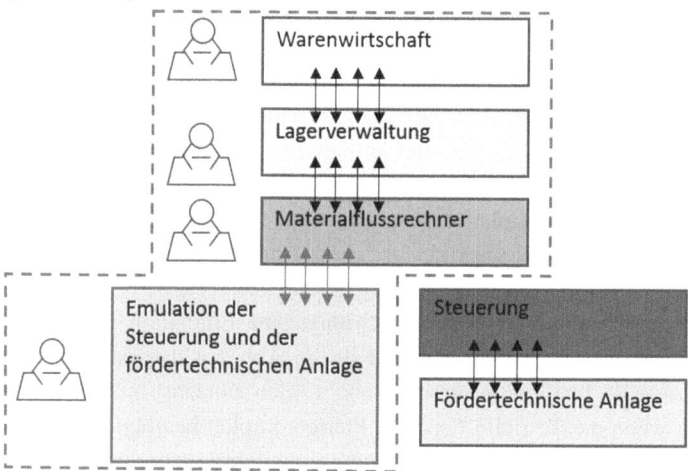

Nach den erfolgreichen Tests mit der Emulation, kann die fördertechnische Anlage mit der Steuerung angebunden werden. Die Tests werden mit der Anlage fortgesetzt oder teilweise wiederholt.

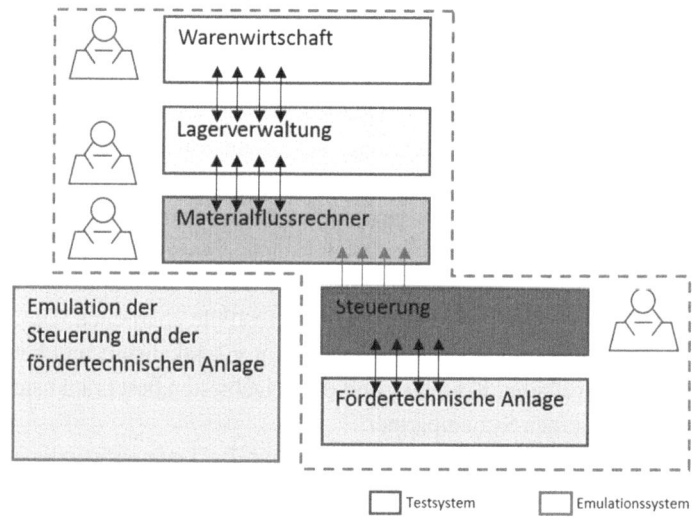

Abb. 5.4 Funktionstest im Verbund mit einem Emulationssystem

Daher sollten sehr viel Energie und Disziplin in die Bearbeitung von autarken Tests gesteckt werden. Machen Sie nicht den Fehler und vernachlässigen die Testphase autarker Funktionstests. Bei den Funktionstests im Verbund zeigt sich, wie professionell die Testteams gearbeitet haben.

5.7 Behördliche Abnahmen

Mit dem Bau eines Logistikzentrums werden viele behördlich zu prüfende Gewerke errichtet. Diese müssen vor der betrieblichen Nutzung durch die Behörde formal abgenommen werden. Es sind etliche Vorschriften, Richtlinien und Verordnungen einzuhalten.

Die prüfenden Behörden sind zum Beispiel die Bauaufsichtsbehörde, die Brandschutzbehörde oder auch die ansässige Feuerwehr, die Berufsgenossenschaften, die Gewerbeaufsichtsämter und der TÜV.

Diese behördlichen Abnahmen sind in der Regel Teil des Liefer- und Leistungsauftrages an den Systemlieferanten, wenn sein Gewerk davon betroffen ist. Der Auftragnehmer hat diese behördlichen Abnahmen zu organisieren und durchzuführen. Als Nachweis gilt das entsprechende amtliche Prüfergebnis.

5.8 Leistungsabnahme

Nachdem alle Systeme über die Schnittstellen hinweg anhand von Testfällen erfolgreich getestet werden konnten, werden Leistungstests auf der fördertechnischen Anlage durchgeführt. Die Leistungsabnahme erfolgt dabei nach der erfolgreichen Durchführung aller Leistungstests auf Basis der vertraglich definierten Leistungstestszenarien.

Bei den Leistungstests wird die Leistung der Anlage durch Messung der Leistungen pro Zeiteinheit an definierten Stellen im Anlagenlayout geprüft. In der Regel handelt es sich um transportierte Ladungsträger pro Zeiteinheit auf der Fördertechnik. In den Leistungstestszenarien sind die Schwerpunkte der Prüfung, die Messpunkte, die Dauer und die Art der Durchführung der einzelnen Testszenarien festgelegt. Es handelt sich hier um Tests mit einer größeren Menge an Aufträgen, an Ladungsträgern, an unterschiedlichen Auftragstypen und an unterschiedlichen Geschäftsvorfällen.

Die Systeme befinden sich dabei im Verbund, daher sind alle Testteams beteiligt. Der Fokus liegt allerdings nicht auf der Abnahme von einzelnen Geschäftsvorfällen, sondern ausschließlich auf der Leistungsfähigkeit der fördertechnischen Anlage.

Die erfolgreiche Durchführung der Leistungstests ist der wichtigste Abnahmemeilenstein vor dem Go-live. Können die Leistungstests nicht erfolgreich durchgeführt werden, hat das in der Regel einen direkten Einfluss auf den geplanten Inbetriebnahmetermin. In vielen Projekten hat sich zur Prüfung der fördertechnischen Anlage unter größerer Beanspruchung eine Anzahl von 3–5 Leistungstestszenarien und eine Dauer von einer Stunde Laufzeit pro Leistungstestszenario als sehr aussagekräftig herausgestellt. Man darf dabei den Aufwand zur Durchführung des Tests von einer Stunde Dauer nicht unterschätzen. Siehe dazu mehr in Kap. 9.

Ziel dieser Tests ist die Prüfung

- der vertraglich festgelegten Leistung der Anlage,
- der Strategien für Kreuzungen, Weichen, Warteschlangen, Überlaufbereiche usw.,
- auf allgemeine Verhaltensweise des Fördergutes bei zeitlich begrenztem Volllastbetrieb,
- der angebundenen Arbeitsplätze,
- der Wechselwirkung der fördertechnischen Anlage und Arbeitsweisen der Mitarbeiter an den Arbeitsplätzen.

Die Leistungstestszenarien und die Ablaufbeschreibung müssen im Vertrag mit dem Systemlieferanten definiert sein. Das bedeutet, dass diese Leistungstestszenarien und der Ablauf sehr früh, schon vor der Vertragsunterzeichnung, festgelegt und beschrieben sein müssen. Die Vorbereitung, die Durchführung und die Nachbereitung der Leistungstests sind sehr aufwendig.

▶ Die Durchführung der Leistungstestszenarien ist die Generalprobe vor der Uraufführung.

Neben der Messung der Leistung einer fördertechnischen Anlage gibt es auch Leistungstests ausschließlich für Softwaresysteme. Hierbei geht es um die Prüfung der Verarbeitungsleistung mit großen Datenmengen. Dies kann z. B. bei der Übertragung großer Auftragsmengen eines simulierten Arbeitstages von einem Warenwirtschaftssystem in ein Lagerverwaltungssystem mit anschließender Bestandsverfügbarkeitsprüfung im Lager erforderlich sein. Diese Prüfungen sind sehr wichtig, können aber von professionellen IT-Mitarbeitern durchgeführt und beurteilt werden. An dieser Stelle soll auf diese Art von Leistungstests nicht weiter eingegangen werden.

> **Erweiterte Prüfbedingungen vor dem Go-live**
> In einem sehr komplexen Logistikzentrum wurden neben der Messung der Leistungen der Anlage die Voraussetzungen für den Echtbetrieb noch um die Erreichung eines Verfügbarkeitswertes ergänzt.
> Die Verfügbarkeit sollte noch vor dem Go-live einen Wert von mindestens 85 % erreichen. Dazu wurde der abschließende Leistungstest mit einem 3-stündigen Verfügbarkeitstest kombiniert.
> Die Messung der Verfügbarkeit mithilfe eines Testlaufes über eine Dauer von 3 h erfordert einen sehr hohen Mitarbeitereinsatz, hat aber den Vorteil, dass die Verfügbarkeit neben der Leistungsmessung zumindest für einen sehr begrenzten Zeitraum ermittelt werden kann.
> Die späteren Verfügbarkeitstests im Echtbetrieb sollten einen Wert von 98 % erreichen.

5.9 Abnahme Verfügbarkeit

Nachdem die fördertechnische Anlage und die damit verbundenen IT-Systeme den Echtbetrieb aufgenommen haben, wird die Last der Anlage in Stufen hochgefahren. Wenn die Anlage mit einer realitätsnahen Last über einen definierten Zeitraum, z. B. eine Schicht, betrieben wird, können Verfügbarkeitsmessungen der Anlage vorgenommen werden.

Die Verfügbarkeitsmessungen werden bei größeren Anlagen in mehreren Stufen durchgeführt. Dementsprechend werden auch unterschiedliche Zielwerte festgelegt, die mit jeder Messung steigen. Zwischen den Meilensteinen werden die entdeckten Mängel beseitigt und durch ständiges Beobachten und Analysieren der Anlage im Echtbetrieb nach Optimierungspotenzialen Ausschau gehalten. Diese Messungen sollten vertragsrelevant sein, da sie einen weiteren wichtigen Aspekt der Qualität der Liefer- und Leistungserbringung der Anlage deutlich machen.

Bei der Verfügbarkeitsmessung geht es darum, exakt zu messen, wie hoch unter operativer Last der zeitliche Anteil der Ausfälle des Systems ist. Bei Großprojekten in der Logistik wird die Verfügbarkeit häufig nur von der fördertechnischen Anlage vertraglich geregelt. Verfügbarkeiten spielen aber auch bei reinen IT-Systemen eine Rolle. Im Folgenden befassen wir uns mit einer kompletten fördertechnischen Anlage, einschließlich der gelieferten IT-Systeme für Materialflussrechner und Steuerungen. Das Gewerk der fördertechnischen Anlage besteht aus Software, dem Materialflussrechner und den rein technischen Komponenten, wie Regelbediengeräte, Heber, Waagen, Karton- und Palettenfördertechnik. Die wiederum besteht aus Motoren, Rollen, Bändern, Weichen, Lichtschranken usw. Für den Materialflussrechner wird häufig auch die Infrastruktur mitgeliefert, also Server und Datenbanken.

Jede neue fördertechnische Anlage hat eine Einschwingzeit. Störungen in dieser Einschwingzeit können sowohl von der Technik ausgehen, als auch von den Bedienern durch versehentliche Falschbedienung verursacht werden. Den Systemlieferanten kann man in der Regel nur für die technischen Fehler in die Verantwortung nehmen. Daher sind die Fehler, die bei einer Messung auftauchen, genauestens zu analysieren. Die Verfahren der Messung und der Fehlerzuordnung sollten im Vertrag genauestens geregelt sein. Darüber hinaus gibt es allgemein anerkannte Regelwerke, auf die in Verträgen gerne verwiesen wird.

5.10 Endabnahme

In vielen Fällen schließt das Test- und Abnahmeprozedere mit der erfolgreichen Verfügbarkeitsmessung ab. Diese sind erfolgreich, wenn die vertraglich festgelegten Verfügbarkeiten über einen definierten Zeitraum erreicht wurden. Der Abschluss wird durch die Endabnahme durch den Auftraggeber bestätigt. Allerdings kann es auch sein, dass aus den anderen Testphasen noch wesentliche Mängel vorliegen, die noch nicht behoben wurden und eine Endabnahme verhindern.

Projektphase – Konzeptentwicklung 6

6.1 Pflichtenhefterstellung

Das Pflichtenheft steht hier für jedes Konzeptdokument, das Lösungen für die Kundenanforderungen beschreibt, die im Logistikprojekt umgesetzt werden müssen. Für die unterschiedlichen Konzeptdokumente eines Logistikprojektes werden sehr unterschiedliche Begriffe verwendet. Entscheidend ist, dass zu Beginn des Projektes festgelegt wird, was das Ziel des Dokumentes ist. Häufig werden englische Begriffe verwendet, z. B. „blue print" oder „solution design document", die bei dem Beteiligten oft Irritationen auslösen. Ein schicker Name für ein Dokument schafft noch keine Klarheit.

Darüber hinaus wird es noch ergänzende Dokumente geben, die gezielt bestimmte Aspekte genauer beschreiben und vom Auftraggeber vor der Realisierung abgenommen werden müssen, beispielsweise:

- Anlagenspezifikationen,
- Ausführungszeichnungen von Arbeitsplätzen,
- Skizzen von Dialogen,
- eine Sammelmappe aller Ausdrucke, wie Lieferscheine, Listen und Etiketten.

Diese Ergänzungsdokumente werden der Regel nach der Erstellung des zentralen Pflichtenheftes erstellt bzw. verfeinert. Im Folgenden werden diese Dokumente unter dem Begriff Pflichtenheft zusammengefasst.

▶ Das Pflichtenheft ist in den Logistikprojekten das Sorgenkind Nummer eins, da dieses Dokument sehr häufig zu ungenau erstellt wird, obwohl schon eine kleine Ungenauigkeit in der Beschreibung der Anforderungen sehr große negative Auswirkungen auf den Projektverlauf haben kann.

Es seien drei wesentliche Probleme bezüglich der Erstellung des Pflichtenheftes, die ein Logistikprojekt zum Scheitern bringen können, hervorgehoben:

1. **Das Pflichtenheft ist nicht klar genug formuliert und strukturiert.** Der Leser weiß nicht genau, was er bekommt. Oder: Mehrere Leser haben jeweils ein unterschiedliches Verständnis von dem, was dort als Anforderung beschrieben wird. Es gibt also so viel Interpretationsspielraum, dass sich die Leser ihr eigenes Bild mitnehmen und das Dokument fälschlicherweise für ausreichend halten.
2. **Das Pflichtenheft wird nicht von allen entscheidenden Personen abgenommen und ergänzt.** Oft ist das mit dem Zeitdruck begründet. Das Kernteam hatte keine Zeit mehr die wichtigen Fachbereiche mit einzubinden.
3. **Die Dauer und der Aufwand für die Pflichtenhefterstellung werden in vielen Fällen unterschätzt.** Das wiederum führt auch dazu, dass, um den Meilenstein „Pflichtenheft erstellt und abgenommen" nicht verschieben zu müssen, Dokumente abgenommen werden, die inhaltlich unzureichend abgestimmt sind. Die Projektleitung glaubt, dass sie etwas erfolgreich umgesetzt hat, d. h. die fristgerechte Abnahme des Pflichtenheftes.

Der inhaltlichen Klarheit ist größte Aufmerksamkeit zu widmen. Es ist angeraten, nicht aus Zeitgründen vorzupreschen und Unklarheiten im Text stehen zu lassen. Wenn Sie sich an einigen Stellen unsicher sind, fragen Sie sich, was Dritte aus diesem Text lesen würden. Oder machen Sie die Probe aufs Exempel und geben das Dokument einem Mitarbeiter, der branchennah ist, aber bisher noch nicht in das Projekt eingebunden war. Lassen Sie sich von ihm die beschriebenen Funktionen und Prozesse erläutern.

Eine weitere Methode, den Text „sauber" zu bekommen, ist die inhaltliche Bestätigung von allen beteiligten Mitarbeitern durch lautes Vorlesen des Textes. Dies können Sie am besten in Form einer Lesestunde machen. Dazu setzen Sie sich mit dem Kernteam in einen Raum und lesen das Dokument laut vor – von vorne bis hinten. Jeder, der einen Punkt nicht versteht oder als zu ungenau beschrieben sieht, meldet sich. Der Punkt wird kurz in der Gruppe besprochen, maximal 5 min. Wenn es in der Gruppe nicht klar wird, muss eine Frage an den Lieferanten zur Klärung formuliert werden. Diese Fragen müssen beantwortet, vom Projektteam verstanden und eingearbeitet werden.

An dieser Lesestunde können auch Mitarbeiter teilnehmen, die nicht zum Kernteam gehören, aber Teilnehmer des Projektes sind. So werden auch „unbequeme" Verständnisfragen gestellt.

Genau hierbei verspricht die Durchführung einen spürbaren Erfolg. Der Text wird „sauber" und das Team hat wirklich ein klares Verständnis von dem, was da kommt. Sie werden sich wundern, wie viele Unklarheiten bei einem scheinbar „fertigen" Dokument noch hochkommen.

Auch wenn es übertrieben scheint: Lassen Sie sich als Projektleiter dieses Dokument von den Teilnehmern unterschreiben. Eine Unterschrift, auch wenn sie formal keine Bedeutung hat, erzeugt unheimlichen Druck auf die verlässliche Prüfung des Textes durch die Projektkollegen.

6.1 Pflichtenhefterstellung

Neben der Beschreibung der Anforderungen in Textform als Basisdokument lässt sich die Erarbeitung der Prozessbeschreibungen auf Basis von Geschäftsprozessen in Tabellen und Flussdiagrammen empfehlen (siehe zur Erstellung der Prozessbeschreibung Abschn. 6.2).

Ähnlich wie in einem allgemeinen Vertrag, wo der Richter im Streitfall den Vertragstext als Grundlage für die Urteilsfindung heranzieht, müssen sowohl der Auftraggeber als auch der Auftragnehmer eindeutig erkennen können, was wer wann geliefert bekommt. Kommt es im Verlauf des Projektes zu Unstimmigkeiten, wird das Pflichtenheft zur Klärung herangezogen.

Ein Pflichtenheft ist gut, wenn es folgende Punkte erfüllt:

Checkliste 3 – Pflichtenhefterstellung	erfüllt	
	ja	nein
Das Pflichtenheft wird von dem Kernteam akzeptiert und inhaltlich und strukturell für vollständig und gut beschrieben abgenommen. Einzelne Fachkapitel sollten von Spezialisten im Unternehmen oder aus dem Projektteam heraus abgenommen werden.		
- Hat jedes Mitglied des Kernteams durch eine Unterschrift bestätigt, dass er das Dokument für vollständig erklärt?	☐	☐
- Haben die Vertreter der Fachbereiche bestimmte für sie gekennzeichnete Kapitel für vollständig erklärt und durch eine Unterschrift bestätigt?	☐	☐
Grundsätzlich hat sich eine möglichst einfache Formatierung im Pflichtenheftdokument bewährt. Abbildungen sollten in einer separaten Datei gespeichert werden, das erleichtert die Arbeit am Text und ermöglicht die Konzentration auf die Inhalte.		
- Ist das Dokument durch die Einbindung von Abbildungen überfrachtet worden?	☐	☐
- Ist für Abbildungen und Zeichnungen ein separates Dokument erstellt worden, auf das im Text Bezug genommen werden kann?	☐	☐
Das Pflichtenheft muss gut strukturiert und formatiert sein.		
- Ist der Text durchgängig gut strukturiert?	☐	☐
- Erkennt man in der Inhaltsangabe einen roten Faden?	☐	☐
- Ist die gute Struktur durch die Prüfung durch einen Dritten erfolgreich bestätigt worden?	☐	☐
Das Pflichtenheft muss eine Versionshistorie enthalten.		
- Hat das Dokument eine Versionsnummer, die kontinuierlich erweitert wird?	☐	☐
- Wird zu jeder Version ein Kommentar geschrieben?	☐	☐
- Wird zu jeder Version erfasst, we der Autor war?	☐	☐
- Wird zu jeder Version das Datum erfasst?	☐	☐

	erfüllt	
	ja	nein
Bei der Erstellung sollte mit dem Änderungsmodus der Text-Programme gearbeitet werden. So kann der Leser schnell die wesentlichen Teile, die sich zum letzten Dokument geändert haben, erkennen.		
- Wird mit dem Änderungsmodus gearbeitet?	☐	☐
- Werden Änderungen gemeinsam am Beamer besprochen und vorgenommen?	☐	☐
- Werden die markierten Änderungen zu jedem Versionswechsel angenommen, damit sich die Gruppe auf weitere Änderungen konzentrieren kann?	☐	☐
Funktionale Beschreibungen sollten mit Prozessbeschreibung ergänzt werden.		
- Werden funktionale Auflistungen mit Geschäftsprozessorientierten Beschreibungen ergänzt?	☐	☐
- Sind die Kapitel deutlich voneinander getrennt?	☐	☐
Das Dokument sollte in einer kompakten Laufzeit erstellt worden sein. Fatal ist es, wenn es längerfristige Unterbrechungen im Projekt gibt und die Workshops zur Pflichtenhefterstellung immer wieder unterbrochen werden.		
- Ist das Pflichtenheft in einer zusammenhängenden Zeit von maximal 3–5 Monaten erstellt worden?	☐	☐
- Gab es größere Unterbrechungen?	☐	☐
Wenn sich eine Unterbrechung im Projekt bei der Pflichtenhefterstellung nicht vermeiden lässt, sind alle bereits bearbeiteten Themen auf Basis des bereits erstellten Teils des Pflichtenheftes neu zu besprechen.		
Das Pflichtenheft sollte von einen Kernteam erstellt werden, das durchgehend an den Pflichtenheftgesprächen teilnimmt. Des Weiteren sind zu Spezialthemen Vertreter der Fachbereiche zu einzelnen Terminen einzuladen.		
- Ist das Kernteam ausreichend kompetent, um alle Geschäftsprozesse zu gestalten?	☐	☐
- Ist das Kernteam durchgehen verfügbar?	☐	☐

6.1 Pflichtenhefterstellung

	erfüllt	
	ja	nein
- Wurden die Vertreter der Fachbereiche schon vor dem Beginn der Pflichtenheftgespräche darüber informiert, dass sie an bestimmten Terminen teilnehmen sollen?	☐	☐
- Wurden diese Kollegen schon frühzeitig eingeladen?	☐	☐
Das Dokument hat ein Glossar zur Beschreibung von Fachbegriffen, Abkürzungen und firmenspezifischen Namen.		
- Enthält das Pflichtenheft ein Glossar?	☐	☐
- Sind firmenspezifische Begriffe ausführlich erläutert?	☐	☐
Ausdrucke und Etiketten werden an unterschiedlichen Stellen in den Prozessen ausgedruckt. Die Abnahme der Etiketten ist immer ein sehr aufwändiger Prozess, weil oft viele Externe davon betroffen sind (Kunden, Speditionen, Paketdienstleister usw.).		
- Ist eine Sammelmappe angelegt worden, in der alle Lieferscheine, Listen und Etiketten in der Ausführungsvariante aufgeführt sind?	☐	☐
- Sind dort alle Informationen zur Erstellung der Ausdrucke enthalten?	☐	☐
Um unterschiedliche Verständnisse der Inhalte innerhalb des Teams zu verhindern, sollte kurz vor dem Abschluss der Pflichtenhefterstellung eine Lesung des Dokumentes vorgenommen werden.		
- Können Sie als Projektleiter das Kernteam dazu gewinnen, eine Lesestunde durchzuführen?	☐	☐
- Konnte das Dokument nach der Lesestunde abgenommen werden?	☐	☐
- Sind noch offene Punkte entstanden oder lange Diskussionen?	☐	☐

Wie kann man ein gutes von einem schlechten Pflichtenheft unterscheiden? Ein ungenügendes Pflichtenheft kann man wie folgt erkennen:

- Wenn Sie sich beim Lesen eines sehr dünn beschriebenen Testteiles dabei erwischen, wie Sie die inhaltlichen Lücken in Ihrem eigenen Kopf hinzufügen, dann sollten Sie den Text generell infrage stellen. Ein anderer Leser wird mit hoher Wahrscheinlichkeit an dieser Stelle ein anderes Verständnis „hinzufügen".
- Wenn Sie beim Lesen des Textes schnell die Orientierung im Dokument verlieren und sich fragen müssen: „Warum wird das an dieser Stelle im Dokument beschrieben? Ich hätte das an einer anderen Stelle erwartet."
- Wenn die unterschiedlichen Geschäftsvorfälle nicht klar gegliedert sind.
- Wenn nicht an jeder Stelle klar ist, welche Geschäftsvorfälle davon betroffen sind.
- Wenn nicht immer klar ist, von welcher Ressource diese Tätigkeit ausgeführt wird. Ist es der Mitarbeiter oder wird hier eine Funktion von einem System erwartet?

- Wenn Erwartungen von externen Systemen und auch von den bedienenden Mitarbeitern unzureichend beschrieben werden. Es kommt z. B. oft vor, dass in Prozessbeschreibungen unterschwellig von der Verfügbarkeit bestimmter Stammdaten im System ausgegangen wird. Diese Verfügbarkeit wird aber nicht geprüft.
- Wenn keine Übersicht über zu realisierende Ausdrucke und über die dazugehörigen Informationen zur Erstellung dieser Ausdrucke aufgeführt sind.

Pflichtenheft

In einem Projekt hieß der Auftrag, die Testaktivitäten für eine große Anzahl von Mitarbeitern zu organisieren und zu begleiten. Es handelte sich um Mitarbeiter von zwei Gesellschaften und über 15 Abteilungen. Es mussten zwei Warenwirtschaftssysteme an das Logistiksystem angebunden werden. Zu dem Zeitpunkt war das Pflichtenheft schon abgenommen und die Realisierung im vollen Gange.

Mehrere Male berichteten Kollegen, dass sie die Abläufe in dem Pflichtenheft nicht verstehen, große Lücken sehen und sich nicht imstande sehen, daraus Testfälle zu beschreiben. Auf Nachfrage sagten die Mitarbeiter, dass sie in keiner Weise in die Erstellung des Pflichtenheftes eingebunden waren.

Der Projektleiter wurde informiert. Dieser sagte, dass er davon wisse. Das Pflichtenheft hätte aber unter Zeitdruck abgeschlossen werden müssen. Das Ergebnis war ein teilweise dramatischer Verlauf der Inbetriebnahme mit Störungen in der Auslieferung über mehrere Monate. Der Auftraggeber hat dabei etliche Kunden verloren.

6.2 Prozessbeschreibung

Ein wichtiger Teil des Pflichtenheftes ist die Prozessbeschreibung. Die Prozessbeschreibung wird ebenfalls vom Projektteam mit dem Systemlieferanten zusammen erstellt.

Das Ziel der Prozessbeschreibung ist, sämtliche Geschäftsvorfälle

- mit allen notwendigen Aktivitäten,
- Ressourcen,
- Hilfsmitteln,
- Voraussetzungen,
- Ergebnissen,
- zu erstellenden Ausdrucken und
- zu aktivierenden Schnittstellen

aufzubereiten. Es werden alle Abläufe, d. h.

6.2 Prozessbeschreibung

- Arbeitsabläufe der Mitarbeiter,
- Bedienabläufe der IT-Systeme,
- Verhalten der fördertechnischen Anlage,
- Abfolgen von Displayanzeigen und
- Zeitpunkte für das Auslösen von Ausdrucken und Schnittstellen usw.

eindeutig beschreiben. Die Prozessbeschreibung ist die Grundlage für die spätere Testfallerstellung, die für eine erfolgreiche Inbetriebnahme Bedingung ist. Wenn die Prozessschritte und die Interaktion mit dem Bediener nicht eindeutig und lückenlos vor der Realisierung beschrieben werden, dann kommt es mit Sicherheit bei den ersten Tests mit den neuen Systemen zu unerwarteten Überraschungen.

▶ Ein Prozess ist klar beschrieben, wenn eindeutig festgelegt ist, wer oder welches System was in welcher Folge unter welchen Voraussetzungen und mit welchen Hilfsmitteln macht. Wenn der Prozess nicht klar ist, kann kein Testfall beschrieben werden. Erst wenn die Prozesse so klar beschrieben sind, dass leicht Testfälle erstellt werden können, hat die Prozessbeschreibung die erforderliche Qualität erreicht.

Im Folgenden werden zwei Formen für die Darstellung der Prozesse vorgestellt. Eine Darstellungsform ist die Beschreibung in Tabellen. Eine andere ist die in Flussdiagrammen, wobei die Darstellung mit Funktionsstreifen, sogenannten swimlanes, zu empfehlen ist. Wie in Abb. 6.1 gezeigt, gehen beide Formen aus den Konzeptdokumenten hervor und ergänzen sich.

In vielen Projekten hat das Projektteam erst die Tabellen erstellt, die anschließend durch die Erstellung der Flussdiagramme noch mal verifiziert wurden. Es kann aber auch durchaus Sinn machen, die Flussdiagramme im Team an einer Moderationstafel zu erstellen und diese im Nachgang in eine Datei zu übernehmen. Die Details zu den Aktivitäten werden anschließend in Form von Tabellen nachträglich erarbeitet.

Es kommt immer wieder vor, dass die unterschiedlichen Formen auch unterschiedliche Sichtweisen hervorbringen, was zur Verfeinerung der Abläufe und damit zu Qualitätssteigerung führt. Entscheidend ist, dass die Prozesse eindeutig und durchgängig beschrieben sind.

Die Tabellenform hat den Vorteil, dass bei jeder Aktivität die Ausgangssituation, die genaue Tätigkeit und das Ergebnis der Aktivität dargestellt werden können. Genauso sind der Vorgänger und der Nachfolger eindeutig festgelegt. Nur so lassen sich Fehlinterpretationen vermeiden oder zumindest auf ein Minimum reduzieren.

Die Darstellung in Flussdiagrammen hat den Vorteil, dass eine eindeutige Durchgängigkeit dargestellt und leicht verfolgt werden kann. Die Vor- und Nachteile werden noch mal in Tab. 6.1 zusammengefasst.

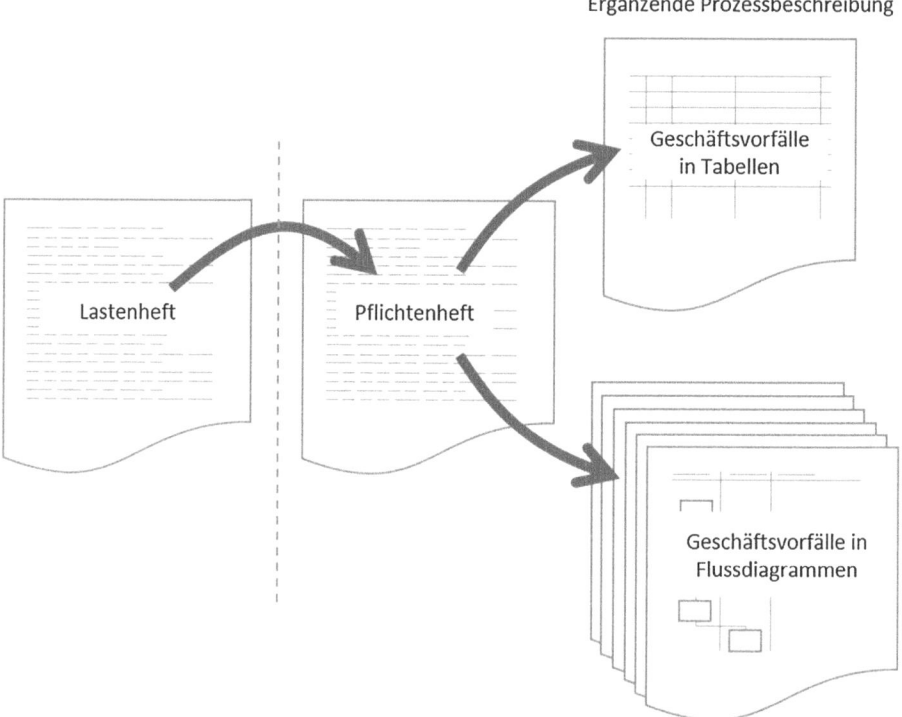

Abb. 6.1 Pflichtenheft und Prozessbeschreibung

Tab. 6.1 Formen der Prozessdarstellung

	Vorteile	Nachteile
Tabellenform: Der Schwerpunkt liegt in der detaillierten Informationsaufbereitung der einzelnen Aktivitäten	Jede Aktivität wird in einer Zeile dargestellt. Zu jeder Aktivität lassen sich wichtige Informationen in den Spalten individuell ergänzen	Verzweigungen lassen sich nicht so leicht nachvollziehen. Rein textliche Darstellung
Flussdiagramm mit Funktionsstreifen: Der Schwerpunkt liegt in der Flussdarstellung und der Zuordnung der Ressource	Leichte Nachvollziehbarkeit der durchgängigen Prozesse. Vorgänger und Nachfolgerprozesse können dargestellt werden. Die unterschiedlichen Ressourcen sind in der Streifendarstellung sehr deutlich zu erkennen. In der Gruppe können leicht Flussdiagramme an einer Moderationstafel erstellt werden	Die Arbeit am Beamer mit Visualisierungsprogrammen ist in Gruppen nicht einfach durchführbar

6.2 Prozessbeschreibung

▶ Projekte, in denen diese aufwendigen Vorarbeiten gemacht wurden, hatten stets eine sehr erfolgreiche Inbetriebnahme. Andersherum haben die Leiter von Projekten, die eine sehr schleppende und störungsbehaftete Inbetriebnahme hatten, bestätigt, dass das Pflichtenheft zu ungenau war und dass keine separate Prozessbeschreibung erstellt wurde. Deshalb ist es zwingend erforderlich, diese Prozessbeschreibungen in einem sehr hohen Detaillierungsgrad durchzuführen.

Die Voraussetzung für die erfolgreiche Erstellung der Prozessbeschreibungen ist, dass die richtigen Kollegen an diesem Prozess teilnehmen. Das Kernteam für die Pflichtenhefterstellung kann hierbei noch durch operative Mitarbeiter ergänzt werden. Die Kollegen sollten zum einen die vorhandenen unternehmensspezifischen Abläufe kennen und zum anderen in der Lage sein, sich auf neue Abläufe einzulassen. Denn in der Regel sollen mit einem Logistikprojekt auch neue Abläufe geschaffen und nicht die alten in ein neues System gegossen werden. Auch hier ist eine Moderation durch einen Mitarbeiter oder einen Berater mit ausreichend Erfahrung an der Beschreibung von logistischen Prozessen sehr zu empfehlen.

Bei dem Einsatz von Standardsoftware im Lager ergibt sich hier natürlicherweise ein Spannungsfeld. Der Kunde beschreibt den Prozess, wie er sich die Abläufe für die Zukunft vorstellt. Der Softwarelieferant zeigt daraufhin den Standardablauf der Software auf, der oft von den Vorstellungen des Kunden abweicht. An dieser Stelle ist es für alle Beteiligten unheimlich schwer, abzuschätzen, ob es sinnvoller ist, die vorhandene Funktion zu verwenden oder eine Änderung einzufordern. Das liegt daran, dass zu diesem Zeitpunkt nicht klar ist, welcher Änderungsaufwand dahinter steht. Der Ausgangspunkt ist selbstverständlich die Prozessbeschreibung des Kunden. Wenn der Systemlieferant die genannten Prozessabläufe nicht durch seinen Auftragsumfang abgedeckt sieht und nur die Standardabläufe anbietet, kommt es zwangsläufig zu Listen mit Änderungspunkten. Diese Änderungsliste muss vom Softwarelieferanten bewertet werden. Die Bewertung kann mehrere Wochen dauern und generiert Arbeitsaufwand beim Lieferanten, der in der Regel nicht honoriert wird. Wenn die Bewertung zurückkommt, muss über Budget und Prozess neu entschieden werden. Dieser Ablauf

- erzeugt eine längerfristige Unterbrechung bei der Erstellung der Prozessbeschreibungen,
- friert einen Teil der besprochenen Prozessbeschreibung ein, ohne diesen abschließen zu können,
- erfordert in der Regel eine Fortsetzung der Gespräche zu diesem Thema zu einem späteren Zeitpunkt,
- erzeugt Aufwand beim Lieferanten, der für den Lieferanten nur lukrativ ist, wenn die Änderungen auch beauftragt werden. Wenn man dies mehrmals macht, ohne eine Änderung zu beauftragen, werden die Fortschritte sehr zäh.

Eine Erleichterung kann hier zum einen eine gute Moderation zur Herbeiführung einer Entscheidung in den Workshops bringen. Zum anderen ist es wichtig, Entscheidungsträger am Tisch zu haben, die kurzfristig über Alternativen entscheiden können. Ein Ansatz kann auch sein, zunächst mit dem Standardablauf zu beginnen, um nach einiger Zeit des operativen Betriebes den Änderungsvorschlag noch mal zu prüfen. Es ist empfehlenswert, immer eher mit einfachen und vorhandenen Softwarefunktionen den Echtbetrieb aufzunehmen und im Nachgang, nachdem genügend Erfahrungen gemacht wurden, die Funktionen zu optimieren. Leider ist es so, dass die Projektteilnehmer immer befürchten, dass Sie nach der Inbetriebnahme kein Budget mehr für diesen Optimierungsprozess bekommen, und auf eine Aufnahme von individuellen Anforderungen bestehen.

Die Prozessbeschreibungen der einzelnen Geschäftsprozesse sollten in folgenden Detaillierungsebenen und Arbeitsschritten vorgenommen werden (siehe dazu Abb. 6.2):

1. **Übersicht der Geschäftsvorfälle.** Erstellung einer Übersicht und Gliederung der Geschäftsprozesse in Funktionsgruppen.
2. **Geschäftsvorfälle in Tabellen.** Erstellung der ersten Geschäftsvorfälle in Tabellenform. Hier muss zu Beginn mit einer längeren Einarbeitungszeit für das Team gerechnet werden. Auch wird man häufig zurückspringen müssen, um Anpassungen zu machen. Das ist bei dieser detaillierten Arbeit normal. Im Verlauf der Arbeit wird es immer leichter, neue Geschäftsprozesse zu erstellen.
3. **Geschäftsvorfälle in Flussdiagrammen.** Wenn ein Teil der Geschäftsvorfälle in Tabellenform erstellt ist, z. B. eine Funktionsgruppe, sollten noch die Flussdiagramme zur Verifikation erstellt werden. Bei dieser Arbeit fallen immer noch notwendige Änderungen auf. Erst die beiden Darstellungsformen zusammen führen zu einem guten Ergebnis.

6.2.1 Gliederung der Geschäftsvorfälle

Im ersten Schritt sollte der Umfang des zu beschreibenden Prozesses festgelegt werden.

- Wo sind die Grenzen?
- Was sind die Schnittstellen zu anderen Organisationseinheiten?
- Welche externen Systeme gibt es?
- Welche Teile sollen beschrieben werden und welche nicht?

Wenn der Umfang geklärt ist, sollten von der Helikopterperspektive aus die Hauptfunktionen herausgearbeitet werden. Dies können z. B. in der obersten Ebene der Warenzulauf, lagerinterne Prozesse und der Warenablauf sein. In der nächsten Ebene werden die Gruppen weiter untergliedert, z. B. Avisierung, Hofsteuerung, Wareneingang usw. Wobei die Hofsteuerung schon eine Querschnittsfunktion hat, da diese auch den Warenablauf beschreibt. In der nächsten Ebene werden die Geschäftsvorfälle pro Funktionsgruppe

6.2 Prozessbeschreibung

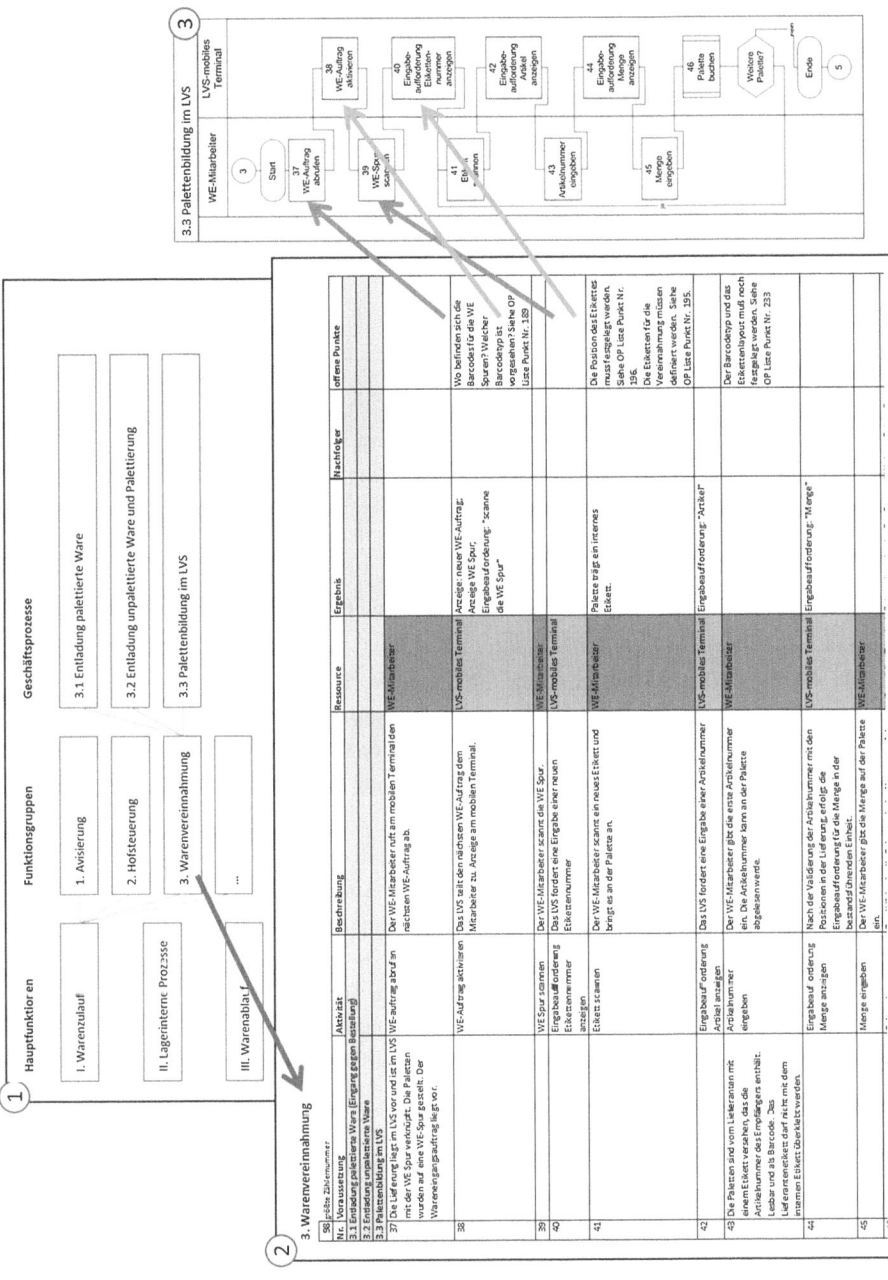

Abb. 6.2 Prozessbeschreibung

aufgelistet. Beispielsweise kann in der Funktionsgruppe „Wareneingang" zwischen den Geschäftsvorfällen „Wareneingang aus einer Bestellung" und „Wareneingang aus einer Umlagerung von einem anderen Lagerstandort" unterschieden werden.

Alle drei Ebenen geben ein sehr gutes Bild aller Funktionen im zukünftigen Betrieb wieder. Bei der detaillierteren Arbeit der Prozessbeschreibung kann es in der Diskussion noch weitere Funktionsgruppen oder Geschäftsvorfälle geben, die ergänzt werden müssen.

Zur späteren Übersicht hilft es, die Gliederungspunkte zu nummerieren. Diese Übersicht sollte ständig während der Workshops zur Erstellung der Prozessbeschreibungen und Flussdiagramme präsent sein. Zum Beispiel hilft da ein großer Ausdruck, der im Besprechungsraum immer an der Wand hängt.

6.2.2 Geschäftsvorfälle in Tabellen

Erst jetzt, nachdem die Gliederungspunkte erstellt sind, sollte mit der eigentlichen Prozessbeschreibung begonnen werden. Das Projektteam wählt eine Funktionsgruppe aus und beginnt mit der Beschreibung des ersten Geschäftsprozesses. Es wird immer von dem einfachen Geschäftsvorfall zum komplexen Fall hin gearbeitet, d. h., es wird mit den einfachen „Geradeausfällen" begonnen und diese werden mit komplexeren Geschäftsvorfällen ergänzt. Anschließend werden die Geschäftsvorfälle in Aktivitäten zergliedert. In der Regel hat die erste Aktivität eines Geschäftsvorfalles eine Vorbedingung. Für die folgenden Aktivitäten sind oft keine Vorbedingungen zu pflegen, da ein bestimmtes Ergebnis der vorherigen Aktivität die Bedingung ist. Die Aktivität selbst wird beschrieben und das Ergebnis wird eingetragen. In einer hinteren Spalte wird immer der Nachfolger eingetragen. Auch hier sollen nur Nachfolger eingetragen werden, wenn es sich nicht um die nächste Aktivität handelt.

Anhand des ersten Geschäftsvorfalles wird die individuelle Tabellenstruktur aufgebaut, die für alle Geschäftsprozesse als Vorlage dient. Abb. 6.3 zeigt eine Tabellenvorlage als Entwurf und sollte für das individuelle Projekt angepasst werden.

Nr. Innerhalb eines Geschäftsprozesses wird für jede Aktivität eine laufende Nummer vergeben. Diese gibt auch die Bearbeitungsreihenfolge an. Wenn Sprünge notwendig sind, bezieht man sich in der Spalte „Nachfolger" auf die entsprechende Nummer der Aktivität.

Voraussetzung Hier wird das beschrieben, was notwendig ist, um diese Aktivität durchzuführen. Hier werden sowohl systemische als auch organisatorische Voraussetzungen aufgeführt. Nicht jeder Prozessschritt erfordert eine Voraussetzung. Oft werden Voraussetzungen nur bei der ersten Aktivität eines Geschäftsprozesses aufgeführt.

6.2 Prozessbeschreibung

	A	B	C	D	E	F	G	H	I
1		5. Warenvereinnahmung							
3		98 größte Zählernummer							
4		Nr.	Voraussetzung	Aktivität	Beschreibung	Ressource	Ergebnis	Nachfolger	offene Punkte
5		Entladung palettierte Ware (Eingang gegen Bestellung)							
17		Entladung unpalettierte Ware							
23		Palettenbildung im LVS							
24		37	Die Lieferung liegt im LVS vor und ist im LVS mit der WE-Spur verknüpft. Die Paletten wurden auf eine WE-Spur gestellt. Der Wareneingangsauftrag liegt vor.	Neuer WE-Auftrag	Der WE-Mitarbeiter ruft am mobilen Terminal den nächsten WE-Auftrag ab.	WE-Mitarbeiter			
25		38		Aktivierung WE-Auftrag	Das LVS teilt den nächsten WE-Auftrag dem Mitarbeiter zu. Anzeige am mobilen Terminal.	LVS-mobiles Terminal	Anzeige: neuer WE-Auftrag; Anzeige WE-Spur; Eingabeaufforderung: "scanne die WE-Spur"		Wo befinden sich die Barcodes für die WE-Spuren? Welcher Barcodetyp ist vorgesehen? Siehe OP
26		39		WE-Spur scannen	Der WE-Mitarbeiter scannt die WE-Spur.	WE-Mitarbeiter			
27		40		Eingabeaufforderung Etikett	Das LVS fordert eine Eingabe einer Etikettennummer	LVS-mobiles Terminal			
28		41		Scannen Etikett	Der WE-Mitarbeiter scannt ein neues Etikett und bringt es an der Palette an.	WE-Mitarbeiter	Palette trägt ein internes Etikett.		Die Position des Etiketts muss festgelegt werden. Siehe OP Liste Punkt Nr. 196. Die Etiketten für die Vereinnahmung müssen definiert werden. Siehe
29		42		Eingabeaufforderung Artikel	Das LVS fordert eine Eingabe einer Artikelnummer	LVS-mobiles Terminal	Eingabeaufforderung: "Artikel"		
		43	Die Paletten sind vom Lieferanten mit einem Etikett versehen, das die Artikelnummer des Empfängers enthält. Lesbar und als Barcode. Das Lieferantenetikett darf nicht mit dem internen Etikett überklebt werden.	Eingabe Artikelnummer	Der WE-Mitarbeiter gibt die erste Artikelnummer ein. Die Artikelnummer kann an der Palette abgelesen werden.	WE-Mitarbeiter			Der Barcodetyp und das Etikettenlayout muß noch festgelegt werden. Siehe OP Liste Punkt Nr. 233
30		44		Eingabeaufforderung Menge	Nach der Validierung der Artikelnummer mit den Positionen in der Lieferung, erfolgt die Eingabeaufforderung für die Menge in der bestandsführenden Einheit.	LVS-mobiles Terminal	Eingabeaufforderung: "Menge"		
31		45		Eingabe Menge	Der WE-Mitarbeiter gibt die Menge auf der Palette ein.	WE-Mitarbeiter			
32		46		Buchung der Palette	Das LVS bucht die Palette mit der Nummer auf dem neuen Etikett	LVS-mobiles Terminal	Palette ist gebucht. Der Bestand befindet sich auf der WE-Spur	Weitere Palette? Dann Schritt 40 Alle Paletten gebucht? Dann	

1. Avisierung | 2. Hofsteuerung | 3. Warenvereinnahmung | 4. Einlagerung | 5. Lagerinterne Prozesse | 6. Kommissionierung | 7. Konfektion

Abb. 6.3 Prozesstabelle

Aktivität Hier wird für jede Aktivität eine Kurzbeschreibung eingefügt. Entscheidend dabei ist, dass die Formulierung ein Verb enthält. Zum Beispiel reicht „Artikel" nicht, besser ist „Artikelnummer eingeben".

Beschreibung Hier wird der Prozessschritt näher erläutert. Bei der Beschreibung der Aktivitäten ist auf eine klare und eindeutige Formulierung zu achten. Es sollten keine Halbsätze verwendet werden. Es muss dem Leser klar werden, was in diesem Schritt genau passiert und was das Ergebnis des Schrittes ist.

Ressource Hier wird die Ressource eingetragen. Eine Ressource kann ein bestimmter Mitarbeiter oder ein System sein. Wenn es ein Mitarbeiter ist, sollte die Rolle benannt werden. Die Ressourcen sind eins zu eins in den Flussdiagrammen in den Funktionsstreifen sichtbar und klar getrennt.

Ergebnis In dieser Spalte wird das Ergebnis der Aktivität beschrieben. Hierbei sollte man sich bei der Formulierung der Prozesse bildlich vorstellen, was genau mit der Aktivität erreicht wurde. Dies ist übrigens eine Grundlage für die spätere Testfallerstellung.

Nachfolger In der Spalte „Nachfolger" können auf einfache Art und Weise Schleifen gekennzeichnet werden. Mehrere Schleifen, die eventuell noch ineinander verschachtelt sind, lassen sich so nicht nachvollziehbar darstellen. Wenn dies erforderlich ist, sollten die Geschäftsprozesse weiter aufgegliedert werden.

Offene Punkte In der Regel sind die Abläufe nicht sofort klar. Offene Fragen zu den Prozessschritten können in dieser Spalte festgehalten und verfolgt werden. Allerdings ist es ratsam, diese Punkte in die zentrale Offene-Punkte-Liste zu übernehmen und in diesem Feld nur die Referenznummer des offenen Punktes einzutragen.

Die Tabelle enthält mehrere Geschäftsprozesse. Jeder Geschäftsvorfall wird mit einer Überschrift deutlich hervorgehoben. Mithilfe der Gruppierungsfunktion von Zeilen lässt sich eine sehr übersichtliche Tabelle erstellen. Es bietet sich an, für jede Funktionsgruppe einen Reiter anzulegen. Die Geschäftsvorfälle einer Funktionsgruppe können in einem Tabellenblatt untereinander erstellt werden.

Diese einfache Darstellungsform ermöglicht sowohl eine Arbeit in Gruppen am Beamer als auch eine leichte Anpassung im laufenden Projekt. Excel hat mittlerweile auch einen Änderungsmodus, der die letzten Änderungen farblich darstellt. So kann die Gruppe über Änderungen in den Tabellenblättern leicht einen Überblick bekommen. Eine Verwendung einer Excel-Datei mit mehreren Benutzern parallel ist heute technisch möglich. Ratsam ist diese Funktion allerdings nicht, da sie zu Änderungen in den Tabellen führt, die sich nicht immer leicht zuordnen lassen.

6.2 Prozessbeschreibung

Des Weiteren ist es vorzuziehen, dass sämtliche Projektdateien immer von der gleichen Person gepflegt werden, auch wenn die Inhalte von unterschiedlichen Personen kommen. Ein Autor hat immer den gleichen Schreibstil, achtet auf durchgängige Formatierung und verwendet gleiche Begriffe. Dieser Autor übernimmt auch gleichzeitig Moderationsaufgaben. Bei größeren Projekten reicht ein Mitarbeiter für diese Aufgabe nicht aus. Die Mitarbeiter sollten sich aber trotzdem leicht auf eine einheitliche Arbeitsweise einigen können.

Die Tabellen-Darstellung hat sich wegen ihrer Einfachheit bewährt. Es gibt etliche Tools am Markt zur Prozessdarstellung, deren Einsatz häufig von den IT-Kollegen forciert wird. Allerdings ist es immer wieder schwierig, Mitarbeiter zu finden, die sich in dem Tool mit Leichtigkeit bewegen. Daher sind Excel-Tabellen vorzuziehen.

Im weiteren Verlauf kann es vorkommen, dass das Team in bereits erarbeitete Geschäftsprozesse zurückspringen muss und diese korrigiert werden müssen. Auch in diesen Prozesstabellen ist eine Arbeit im Änderungsmodus auf jeden Fall zu empfehlen. Jede Änderung wird farbig hervorgehoben. Dies erleichtert die Überprüfung einer neuen Version durch die Teilnehmer im Nachgang.

Die Fehlerfälle, die in der Abwicklung der Prozesse vorkommen können, werden separat aufgeführt. Mit Fehlerfällen sind Unterbrechungen des Prozesses aufgrund einer ungeplanten Situation von außen gemeint. Hierbei sind nicht Softwarefehler oder grundsätzliche Störungen wie z. B. ein Stromausfall gemeint. In Tab. 6.2 werden Beispiele für Fehlerfälle aufgeführt, die Teil des Prozesses sind und daher mit möglichen Lösungswegen beschrieben werden müssen.

Tab. 6.2 Fehlerfälle

Fehlerfall	Möglicher Lösungsweg
Ein Mitarbeiter wird aufgefordert einen Barcode von einem Etikett einzuscannen. Das Etikett ist aber beschädigt und lässt sich nicht scannen	Der Mitarbeiter geht zum Leitstand und lässt sich das Etikett nachdrucken
Ein Staplerfahrer wird über einen Transportauftrag aufgefordert, einen Lagerplatz anzufahren, um eine Palette aufzunehmen. Das Lagerfach ist aber leer	Der Staplerfahrer geht zu seinem Vorarbeiter, der die falsche Belegung des Lagerfachs untersucht
Ein Mitarbeiter in der Kommissionierung, wird aufgefordert, 10 Stück von einem Artikel von einem Kommissionierplatz zu entnehmen. Es befinden sich aber nur noch 8 auf dem Platz	Der Mitarbeiter geht zum Leitstand, der den Fehlbestand aufklärt und einen Nachschub beauftragt

Bei der Erstellung von Prozessbeschreibungen ist besonders auf folgende Punkte zu achten:

- Jeder Geschäftsvorfall wird in dieser Art erfasst, auch wenn es bei ähnlichen Geschäftsvorfällen zum Teil Wiederholungen sind.
- Die Überschriften geben eindeutig den Geschäftsvorfall wieder.
- Die Überschriften der Geschäftsvorfälle sind nummeriert mit den Nummern aus der Gliederung.
- Jede Aktivität wird durch die Verwendung eines Verbs als Tätigkeit beschrieben
- Jede Aktivität wird nur einer Ressource zugewiesen. Das kann entweder ein System oder ein Mitarbeiter sein. Sind bei einem Prozessschritt sowohl das System als auch der Mitarbeiter beteiligt, muss mit der Auflistung der Aktivitäten genau beschrieben werden, welcher Schritt vor dem nächsten erfolgt: beispielsweise die Aktivität „Betätigung der Funktion Buchen" durch Mitarbeiter gefolgt von der Aktivität „Buchen des Bestands" durch das System
- Die Nummerierung der Aktivitäten sollte auch beibehalten werden, wenn Ergänzungen vorgenommen werden. Die eingeschobenen Aktivitäten könnten mit Buchstaben fortgesetzt werden, also beispielsweise: ... 25.26.26a.26b.27.28.

6.2.3 Geschäftsvorfälle in Flussdiagrammen

Nach der Erstellung der tabellarischen Prozessbeschreibung sollten noch Flussdiagramme erstellt werden. Die Visualisierung der Geschäftsprozesse in Form von Flussdiagrammen ermöglicht einen Qualitätscheck. Neben der vertieften Betrachtung der Prozesse über die Visualisierung können diese Darstellungen sehr gut für die spätere Einarbeitung der Mitarbeiter verwendet werden.

Eine Alternative ist, die Erstellung der Flussdiagramme vor der tabellarischen Form durchzuführen. Das hat den Vorteil, dass die Geschäftsprozesse zunächst in der Gruppe mit Moderationsmitteln, wie z. B. Haftetiketten auf einer Wand, erstellt werden können. Diese Flussdiagramme werden in ein Visualisierungsprogramm übernommen. Erst im zweiten Schritt werden die Details zu den Prozessen in der Tabellenform erarbeitet.

Welcher Weg für die Gruppe besser ist, kann nicht allgemein beantwortet werden. Dennoch erscheint es zumindest schlüssiger, nach der Gliederung die Geschäftsvorfälle tabellarisch in der Gruppe zu erstellen. Anschließend kann auch ein Mitarbeiter alleine die Flussdiagramme anfertigen und diese mit den entdeckten „Fehlern" dem Team präsentieren. Dieser Ablauf ist ressourcenschonender. Die Erstellung von Flussdiagrammen am Beamer kann sehr ermüdend sein.

Für die Erstellung der Flussdiagramme empfiehlt es sich, eine Auswahl der SDL-Symbole (SDL, engl.: specification and description language) zu verwenden, wie sie in Abb. 6.4 und 6.5 dargestellt sind. Diese Symbolik lässt sich ohne Einweisung

6.2 Prozessbeschreibung

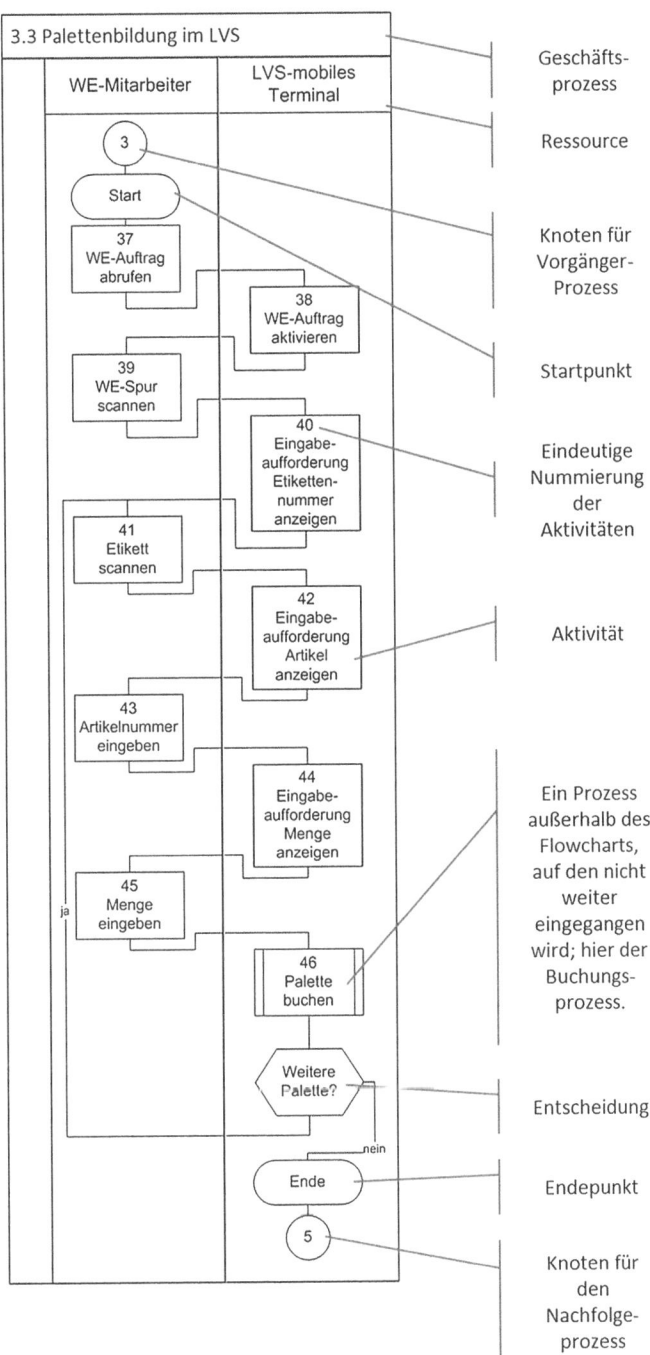

Abb. 6.4 Flussdiagramm mit Funktionsstreifen

Abb. 6.5 Weitere Symbole zur Darstellung in Flussdiagrammen

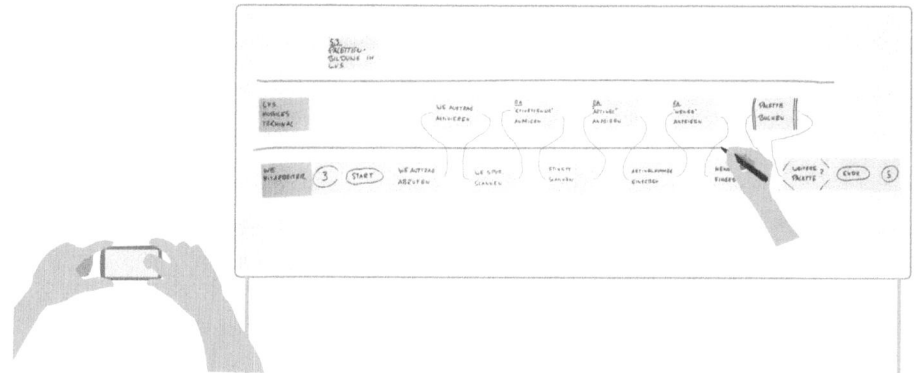

Abb. 6.6 Flussdiagramme in der Gruppe entwickeln

direkt verwenden. Bei der Darstellung wurde sich auf eine kleine Auswahl der Symbole beschränkt. Die in den Abb. 6.4 und 6.5 dargestellten Symbole reichen aus. Die Beschränkung auf wenige Symbole erfordert an einigen Stellen eine extra Schleife, erleichtert aber das Lesen sehr.

Für das unten angeführte Beispiel wurde eine Darstellung mit vertikalen Funktionsstreifen gewählt. Horizontale Funktionsstreifen sind ebenfalls möglich. Die waagerechte Darstellung ist für das Arbeiten an Moderationstafeln vorteilhafter.

Um die Flussdiagramme in der Gruppe leichter erstellen zu können, bietet es sich an, an einer weißen Wand mit Klebeetiketten zu arbeiten, siehe dazu Abb. 6.6. Das führt auch dazu, dass das Team aufmerksam mitarbeitet. Das Team sieht etwas entstehen. Diese Methode wird sehr häufig angewendet, wenn die Flussdiagramme vor den Tabellen erstellt werden sollten. Die Detailangaben für die tabellarische Darstellung müssen noch nachgearbeitet werden. Die Flussdiagramme sind selbstverständlich noch digital zu erstellen und mit Pfeilen zu ergänzen. Steht ein großes Whiteboard zur Verfügung, können die Striche auch mit dem Stift leicht nachgezogen werden. Anschließend wird das Ergebnis mit einem Foto festgehalten, und das nächste Flussdiagramm kann erstellt werden. Das Foto ist die Grundlage für die Erstellung der Dateien.

In Tab. 6.3 sind einige Hinweise zur Verwendung der Symbole und Anfertigung von Flussdiagrammen zusammengestellt, die die Lesbarkeit der Diagramme erleichtern.

6.2 Prozessbeschreibung

Tab. 6.3 Verwendung von Symbolen in Flussdiagrammen

Vermeiden	Bevorzugen
Lieferpapiere	Sind Lieferpapiere vorhanden? ja/nein
Kein klares Ende	Ende

Checkliste 4 – Erstellung der Prozessbeschreibungen	erfüllt	
	ja	nein
Bevor mit der Prozessbeschreibung begonnen werden kann, muss der Umfang der Prozesse ermittelt werden.		
- Ist der Umfang der zu beschreibenden Prozesse klar?	☐	☐
- Ist das Kernteam mit einer ersten Darstellung der Gliederung einverstanden?	☐	☐
- Sind auch Funktionsgruppen festgehalten worden, die explizit nicht betrachtet werden, und als solche gekennzeichnet?	☐	☐
Die Begriffe für die Funktionsgruppen sind eindeutig, auch für Externe leicht verständlich und lassen sich inhaltlich leicht voneinander abgrenzen.		
- Sind die gewählten Begriffe für die Funktionsgruppen eindeutig und allgemein verständlich?	☐	☐
- Sind die Abgrenzungen der Funktionsgruppen klar? Wo endet z. B. die Hofsteuerung und wo beginnt die Warenvereinnahmung?	☐	☐
- Bestätigen die Mitglieder des Kernteams, dass alle Begriffe für die Funktionsgruppen einheitlich verstanden werden?	☐	☐
Die Schnittstellen zu anderen Organisationen und Systemen sollten erfasst werden.		
- Wurden die Schnittstellen zu anderen Systemen, zu anderen Unternehmensbereichen oder Partnerunternehmen erfasst?	☐	☐
Für die Prozessbeschreibungen sollte die tabellarische Darstellung gewählt werden.		
- Werden die Geschäftsprozesse in Tabellen beschrieben?	☐	☐
- Ist immer klar, welche Ressource, Mitarbeiter oder System, die Aktivität ausführt?	☐	☐
- Sind bei den Aktivitäten die möglichen Hilfsmittel, Schnittstellen, Ausdrucke usw. klar?	☐	☐
- Werden die Tabellen mit Flussdiagrammen verifiziert?	☐	☐

6.2 Prozessbeschreibung

	erfüllt	
	ja	nein
Die Aktivitäten müssen, sowohl in der tabellarischen Form als auch in den Flussdiagrammen, den Ressourcen eindeutig zugeordnet sein.		
- Werden die beteiligten Mitarbeiter und Systeme eindeutig bestimmt und ist pro Aktivität nur eine Ressource benannt – zum Beispiel nicht „Mitarbeiter", sondern „Mitarbeiter Wareneingang"?	☐	☐
- Sind die Ressourcen „Mitarbeiter" und „System" immer getrennt und nie zusammen in einer Aktivität aufgeführt?	☐	☐
Die Aktivitäten sind klar und deutlich formuliert.		
- Werden ganze Sätze verwendet?	☐	☐
Das Ergebnis einer Aktivität muss deutlich werden.		
- Ist das Ergebnis einer Aktivität immer klar?	☐	☐
Nur die Fehlerfälle, die auch über das System oder über organisatorische Maßnahmen behoben werden können, sollten aufgeführt werden.		
- Sind die wichtigen Fehlerfälle aufgeführt und beschrieben?	☐	☐
Wenn die tabellarische und die visuelle Darstellung in Flussdiagrammen angefertigt werden, ist darauf zu achten, dass die Beschreibungen der Aktivitäten in der Abfolge identisch sind.		
- Ist der Text einer Aktivität in der Tabelle gleich dem Text in der Aktivität des Flussdiagramms?	☐	☐
- Entspricht die Abfolge der Zeilen in der Tabelle der Abfolge der Aktivitäten in den Flussdiagrammen?	☐	☐

Diese sehr aufwendig zu erstellenden Prozessdokumentationen sind Grundlage und Voraussetzung für die Testfallerstellung. Die notwendigen Testfälle können leicht anhand der Übersicht und der Geschäftsprozesse Schritt für Schritt erstellt werden. Ohne diese Form und diesen Detaillierungsgrad werden die beschriebenen Testfälle zu einem Wunschkonzert.

▶ Erst wenn Sie sich jeden Arbeitsablauf lückenlos vorstellen können und in der Lage sind, Testfälle zu beschreiben, ist die Prozessbeschreibung vollständig. Ohne eine klare Prozessbeschreibung darf das Projekt nicht fortgesetzt werden.

Spielerische Darstellung von Arbeitsabläufen
Als externer Projektleiter und Moderator eines Prozessworkshops wurde die Idee, die verschiedenen Situationen der Mitarbeiter im Logistikzentrum mit Spielzeug darzustellen, umgesetzt. Dazu wird auf einem großen Tisch in der Mitte des Besprechungsraumes, z. B. für die Kommissionierung, ein kleines Regal mit kleinen Kartons, einem Handhubwagen und einem Mitarbeiter dargestellt, um Kommissionierstrategien zu visualisieren. In einem anderen Workshop ließ sich der

Wareneingangsablauf mit Fahrzeugen, einer Rampe, Europaletten und sogar einer Palettenfördertechnik dargestellt.

Fazit: Ein voller Erfolg. Nach ersten lustigen Sprüchen über das Spielzeug hat die Gruppe schnell zum Thema gefunden. Alle Teilnehmer haben während der Besprechung von Prozessalternativen auf den Tisch geschaut. Es konnte eine kürzere Diskussion und eine erhöhte Aufmerksamkeit im Workshop wahrgenommen werden. Mit dem Spielzeug kam man deutlich schneller durch die Prozesse.

Empfehlung: Mithilfe solcher spielerischer Darstellungen bestimmter Arbeitsbereiche lassen sich leicht Lücken in Arbeitsabläufen aufdecken, wo Mitarbeiter vom System geführt werden. Beispielsweise können folgende Fragen leichter beantwortet werden:

- Wird dem Mitarbeiter in diesem Arbeitsschritt die richtige Information angezeigt?
- Hat der Mitarbeiter an dieser Stelle einen Drucker zur Verfügung?
- Wann kommt der Impuls, dass ein Transport eines Ladungsträgers auf der Fördertechnik gestartet werden muss.
- Wo befindet sich der Fahrer, wenn die Entladung stattfindet?
- Werden die Lieferpapiere an der Rampe übergeben?

Es wird sicherlich auch Auftraggeber geben, die kein Spielzeug auf dem Besprechungstisch akzeptieren. Dennoch lässt sich empfehlen, immer seinen Spielzeugkoffer dabeizuhaben.

7 Projektphase – Vorbereitung der Funktionstests

Da das Testen selbst in den meisten Fällen nicht die nötige Aufmerksamkeit bei den Auftraggebern hat, wird entsprechend die Testvorbereitung auch nur ungenügend durchgeführt. In diesem Kapitel werden die wichtigsten Themen zur Vorbereitung der Test- und Inbetriebnahmephasen behandelt.

7.1 Durchführung von Schulungen

Zur Sicherstellung einer erfolgreichen Inbetriebnahme eines Logistikzentrums darf das Thema Schulung nicht fehlen. Bei der Organisation der Schulungen spielen die Aspekte Zeit und die Funktion des Mitarbeiters eine wesentliche Rolle.

Bei dem zeitlichen Aspekt geht es um den Zeitpunkt im Projekt, wann eine Schulung im Projektverlauf notwendig ist oder durchgeführt wird.

Bei der Funktion des Mitarbeiters geht es zum einen um die Rolle im Projekt, zum anderen um die spätere operative Rolle im Echtbetrieb.

Schulung des IT-Teams

Ein erster Bedarf einer Schulung besteht, wenn das IT-Team des Auftraggebers, also die zukünftigen Systemadministratoren, beginnt, sich mit der neuen Hardware, den Systemen und den Datenbanken zu beschäftigen. Der Systemlieferant wird in der Regel die Erstinstallation vornehmen. Die IT-Kollegen sollten aber frühzeitig eine Einweisung bekommen und die Inbetriebnahme der neuen Hardware und Software so nah wie möglich begleiten.

Die erste Schulung für die funktionale Bedienung der Systeme wird es für das Konfigurationsteam geben müssen. Das Konfigurationsteam benötigt eine erste Einweisung in die Systemoberfläche und die Bedienung der Konfigurationsdialoge und Tabellen.

Der Systemlieferant sollte außerdem einen Leitfaden zur Verfügung stellen, aus dem entnommen werden kann, wie und in welcher Reihenfolge idealerweise die Systemtabellen und -parameter zu pflegen sind; zu den Aufgaben des Konfigurationsteams siehe Abschn. 7.6.

Schulung des Testteams

Das Team, das sich am intensivsten mit der Systemoberfläche auseinandersetzen wird, ist das Testteam für die funktionalen Tests. Kurz vor dem Beginn der funktionalen Tests müssen die Testteams zum einen eine Basisschulung in die Bedienung des Systems bekommen und zum anderen in die Grundfunktionalitäten zur Ausführung von Geschäftsprozesses eingewiesen werden.

Die Schulung muss so gründlich erfolgen, dass die Testteams sich in der Oberfläche zurechtfinden und die für ihre Testfälle benötigten Dialoge und Funktion selbstständig bedienen können. Die Schulung zu diesem Zeitpunkt ist für den Systemlieferanten immer ein Spagat. Denn kurz vor dem Beginn der funktionalen Tests ist das System in der Regel noch nicht vollumfänglich verfügbar. Zum anderen ist es aber unbedingt erforderlich, dass die Testteams so ausführlich wie möglich eingewiesen werden, damit ein selbstständiges Testen überhaupt möglich ist. Selbstverständlich ersetzt eine Schulung nicht die intensive Vor-Ort-Betreuung der Testteams.

Schulung des Technik-Personals

Neben den Schulungen für die Software und die IT-Hardware sind auch Einweisungen in die fördertechnische Anlage und deren Steuerungen notwendig. Die Techniker des Auftraggebers, die später die Anlage betreuen, sollten ebenfalls sehr früh in die Entstehungsphase der fördertechnischen Anlage eingebunden werden.

Schon während die Fördertechnik und die Lagertechnik aufgestellt und montiert werden, sollten die Techniker vor Ort sein, um sich Schritt für Schritt mit der Anlage vertraut zu machen. Neben der reinen Schulung und Einweisung kann man von den Monteuren bei der Arbeit sehr viel lernen.

Im Anschluss an die Montage wird ein Team vom Systemlieferanten die Systemmodule abschnittsweise in Betrieb nehmen. In dieser Phase beginnen sich Teile der Fördertechnik das erste Mal zu bewegen. Die Techniker des Auftraggebers können in dieser Zeit am intensivsten die Anlage kennenlernen und sollten daher sehr viel Zeit vor Ort sein.

Die Techniker sollten auch dabei sein, wenn die behördlichen Abnahmen durchgeführt werden, auch wenn in der Regel die Systemlieferanten für die Durchführung verantwortlich sind.

Schulung der operativen Mitarbeiter
Die Schulungen der operativen Mitarbeiter kurz vor dem Go-live sollten idealerweise zweiteilig sein. Zum einen wird ein Mitarbeiter des Systemlieferanten in die Bedienung der Systemoberfläche einführen und einen Überblick über das Systemkonzept geben. Zum anderen sollte ein Mitarbeiter des Auftraggebers, der für die zukünftige Betriebsorganisation zuständig ist, anhand unternehmensinterner Unterlagen eine eher arbeitsplatzorientierte Schulung durchführen.

Schulungsumgebung
Bei der Schulung der operativen Mitarbeiter auf der Fläche, also der Mitarbeiter vom Wareneingang, der Kommissionierung, der Staplerfahrer usw., ist eine Schulung in einer installierten Schulungsumgebung von großem Vorteil. Gerade die Schulung an den mobilen Datenterminals ist hiermit sehr anschaulich durchführbar.

Für die Schulungsumgebung werden beispielsweise einige Lagerplätze exemplarisch an Regalen eingerichtet, es werden mit provisorischen Bodenmarkierungen Plätze angelegt und Arbeitsplätze an einfachen Tischen simuliert. Die Plätze werden mit Platzkoordinaten mit Barcode versehen, sodass diese gescannt werden können. Mithilfe der Testteams können z. B. Kommissionieraufträge angelegt und an den Kommissionierplätzen der Schulungsumgebung kommissioniert werden. Die Schulungsumgebung kann beliebig erweitert werden. Sinnvoll ist beim Kommissionierprozess auch die Verwendung von Testware, dann können z. B. auch Nachschubprozesse geschult werden.

Wenn es keine Möglichkeit gibt, eine realitätsnahe Schulungsumgebung aufzubauen, kann eine Schulungsumgebung im kleineren Maßstab große Erfolge bringen. Mithilfe von Spielzeug wird z. B. auf einem großen Tisch eine Lagersituation dargestellt. Der Aufbau wird mit kleiner handlicher Testware und Lagerplatzetiketten ergänzt. Mit diesen einfachen Mitteln haben die operativen Mitarbeiter die Möglichkeit, in aller Ruhe die Funktionen auf den mobilen Datenterminals anschaulich auszuprobieren, bevor sie im Echtbetrieb die Funktionen anhand von echten Kundenaufträgen ausführen müssen.

Spielzeug lässt sich in der Prozessentwicklung in den Pflichtenheftgesprächen und in Test- und Schulungsphasen erfolgreich einsetzen. Nach anfänglicher Skepsis ist das Feedback in den Projekten in der Regel sehr gut.

Schulung durch Einbindung in die Leistungstests
Eine weitere wichtige Möglichkeit, bei der die operativen Mitarbeiter an den neuen Prozessen und Systemabläufen intensiv geschult werden können, ist die Teilnahme an den Leistungstests. Bei den Leistungstests werden auf der fördertechnische Anlage Förderflüsse erzeugt und Aktivitäten an den verschiedenen Arbeitsplätzen simuliert. Die Mitarbeiter können dabei das erste Mal die zukünftigen Arbeitspositionen aktiv einnehmen; zur Durchführung der Leistungstests siehe Kap. 9.

Unterstützung der Schulung auf Basis der System- und Prozessdokumentation
In diesen Phasen vor dem Go-live wird es noch keine ausführliche Systemdokumentation geben. Trotzdem sollte das Projektteam die vorhandene Dokumentation einfordern, auch wenn es Vorabversionen sind. Folgende Systemdokumente können abgefordert werden:

- Präsentationsunterlagen für die verschiedenen Schulungen,
- Handbücher,
- Online-Systemhilfen,
- Schaltpläne,
- Signalbeschreibungen,
- …

Neben den Unterlagen, die der Auftraggeber vom Systemlieferanten einfordert, sollte der Auftraggeber folgende Dokumente selbst erstellen:

- Präsentationsunterlagen für die Schulung der operativen Mitarbeiter,
- Handlungsanweisungen im Rahmen der Bedienung des neuen Systems,
- Tafeln mit Kurzanweisungen zur Anbringung an den neuen Arbeitsplätzen,
- kurze Beschreibung zur Behebung der häufigsten Fehlbedienungen,
- ein Konfigurationshandbuch,
- die Flussdiagramme aus der Konzepterstellung sollten hier unbedingt verwendet werden.

Diese Dokumente orientieren sich an dem Arbeitsprozess des Unternehmens und an der individuellen Konfiguration des Systems.

Tab. 7.1 zeigt mögliche Schwerpunkte eines Schulungsplans für ein Logistikprojekt.

Wenn das Wissen über die neuen Systeme erstmalig vermittelt wird, ist der Systemlieferant in der Pflicht, die Schulungen durchzuführen. Nachdem die Mitarbeiter des Auftraggebers schon genügend Erfahrung mit dem System gesammelt haben, z. B. nach den Funktionstests, sollten diese Mitarbeiter auch Schulungsaufgaben übernehmen.

> **Ein Beispiel, wie es nicht gemacht werden sollte**
> Bei einer Einführung eines Lagerverwaltungssystems in einem Handelslager vor vielen Jahren, bei dem von beleg- auf beleglose Kommissionierung umgestellt wurde, wurden keine umfangreichen Schulungen durchgeführt. Die Kommissionierer wurden erst mit Beginn des Echtbetriebs eingewiesen, wie die Mobilen Datenterminals zu nutzen sind. Die Mitarbeiter stellten dabei einige Änderungen fest. Sie hatten nicht mehr die Möglichkeit, einen ausgedruckten Kommissionierschein aus einem Stapel auszuwählen, sondern bekamen einen Auftrag über das Mobile Datenterminal zugewiesen. Des Weiteren wurden die Kommissionierpositionen einzeln und in einer vorgegebenen Reihenfolge angezeigt. Jede Position musste am Gerät quittiert werden und die Gehreihenfolge war vorgegeben. Die

7.1 Durchführung von Schulungen

Tab. 7.1 Schwerpunkte eines Schulungsplans für ein Logistikprojekt

Zeitraum	System	Titel des Schulungsblocks	Zielgruppe und Teilnehmer
Vor der ersten Auslieferung von Hardware und Software	LVS, MFR	Grundlagen und Systemkonzept	Alle
Mit der Erstinstallation der Hardware und der Datenbanken	LVS, MFR	Einweisung in die Server und Datenbankinstallation	IT-Administratoren
Vor dem Start der Konfiguration	LVS	Einweisung in Konfigurationsdialoge und Systemparameter	Konfigurationsteam (siehe Abschn. 7.6)
Vor dem Start der Konfiguration	MFR	Systemschulung	Konfigurationsteam, Techniker
Vor den autarken Funktionstests	LVS	Basisschulung zur Bedienung	Testteam
Vor den autarken Funktionstests	MFR	Basisschulung zur Bedienung	Techniker
Vor den Funktionstests im Verbund	LVS	Führung der Prozesse über Leitstandsfunktionen	Leitstandsmitarbeiter und Schichtleiter
Vor den Funktionstests im Verbund	Steuerungen	Einweisung Bedienung und Fehlerbehebung	Techniker
Vor den Leistungstests	LVS (MDT)	Bedienabläufe Mobile Datenterminals	Operative Mitarbeiter, die am Leistungstest teilnehmen
Vor der Inbetriebnahme	LVS (MDT)	Bedienabläufe Mobile Datenterminals	Alle operativen Mitarbeiter
…	…	…	…

Mitarbeiter haben bisher eine „eigene" Reihenfolge über viele Jahre eingehalten und mussten diese Freiheit nun abgeben. Diese Einschränkung hat einen Mitarbeiter so aufgeregt, dass er das neue Mobile Datenterminal samt Scanner in einen hohen Bogen in die Ecke geschmissen hat.

Checkliste 5 – Erstellung Schulungskonzept	erfüllt	
	ja	nein
Das Thema Schulung ist ein sehr bedeutendes Thema zur Sicherstellung einer erfolgreichen Inbetriebnahme eines Logistikzentrums und wird häufig vernachlässigt.		
- Ist ein Projektmitglied für die Erstellung, Durchführung und Überwachung eines Schulungskonzeptes benannt?	☐	☐
- Gibt es genügend Erfahrung mit der Organisation und Durchführung von umfangreichen Schulungsmaßnahmen über einen längeren Zeitraum oder ist es angebracht, externen Rat einzuholen?	☐	☐
Die Mitarbeiter werden sehr viel Zeit in die Teilnahme und auch in die Nachbereitung der Schulungen investieren müssen.		
- Ist diese Zeit in einem Ressourcenplan berücksichtigt?	☐	☐
- Sind Urlaubs- und Abwesenheitspläne auf die Schulungsmaßnahmen hin abgestimmt?	☐	☐
Bei dem Schulungskonzept spielen die Funktionen der Mitarbeiter in dem Projekt und in der späteren Organisation eine wichtige Rolle		
- Kann vor der Aufstellung eines Schulungskonzeptes ein Rollenplan erstellt werden?	☐	☐
Die ersten Schulungsmaßnahmen und Einweisungen sind schon sehr früh im Projektverlauf notwendig. Der Umfang und die Vorstellung des zeitlichen Ablaufes sollten im Vertrag ausformuliert werden.		
- Ist die Erwartungshaltung des Auftraggebers bezüglich der Schulungsmaßnahmen klar im Vertrag ausformuliert worden?	☐	☐
- Sind die qualitativen Anforderungen an die Durchführung der Schulungen im Vertrag geregelt?	☐	☐
Für die Durchführung der Schulung sollte der Auftraggeber neben Zeit auch ausreichend Hilfsmittel bereitstellen. Hilfsmittel sind u. a. PC, Drucker, Fotoapparat, Videokamera, Moderationstafeln, Beamer …		
- Werden die Schulungsmaßnahmen durch ausreichend Hilfsmittel unterstützt?	☐	☐
Der Schulungsplan darf nicht nur die Schulungstermine und -schwerpunkte enthalten. Er muss auch die Dokumente aufführen, die eingefordert oder erstellt werden müssen.		
- Wurde im Vertrag festgehalten, zu welchem Zeitpunkt welches Dokument in welchem Reifegrad geliefert werden muss?	☐	☐
- Ist im Vertrag definiert, was z. B. unter Vorabversion zu verstehen ist?	☐	☐

7.1 Durchführung von Schulungen

	erfüllt	
	ja	nein
Die Schulungsfähigkeit des Schulungsleiters		
- Hat der Mitarbeiter des Systemlieferanten, der die Schulung durchführen soll, genug Erfahrung mit der Durchführung von Schulungen?	☐	☐
- Wird auf guten didaktischen Aufbau geachtet?	☐	☐
- Sind Kontroll- und Wiederholungsfragen vorgesehen?	☐	☐
Die Aufnahmefähigkeit der Teilnehmer ist oft sehr unterschiedlich. Viele Mitarbeiter sind es nicht gewohnt, frontal eine Schulung über einen ganzen Tag zu bekommen.		
- Wird auf die unterschiedlichen Lerntypen der Mitarbeiter eingegangen?	☐	☐
- Ist die erforderliche Sensibilität zur Vermittlung von Wissen an Mitarbeitern vorhanden, die es nicht gewohnt sind an solchen Schulungen teilzunehmen?	☐	☐
- Wie wird sichergestellt, dass das Wissen auch angekommen ist?	☐	☐
- Wird bei der Schulung auf ausreichend praktische Durchführung und Visualisierung geachtet?	☐	☐
Die Schulungen an den Systemen finden in der Regel parallel zu den Testaktivitäten statt. Die Systeme sind daher häufig mit vielen Testfällen belegt, was zu Irritationen und Fehlern im System führen kann. Wenn es möglich ist, sollte möglichst ein separates Testsystem eingerichtet werden.		
- Ist es möglich, ein Schulungssystem einzurichten, das den gleichen Stand hat wie das Testsystem?	☐	☐
- Wenn das nicht möglich ist, kann sichergestellt werden, dass sich die Testteams und die Schulungsteilnehmer bei der Bedienung des Testsystems gegenseitig nicht behindern?	☐	☐
- Wäre es möglich, die Schulung an einem Wochenende durchzuführen, wenn die Testteams nicht aktiv sind?	☐	☐
- Bekommen die Schulungsteilnehmer eigene Benutzerzugänge, damit die Aktivitäten im System zu jeder Zeit eindeutig identifiziert werden können?	☐	☐
- Haben die Schulungsteilnehmer Zugang zu den angeschlossenen Geräten wie Drucker, Scanner, Mobile Datenterminals?	☐	☐

7.2 Testorganisation und Rahmenbedingungen

Vor Beginn der Testfallerstellung und der Testdurchführung, muss die Zusammenarbeit der Testmitarbeiter organisiert werden. Den Rahmenbedingungen für die Testdurchführung ist eine hohe Aufmerksamkeit zu schenken, da sie maßgeblichen Einfluss auf die erfolgreiche Arbeit der Testteams haben können.

Wie in Abb. 7.1 dargestellt ist, sollte je nach Projektgröße eine Aufteilung der Teams nach Funktionsschwerpunkten vorgenommen werden. Beispielsweise kann es

- ein Team für den Wareneingang (inkl. Avisierung, Anmeldung, WE Buchung usw.),
- ein Team für den Warenausgang (inkl. Auftragsmanagement, Kommissionierung, Verpackung, Konfektionierung usw.) und
- ein Team für die lagerinternen Prozesse (inkl. der Stammdatenverwaltung, der Inventur, Transporte usw.)

geben.

Eine zentrale Rolle spielt die Konfiguration der Systeme. Hierbei werden kundenindividuelle Stammdaten und Parameter eingegeben, damit die Basisinformationen in den Systemen hinterlegt sind. Diese Arbeit ist vor Beginn der Funktionstests durchzuführen und ist abhängig von vielen Informationen, die in die Konfigurationstabellen eingegeben

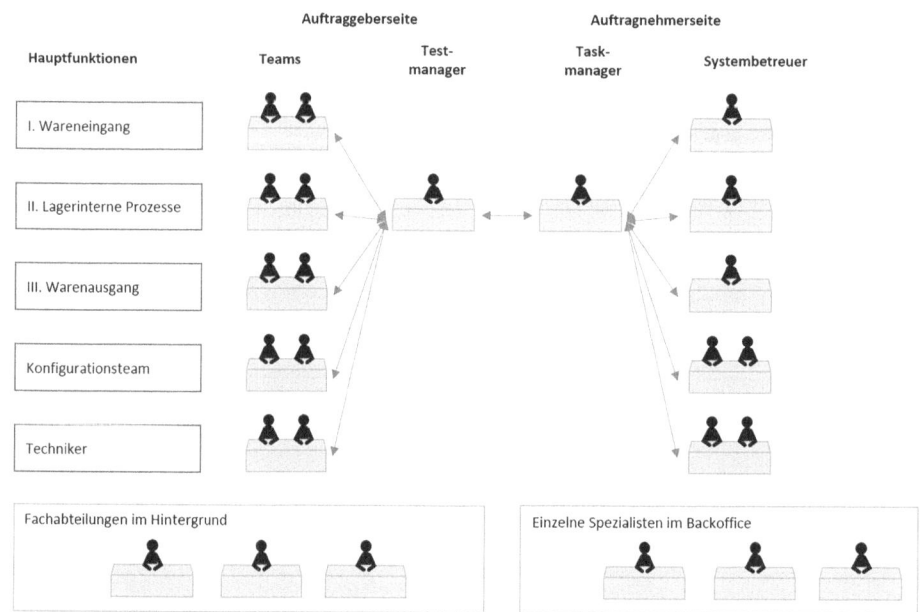

Abb. 7.1 Testorganisation

7.2 Testorganisation und Rahmenbedingungen

werden müssen. Die initiale Konfiguration muss vom Systemdienstleister angeleitet werden; siehe dazu Abschn. 7.6.

Für die Abnahme und die Tests der fördertechnischen Anlage sind Techniker in das Team einzubinden. Wenn es möglich ist, sollten die einzelnen Mitarbeiter ihren thematischen Schwerpunkt über die Dauer des Projektes behalten. So können sie über die unterschiedlichen Projektphasen hinweg sehr viel Hintergrundwissen zu den Prozessen und Funktionen aufbauen.

Die Testteams sollten mit mindestens einem Mitarbeiter aus der IT und einem Mitarbeiter aus dem operativen Bereich besetzt werden. Der IT-Mitarbeiter bewegt sich leichter im neuen System und ist systemaffiner. Der operative Mitarbeiter findet sich schneller in den Abläufen wieder und kann auch beim Trockentest am Schreibtisch schnell erkennen, ob der Ablauf später in der Realität funktioniert. So sind verschiedene Sichtweisen auf die Testdurchführung gewährleistet. Die Beurteilung der Testergebnisse ist dadurch effektiver.

Das Testteam, das zu 100 % mit dem Testen der Software und der fördertechnischen Anlage beschäftigt ist, muss aus dem Hintergrund heraus unterstützt werden. So sind u. a. ausreichend Ansprechpartner zu der IT-Infrastruktur bereitzustellen. Sowohl die eigenen bereits vorhandenen Testserver, als auch die neue IT-Hardware sollten von der IT-Abteilung des Auftraggebers betreut werden. Hier kann man aber von einer „geteilten" Verantwortung ausgehen. Denn der Systemlieferant, der z. B. einen neuen Server eingerichtet und die mobilen Endgeräte programmiert hat, wird in der ersten Zeit die meisten Fragen beantworten müssen. Durch die doppelte Besetzung der Betreuung der IT-Infrastruktur kann ein schneller Know-how-Transfer erreicht werden. Es sollte eine Hotline speziell für die Testteams eingerichtet werden, damit die Testteams wie ein operativer Bereich betreut werden. Die Testtätigkeit ist nicht mit einer Produktivumgebung zu vergleichen und hat auch nicht die Priorität, aber dennoch sollte ein Problem während des Testens unverzüglich behoben werden. Ein Stillstand eines Servers über eine längere Zeit kann das Projekt schnell einen Tag zurückwerfen.

Verschiedene Fachabteilungen sollten direkte Verbindungen zu den Testteams herstellen. So kann es beispielsweise notwendig sein, warenwirtschaftlich relevante Funktionen zu testen, bestimmte zollrelevante Belege abzunehmen oder neue Lieferscheine mit dem Vertrieb abzustimmen.

Beim Testen ist sehr viel Kommunikation notwendig. Zur Vereinfachung der Kommunikation sollten zentrale Ansprechpartner bestimmt werden. Es hat sich bewährt, auf der Auftraggeberseite einen Testmanager und jeweils auf der Auftragnehmerseite einen Taskmanager vorzusehen. Der Testmanager des Auftraggebers führt die Statustabelle fort und ordnet die Dateien, die beim Testen entstehen. Er berichtet in der täglichen Statusrunde über den Fortschritt und besondere Vorkommnisse, die beim Testen aufgetaucht sind. Er informiert die Teams auch über Einspieltermine für neue Softwareteile durch notwendige Anpassungen und über Termine, wenn Anpassungen der Programmierer länger als einen Tag in Anspruch nehmen. Es kann selbstverständlich mehrere Lieferanten geben, die jeweils einen zentralen Ansprechpartner stellen. Das macht den Kommunikations- und den Testablauf wesentlich aufwendiger.

Der Taskmanager des Auftragnehmers ist direkter Ansprechpartner, wenn die Teams beim Testen aufgrund mangelnder Kenntnis des neuen Systems nicht weiterkommen und Probleme damit haben, den Fall einzuschätzen. Gemeinsam kann kurzfristig weitergetestet werden oder es wird entschieden, das Problem tatsächlich als Fehler zu dokumentieren und als solchen einzulasten.

Die Testdurchführung ist immer sehr anstrengend für die Beteiligten. Die Durchführung der Tests erfordert große Konzentration, die auftretenden Fehler werfen die Teams in ihrer Motivation zurück, die Anhäufung von Fehlern verhindert ein strukturiertes Vorgehen und verlangt eine große Flexibilität. Die Teams müssen oft warten, bis es einen neuen Status zum aktuellen Testfall gibt, und können nicht sofort mit der Vorbereitung des nächsten Testfalls beginnen. In dieser Phase sind Arbeitszeiten von bis zu 10 h nichts Außergewöhnliches. Diese Umstände erfordern eine große Aufmerksamkeit bei der Bereitstellung der Rahmenbedingungen für die Testteams.

Nicht zu vernachlässigen ist die Verpflegung der Mitarbeiter. So einfache Dinge wie kalte und warme Getränke und warme Mahlzeiten sollten auf jeden Fall sichergestellt sein. Dabei ist zu beachten, dass es zu sehr langen Arbeitszeiten kommen kann, die auch bis spät in den Abend hinein gehen können. Die Verpflegung sollte über die gesamte Arbeitszeit ohne langwierige Bestellvorgänge sichergestellt sein.

Für die Testteams sollte ein ausreichend großer, separater Testraum zur Verfügung gestellt werden. Es sollte auf genügend Abstand der Testteams geachtet werden, da es beim Testen doch sehr unruhig werden kann. Neben dem Testraum sollte es ein oder zwei kleine Besprechungsräume geben. Der Testraum ist mit einem Beamer ausgestattet, der eine gemeinsame Bearbeitung von Testfällen in der Gruppe oder Systemschulungen ermöglicht. Bei der Planung der Testräume ist zu berücksichtigen, dass auch noch Mitarbeiter vom Systemlieferanten vor Ort sein werden.

Der Testraum ist so auszustatten, dass für jedes Testteam ein großer Tisch zur Verfügung steht. Jeder Tisch sollte mit zwei Rechnern ausgestattet sein, so sind eine Arbeit an den neuen Systemen und eine Dokumentation der Testergebnisse parallel optimal möglich. Alle PC's sind mit einem Projektlaufwerk und einem E-Mail-Server verbunden. Die notwendige Software muss auf den PC's eingerichtet sein. Sämtliche Schnittstellen, die für die Testphasen notwendig sind, müssen eingerichtet werden. Neben den hauseigenen Schnittstellen müssen auch Schnittstellen der Systemlieferanten zu ihren eigenen Systemen in ihren Büros hergestellt werden. Alle Endgeräte, die für die Tests notwendig sind, sollten in dem Testraum mit der notwendigen WLAN-Ausleuchtung eingerichtet werden. Folgende Komponenten könnten eine Rolle spielen:

- Laserdrucker
- Lieferscheindrucker

7.2 Testorganisation und Rahmenbedingungen

- Etikettendrucker
- Mobile PC
- Mobile Datenterminals (Kommissionierung und Stapler)
- Mobile Drucker
- Scanner
- Waagen
- …

Ein weiterer wichtiger und immer wieder vernachlässigter Punkt ist die Bereitstellung von Testware für die Tests im Verbund mit der fördertechnischen Anlage. Grundsätzlich sollte die Testware die Eigenschaften der später im Echtbetrieb zu behandelnden Ware haben. Idealerweise handelt es sich um Ware und um die Ladungsträger, die später auch in dem neuen Lager und auf der Fördertechnik bewegt werden müssen. In der Regel ist der Auftraggeber in der Lage, Teile seiner „echten" Bestände für die Dauer der Tests im Verbund zur Verfügung zu stellen.

Um einzelne Transporte auf der Anlage auszuführen, reicht eine überschaubare Anzahl von Ladungsträgern, die auf der fördertechnischen Anlage bewegt werden können. Für die späteren Leistungstests ist eine sehr große Anzahl an Ladungsträgern bereitzustellen. Die notwendige Anzahl errechnet sich aus dem komplexesten Leistungstest, der eine Testzeit von einer Stunde hat, wobei die Vor- und Nachlaufzeit auf der Anlage noch berücksichtigt werden muss. Dazu sollte noch eine Reservemenge eingerechnet werden (siehe dazu Kap. 9). Die Beschaffung von Europaletten und Kartons aus den Beständen ist relativ einfach, werden allerdings spezielle Behälter oder Tablare eingesetzt, muss darauf geachtet werden, dass die Lieferung dieser Ladungsträger rechtzeitig erfolgt.

> **Ausstattung des Testraums**
> Der eine oder andere Leser wird sich über die Anforderungen zur Ausstattung des Testraums wundern und diese Punkte für selbstverständlich halten. Dennoch seien diese Punkte an dieser Stelle ganz bewusst angemerkt, da es durchaus schon vorgekommen ist, dass ein sehr großes Testteam in einem Raum ohne Tageslicht in einem Rohbau eines Logistikzentrums auf harten Kantinenstühlen und Tischen aus gestapelten Europaletten mehrere Wochen intensive Tests durchgeführt hat.

Folgende Punkte sollten bei der Schaffung einer Testumgebung Berücksichtigung finden:

Checkliste 6 – Testorganisation und Rahmenbedingungen	erfüllt ja	erfüllt nein
Die Betreuung der IT-Infrastruktur durch die hauseigene IT-Abteilung sollte sichergestellt sein. Wenn in der ersten Zeit nicht alle Fragen beantwortet werden können, sollten unverzüglich die Kollegen des Systemlieferanten hinzugezogen werden.		
- Gibt es einen Ansprechpartner vor Ort beim Testen, der sowohl den neuen Server als auch die Endgeräte betreuen kann?	☐	☐
- Ist im Hintergrund die Betreuung durch den Systemlieferanten sichergestellt?	☐	☐
Alle relevanten Fachbereiche sollten regelmäßig über den Fortschritt und den Verlauf des Testens informiert werden und Ansprechpartner für die Abnahme bestimmter Funktionen zur Verfügung stellen. Die Testfälle sollten in der Übersichtstabelle ein entsprechendes Kennzeichen haben.		
- Gibt es für die relevanten Fachbereiche einen Ansprechpartner, der auch kurzfristig an ausgewählten Testfällen teilnehmen oder letzte Abstimmungen vornehmen kann?	☐	☐
Es sollte einen großzügig bemessenen Testraum mit Tageslicht geben. Die Abstände zwischen den Testteams sollten ausreichend groß sein, da die Geräuschkulisse sehr unangenehm werden kann.		
- Ist ein ausreichend großer Testraum eingerichtet?	☐	☐
- Können Trennwände aufgestellt werden?	☐	☐
Die Arbeitsplätze für die Testteams sollten modern und ergonomisch ausgestattet sein, auch wenn diese aufgrund des Baufortschritts eine Interimslösung sind.		
- Lassen die Arbeitsplätze ein konzentriertes Arbeiten über viele Stunden zu?	☐	☐
Es sollten moderne Rechner mit großen Bildschirmen eingerichtet werden. Von einem Arbeiten am Laptop ist abzuraten.		
- Lässt die IT-Infrastruktur ein ergonomisches Arbeiten zu?	☐	☐

7.2 Testorganisation und Rahmenbedingungen

	erfüllt	
	ja	nein
Bei Tests mit der Einbindung der Fördertechnik sollte das Testteam in Sichtweite der Hauptförderstrecken sein. - Ist der Testraum in Sichtweite der Fördertechnik?	☐	☐
Alle Rechner sollten mit allen notwendigen Funktionen ausgestattet sein. Neben den Softwareanwendungen sollte folgende Ausstattung vorgesehen werden: Anbindung ans Datennetz, E-Mail, Netzwerkdrucker, Funkterminals, Scanner usw. - Ist die IT-Ausstattung vollständig?	☐	☐
Die Versorgung mit Getränken und warmen Mahlzeiten über die gesamte Testdauer eines Tages muss gewährleistet sein. Dieser Punkt ist in Logistikzentren, die sich noch größtenteils im Rohbau befinden, schwer sicherzustellen. - Ist die Versorgung der Mitarbeiter über die gesamte Arbeitszeit sichergestellt? - Gibt es ein einfaches und kurzfristiges Bestellverfahren?	☐ ☐	☐ ☐
Es sollte einen Meeting-Bereich geben, an dem sich das Testteam täglich kurz abstimmen kann. Der Meeting-Bereich sollte mit Whiteboard-Wänden, Flipcharts, Beamer mit Leinwand, Ausstattung für Telefon- und Web-Konferenzen usw. ausgestattet sein. Idealerweise ist dieser räumlich von dem Testraum getrennt, da es immer wieder kleine Besprechungsrunden im Verlauf der Testphase geben wird. Diese Besprechungen sollten die Testteams nicht stören. - Ist ein Meeting-Bereich eingerichtet?	☐	☐
Zur Testumgebung gehören auch gewisse Regeln für den Testraum bezüglich Lautstärke beim Sprechen, Betretens des Testraumes durch Dritte und andere Störfaktoren von außen. - Sind die Regeln festgelegt und bekannt gemacht?	☐	☐
Der Systemlieferant erklärt zu einem definierten Zeitpunkt die Bereitschaft des Systems für das Testen. - Ist dieser Meilenstein im Projektplan enthalten?	☐	☐

	erfüllt	
	ja	nein
Das Testteam erhält eine Basis-Schulung zur Bedienung des Systems.		
- Ist die Systemschulung vor der Durchführung der Tests durch den Auftraggeber sichergestellt?	☐	☐
- Hat die Schulung eine ausreichende Tiefe und reicht die Schulung, damit das Testteam des Auftraggebers die Tests weitestgehend selbstständig durchführen kann?	☐	☐
Dies ist nicht selbstverständlich, da die individuellen Anpassungen oft zu dem notwendigen Zeitpunkt der Schulungen noch nicht dokumentiert und die entscheidenden Mitarbeiter des Systemlieferanten in die Inbetriebnahme eingebunden sind.		
Es steht eine Testumgebung zur Verfügung, die das Testen nah am späteren Arbeitsprozess ermöglicht.		
- Ist eine Testumgebung für die Software eingeplant?	☐	☐
- Ist die entsprechende IT-Infrastruktur geplant?	☐	☐
- Ist sichergestellt, dass der Systemlieferant jederzeit notwendige Systemanpassungen von seinem Entwicklungssystem in die Testumgebung einspielen kann?	☐	☐
Im Testteam werden Mitarbeiter aus dem operativen Bereich eingebunden.		
- Ist sichergestellt, dass rechtzeitig eine Auswahl von Mitarbeitern aus den operativen Bereichen an der Testvorbereitung und -durchführung teilnehmen kann und dazu freigestellt wird?	☐	☐
Es muss ausreichend Testware mit den richtigen Eigenschaften zur Verfügung stehen und ggf. mit Etiketten versehen sein, wenn dies der Prozess erfordert. Die Testware sollte sich optisch deutlich von der „echten" Ware unterscheiden, wenn in der Nähe der operativen Bereiche getestet wird.		
- Ist ausreichend Testware vorhanden und richtig gekennzeichnet?	☐	☐
- Sind spezielle Ladungsträger frühzeitig bestellt worden?	☐	☐
- Sind alle notwendigen Identifikationsmerkmale an den Ladungsträger angebracht?	☐	☐

7.3 Erstellung der Testfälle für die Funktionstests

Neben der Erstellung des Pflichtenheftes ist die Erstellung der Testfälle für die Funktionstests eines der bedeutendsten Arbeiten für eine erfolgreiche Inbetriebnahme, die der Auftraggeber durchzuführen hat. In Abb. 7.2 ist dargestellt, wie die Testfälle für die Funktionstests aus den Pflichtenheftdokumenten inklusive der Prozessdarstellungen erstellt werden.

Auf die Erstellung der Testfallszenarien für die Leistungstests wurde im Rahmen der Vertragsgestaltung im Abschn. 4.3 eingegangen.

7.3 Erstellung der Testfälle für die Funktionstests

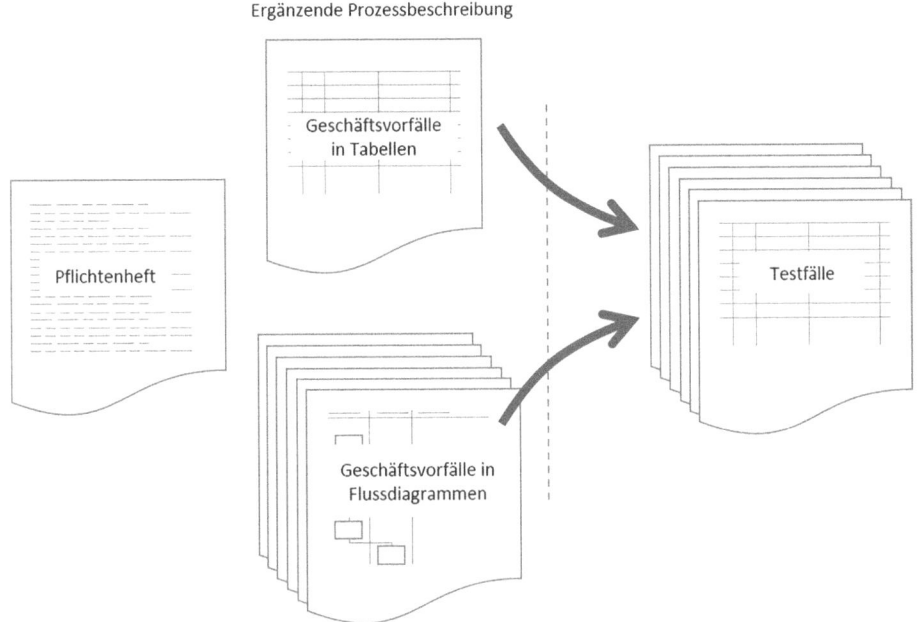

Abb. 7.2 Testfälle aus der Pflichtenheft- und der Prozessbeschreibung erstellen

Die Funktionstests werden auf Basis von Testfällen durchgeführt, die sowohl autark als auch im Verbund mit anderen Systemen, also mit aktiver Schnittstelle, bearbeitet werden können. Bei der Testfallerstellung sollten diese ausgewählten Testfälle mit einem Kennzeichen versehen werden. Dadurch kann festgelegt werden, ob der Testfall ausschließlich für den autarken Funktionstest, ausschließlich für den Funktionstest im Verbund oder für beide vorgesehen ist.

Beispiel für die mehrfache Durchführung eines Testfalles:

Testfall im autarken Funktionstest
Im autarken Funktionstest kann ein automatischer Nachschub für die Kommissionierung getestet werden. Es wird dazu mit der Bearbeitung einer Kommissionierposition an einem Kommissionierplatz der Bestand auf null reduziert.

Die automatische Nachschubfunktion soll gemäß der Pflichtenheftbeschreibung und der Konfiguration des Lagerverwaltungssystems automatisch eine Palette aus dem Nachschubbereich über die Fördertechnik in den Kommissionierbereich fördern. In diesem Fall kann das Ergebnis des Tests ein Datensatz in der Schnittstelle zum Materialflussrechner mit angebundener Emulation und eine entsprechenden Rückmeldung sein.

Testfall im Test im Verbund

Bei entsprechendem Test im Verbund kann der gleiche Testfall mit der Fördertechnik durchgespielt werden. In diesem Fall wird tatsächlich eine Palette im Lager zum Kommissionierplatz gefördert.

Hier wird noch mal sehr deutlich: Je später ein Testfall in den Testphasen durchgeführt wird, desto aufwendiger ist seine Durchführung.

Vorausgesetzt das Pflichtenheft und die damit verbundenen Dokumente sind durchgängig verständlich und abgenommen, kann mit der Erstellung der Testfälle begonnen werden. Wenn diese Voraussetzungen nicht gegeben sind, werden die Testvorbereitung und die Testdurchführung zu einem unkalkulierbaren Risiko.

Aufgrund unterschiedlicher Teilnehmerzusammensetzungen bei der Pflichtenhefterstellung und der Testfallerstellung kommt es häufig vor, dass erst bei der Testfallerstellung deutlich wird, welche Qualität das Pflichtenheft hat. Das Testteam, gerade wenn es wenig Erfahrung mit der Erstellung von Testfällen hat, stellt bei der Arbeit fest, dass die Grundlage nicht klar ist. Die Mitarbeiter versuchen, Testfälle zu formulieren, stoßen dabei aber auf eine Vielzahl offener Fragen. Sie sind nicht in der Lage, durchgängige Testfälle zu beschreiben. In diesem Fall ist anzuraten, das Pflichtenheft zu überarbeiten, bevor das Team für die Testfallerstellung beginnt, selbst Abläufe zu beschreiben, von denen sie glauben, wie sie sein könnten.

▶ Wenn die Pflichtenheftdokumente nicht klar sind, ist es nahezu unmöglich, verständliche Testfälle zu schreiben. Auch wenn erst zu diesem Zeitpunkt festgestellt wird, dass das Pflichtenheft die Abläufe und Funktionen nicht eindeutig wiedergibt, muss das Pflichtenheft überarbeitet werden.

Wenn das Pflichtenheft gut strukturiert und inhaltlich verständlich formuliert ist, ist die Testfallerstellung nicht besonders aufwendig. Wenn die oben beschriebenen Bedingungen erfüllt sind, kann der Auftraggeber die Testfälle weitestgehend unabhängig vom Lieferanten erstellen. Der Auftraggeber sollte aber frühzeitig vom Lieferanten einfordern, dass er in die Abnahme der Testdokumente verpflichtend eingebunden wird. Dazu werden dem Lieferanten spätestens zwei Wochen vor dem Testbeginn die Testfälle übergeben. Der Lieferant soll die Vollständigkeit und die Qualität der Testfallbeschreibungen prüfen und bestätigen. Natürlich können auch früher schon Teile der Testfälle übergeben werden. Je früher der Lieferant ein Verständnis bekommt, wie genau und umfangreich der Auftraggeber testet, desto besser ist es für den Projektverlauf.

Die Testfälle sollten von den Testteams erstellt werden. Das heißt, dass die Testteams schon zu diesem Zeitpunkt zur Verfügung stehen müssen und nicht erst zu Testbeginn. Das heißt auch, dass die Testteams das erste Mal komplett zusammenkommen. Einige Mitarbeiter werden schon in den vorherigen Phasen dabei gewesen sein, aber hier werden sicherlich noch weitere Mitarbeiter aktiviert. Je nach Projektgröße kann

7.3 Erstellung der Testfälle für die Funktionstests

das Projektteam jetzt erheblich wachsen. Gerade operative Mitarbeiter, die viel Erfahrung aus dem Geschäftsalltag mitbringen, sind jetzt von großem Vorteil. Diese bringen zum einen ihre Erfahrung mit und nehmen zum anderen eine Schlüsselrolle ein, wenn es später darum geht, die operativen Mitarbeiter, die erst mit dem Go-live Kontakt zu den neuen Abläufen bekommen, einzuarbeiten.

Zu Beginn der Erstellung der Testfälle sollte es einen Auftaktworkshop geben. Dieser Workshop kann einen halben bis einen ganzen Tag dauern. Folgende Inhalte sollten u. a. in diesem Workshop behandelt werden:

- Teamfindung – Mitarbeiter, die bis zu diesem Zeitpunkt noch nicht eingebunden waren, müssen die Projektbeteiligten kennenlernen.
- Die Zuordnung der Mitarbeiter zu den Themenschwerpunkten.
- Die Doppelbesetzung der Testteams durch einen operativen Mitarbeiter und einen Mitarbeiter aus der IT.
- Den neuen Mitarbeitern, aber auch dem gesamten Testteam, sollten noch mal das Projektziel und das Ziel des Testens erläutert werden. Die Ziele müssen ausformuliert und schriftlich festgehalten werden.
- Die unterschiedlichen Testphasen müssen erläutert werden.
- Es wird beschrieben, wie getestet wird.
- Es wird erläutert, wie die Testfälle formal aufgebaut werden müssen. Es wird dabei zwischen Pflichtinformationen und optionalen Ergänzungen unterschieden.
- Die Dateivorlagen werden vorgestellt und verteilt.
- Die Verwendung der Dateivorlagen wird erläutert, insbesondere für die Dokumentation der Fehler beim Testen.
- Es sollten Beispiele gezeigt werden, die deutlich machen, wie ausführlich die Testfälle zu beschreiben sind.
- Erstellung einer Liste mit Systembenutzern, damit die Systemzugänge angelegt werden können.
- Für die Kommunikation zwischen den Mitarbeiter, aber insbesondere zwischen den Auftraggebern und Auftragnehmern sollten Regeln aufgestellt werden.

Es ist ratsam, einen Vertreter des Systemlieferanten zu dem Auftakt-Workshop einzuladen und ihn dadurch in das Testteam einzubinden und die gegenseitigen Erwartungen im Testablauf deutlich zu machen.

Das Testverfahren wurde im Trockendurchlauf vorgestellt. Jeder Mitarbeiter weiß, wie später getestet wird und wie die Dokumente zu verwenden sind. Eine große Herausforderung ist, den Anfang zu finden. Das ist gar nicht so leicht. Es kann gut sein, dass man nach einiger Zeit zurückschaut und die ersten Testfälle noch mal neu schreiben muss. Diese Einschwingzeit des Testteams bei der Erstellung ist nicht vermeidbar. Wichtig ist allerdings, dass die Kollegen in einen guten Rhythmus kommen und brauchbare

Testdokumente erstellt werden. Idealerweise sollten Mitarbeiter dabei sein, die so eine aufwendige Testvorbereitung schon einmal durchgeführt haben und dabei eine führende Rolle übernehmen. Diese Mitarbeiter müssen die Teammitglieder in kleinen Schritten zum selbstständigen Erstellen der Testfälle anleiten. Es ist auch anzuraten, die ersten Testfälle gemeinsam am Beamer zu erstellen, um so in eine gemeinsame Arbeitsweise zu kommen.

▶ Nicht die Geschwindigkeit steht bei der Testfallerstellung im Vordergrund, sondern die Qualität der Testfallbeschreibungen und die Ermittlung der optimalen Testfallvarianten.

Alle Kapitel der relevanten Dokumente müssen inhaltlich den Testteams eindeutig zugeordnet werden, siehe dazu Abb. 7.3. Kapitel zu grundsätzlichen Einstellparametern oder Systemstammdaten sollten dem Konfigurationsteam (siehe Abschn. 7.6) zugeordnet werden. Die Kapitel im Pflichtenheft und in den Prozessbeschreibungen zu den Wareneingangsabläufen werden dem Testteam für den Wareneingang zugeordnet usw., bis alle Teile der Dokumente einem Testteam zugeordnet sind.

Die Testteams wählen ein Kapitel des ihnen zugeordneten Teils eines Dokumentes und beginnen, Schritt für Schritt Testfälle zu entwickeln, indem sie folgende Fragen stellen:

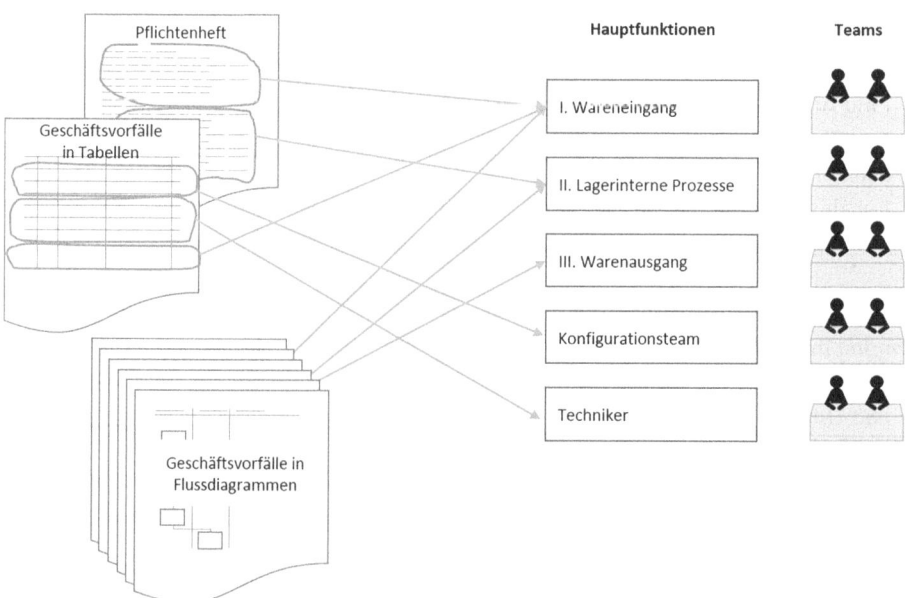

Abb. 7.3 Zuordnung der Themen zu den Testteams

7.3 Erstellung der Testfälle für die Funktionstests

- Wie kann diese beschriebene Funktionalität geprüft werden?
- Wie kann ich das System so bedienen, dass es als Ergebnis die geforderte Funktonalität nachweist?
- Wie kann ich sicherstellen, dass es zu allen erwähnten Funktionen in den Pflichtenheftdokumenten ausreichende Testfälle gibt, die den Nachweis bringen?
- Wie kann ich sicherstellen, dass nicht unnötig viele Testfälle erstellt werden, die keinen zusätzlichen Nutzen bringen?
- Welcher Test hat grundsätzlichen Charakter?
- Welcher Testfall kann darauf aufbauen, damit die Testfälle um einen Themenbereich vom Einfachen zum Speziellen hin aufgebaut werden können?
- Muss diese Funktionalität im Verbundtest getestet werden oder reicht der Nachweis über den autarken Test?
- Welche Verbundtests machen Sinn, welche nicht?

Durch dieses Vorgehen kann sichergestellt werden, dass systematisch alle Teile der Pflichtenheftdokumente und Prozessbeschreibungen bearbeitet werden, um eine Vollständigkeit der Testfälle zu erreichen.

Die Testfallerstellung ist abgeschlossen, wenn für alle neuen Systeme und Systemteile der zukünftigen Systemumgebung die erstellten Konzeptdokumente vollständig auf diese beschriebene Weise bearbeitet wurden.

> **Negativbeispiel Testfallerstellung**
> Teilnehmer vieler Workshops berichteten von vergangenen Logistikprojekten, bei denen beim Kick-off-Termin eine Word-Vorlage verteilt und kurz vorgestellt wurde. Anschließend wurden am Flipchart die groben Funktionsbereiche im Brainstorming zusammengetragen und direkt mit Namen versehen, also Wareneingang und Einlagerung, Bestandsführung und Inventur, Kommissionierung und Verladung usw. Die Erarbeitung der Testfälle fand in Einzelarbeit neben dem eigentlichen Tagesgeschäft der Mitarbeiter im Unternehmen auf Basis eines in der Gruppe nicht akzeptierten Pflichtenheftes statt. Der Termin endete mit der Bekanntgabe eines Fertigstellungstermins, an dem die zu erstellenden Dateien in ein Projektverzeichnis zu stellen sind. Das war's. Wer so arbeitet, darf sich nicht wundern, wenn die Tests nicht den gewünschten Verlauf nehmen und die Inbetriebnahme zu erheblichen Störungen führt.

Die Testfallerstellung kann nur erfolgreich sein, wenn folgende Voraussetzungen erfüllt sind:

Checkliste 7 – Erstellung der Testfälle	erfüllt	
	ja	nein
Das Testteam wird ausreichend vom Tagesgeschäft freigestellt, denn die Testfallerstellung ist keine Nebensache.		
- Ist eine ausreichende Anzahl von Mitarbeitern des Auftraggebers rechtzeitig für die Testfallerstellung freigestellt?	☐	☐
- Ist diese Aktivität im Unternehmen deutlich als wichtig und notwendig für den Erfolg des Projektes kommuniziert worden?	☐	☐
- Werden die Kollegen von der Belegschaft unterstützt, auch wenn es im Tagesgeschäft zu Problemen aufgrund fehlender Ressourcen kommen kann?	☐	☐
Testfälle sollten nicht in Einzelarbeit erstellt werden. Ein gegenseitiger Check unter vier Augen hat sich bewährt.		
- Lassen sich die Teams in Zweiergruppen aufteilen und sinnvollen Themenbereichen zuordnen?	☐	☐
Es ist mindestens eine Person dabei, die genug Erfahrung aus anderen Projekten bei der Erstellung von Testfällen mitbringt und die die methodische Leitung übernimmt.		
- Wird das Testteam von mindestens einem Kollegen geleitet, der ausreichend Erfahrung mit der Erstellung von Testfällen, mit der Durchführung der Tests und bereits eine erfolgreiche Inbetriebnahme in einem ähnlichen Rahmen begleitet hat?	☐	☐
Jeder Testfall sollte so ausführlich beschrieben werden, dass die anderen am Projekt Beteiligten sich schnell in den Testfall einlesen können. Auch hier darf es keinen Verständnisspielraum geben.		
- Ist eine gegenseitige Kontrolle und ein Abgleich der unterschiedlichen Teams gewährleistet?	☐	☐
- Werden einzelne ausgewählte Testfälle einem anderen Testteam zur Prüfung vorgelegt?	☐	☐
- Versteht das andere Team den geplanten Testverlauf und die Erwartungshaltung, ohne ein Pflichtenheftdokument dazu zunehmen?	☐	☐
Für die Testfallerstellung sollte eine einheitliche Office-Vorlage gewählt werden.		
- Wird die Vorlage einheitlich und korrekt verwendet?	☐	☐

	erfüllt	
	ja	nein
Die Testfälle müssen eindeutig durchnummeriert sein.		
- Ist die Nomenklatur klar definiert und wird diese auch korrekt verwendet?	☐	☐
Bei sehr ähnlichen Testfällen sollten die Unterschiede, z. B. einzelne Parameter, deutlich hervorgehoben werden		
- Werden die Testfälle entsprechend vorbereitet?	☐	☐
Die Testfälle werden in einer zentralen Tabelle zusammengefasst.		
- Wurde eine zentrale Tabelle erstellt und wird diese mit sämtlichen Testfällen gefüllt?	☐	☐
Sämtliche Testfälle werden in einem Projektlaufwerk abgelegt.		
- Steht ein Projektlaufwerk zur Verfügung und können alle Testteams mit Schreib- und Leserechten darauf zugreifen?	☐	☐
Es sollte von Beginn an eine Qualitätssicherung eingerichtet werden.		
- Ist schon zur Phase der Testfallerstellung ein Testkoordinator benannt, der die Qualität und die Einheitlichkeit sicherstellt und die Koordination der Gruppe übernimmt?	☐	☐
Die Testfälle werden vor dem Testen vom Kunden an den Lieferanten zur Prüfung übergeben. Dieser bestätigt nach einer Prüfung die Durchführbarkeit der Tests.		
- Ist diese Prüfung der Testfälle durch den Systemlieferanten im Vertrag mit aufgenommen worden?	☐	☐
- Ist allen Beteiligten diese Verfahrensweise bekannt und akzeptiert?	☐	☐

7.4 Testfalldokumentation

Bei der Erstellung der Testfälle sind zwei wesentliche Dokumenttypen zu erstellen: die Testfalldokumente und eine Übersicht über alle Testfälle; siehe Abb. 7.4.

Für jeden Testfall sollte ein Testfalldokument erstellt werden. Das heißt, es wird eine Vielzahl von Dokumenten geben, die jeweils einen Testfall wiedergeben. Das einzelne Testfalldokument enthält den Testfall und die entsprechenden Bedingungen zur Durchführung der Tests. Zum anderen wird aber auch das Testergebnis in diesem Dokument festgehalten. Wenn der Testfall mehrmals in den verschiedenen Phasen durchgeführt wird, müssen für jeden Durchgang eigene Testdokumente zur Vorbereitung und Dokumentation des Testdurchlaufes erstellt werden, da sonst die Dokumentation zu unübersichtlich wird.

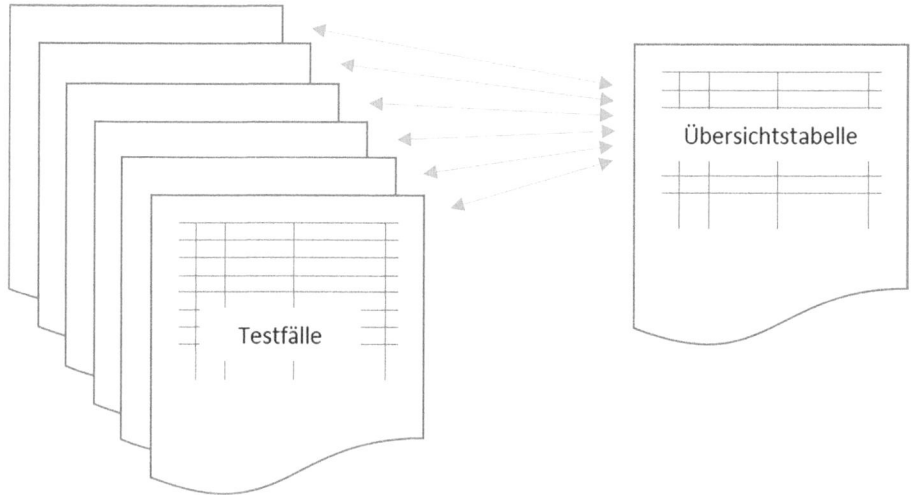

Abb. 7.4 Testfälle und Übersichtstabelle

Des Weiteren sollte es eine zentrale Übersichtstabelle geben, in die die Testfälle eingetragen werden. Jede Zeile entspricht dabei einem Testfall. Im ersten Schritt ist es nur eine Zusammenfassung aller Testfälle in einem Dokument. Dabei können noch zusätzlich Kennzeichen zur Gruppierung der Testfälle eingeführt werden, beispielsweise, ob der Testfall autark oder auch im Verbund getestet werden soll, ob bestimmte Drucker für diesen Testfall benötigt werden oder welches Testteam für den Testfall zuständig ist. Je nach Projektkonstellation lassen sich beliebige Kennzeichen hinzufügen. Darüber hinaus spielt diese Tabelle bei der späteren Verfolgung des Testfortschritts eine bedeutende Rolle; zur Verfolgung der Testergebnisse siehe Abschn. 8.2.

Zunächst soll exemplarisch ein Testfalldokument vorgestellt werden. Für den einzelnen Testfall wird ein Word-Dokument bevorzugt. Wie in Abb. 7.5 dargestellt, ist im oberen Teil eine Tabelle mit den wichtigen Informationen zum Testfall und darunter freier Raum für die chronologische Aufzeichnung der Arbeitsschritte am System. Hier lassen sich leicht schriftlich oder durch Einfügen von Hardcopies Einträge machen. Der Vorteil dieses Formats ist, dass die Vorlage einfach zu bedienen ist und der Programmierer, im Falle eines auftretenden Fehlers, leicht den Hergang am System nachvollziehen kann.

Bei der Testfallerstellung geht es zunächst nur darum, den oberen Teil, also die Testanforderung, zu erstellen. Mindestens folgende Informationsfelder sind für jeden Testfall zu führen:

- Eine eindeutige Nummer des Testfalls (diese Nummer wird auch in der Übersichtstabelle eingetragen und ist eindeutige Referenznummer des Testfalls).
- Eine Kurzbezeichnung des Testfalls.
- Eine ausführliche Beschreibung des Testfalls.

7.4 Testfalldokumentation

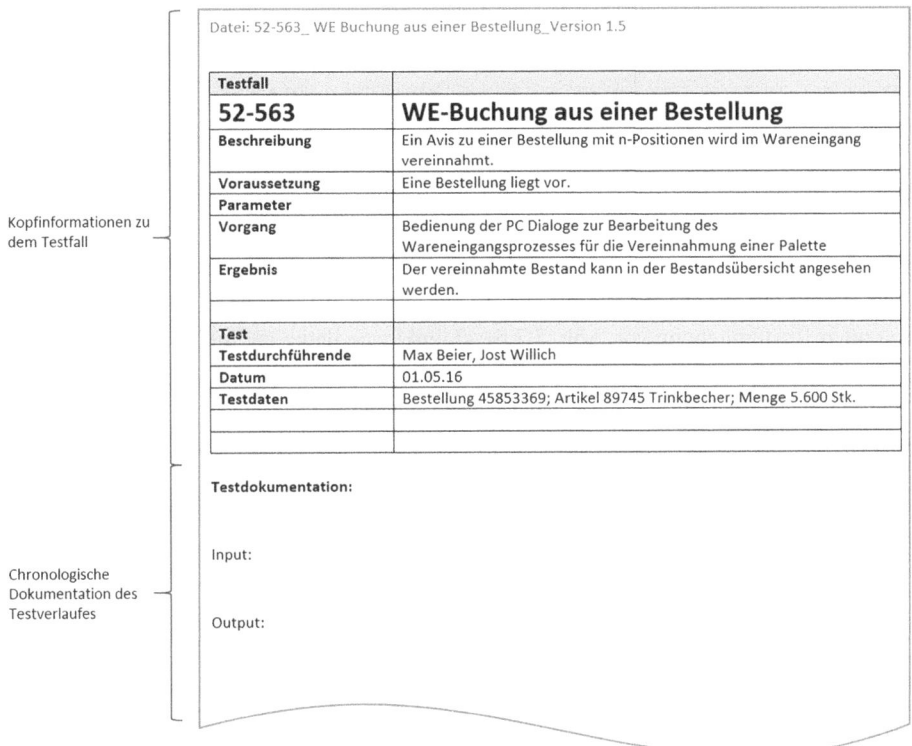

Abb. 7.5 Testfalldokument

- Eine Kennzeichnung, für welche Phase dieser Testfall relevant ist.
- Die Stelle im Pflichtenheft oder in der Prozessbeschreibung, die hiermit geprüft werden soll. Gegebenenfalls kann der Text auch einfach rauskopiert werden und mit „Auszug aus dem Pflichtenheft S. XX" gekennzeichnet werden.
- Die Voraussetzungen, Parameter und notwendigen Vorbereitungen für den Testfall.
- Ergebnisbeschreibung: Was wird als Ergebnis erwartet? Worauf soll besonders geachtet werden, z. B.: Wird der korrekte Barcodetyp angedruckt?
- Der Name des Testers oder der Tester.
- Das Datum der Testdurchführung.
- Freiraum für die chronologische Erfassung der Systembedienung (Input) und des Systemverhaltens (Output).
- Der eindeutige Dateiname, der aus der Testnummer, der Kurzbezeichnung und einer Versionsnummer bestehen sollte.

Sämtliche Testfalldateien werden geordnet in einem Projektverzeichnis abgelegt. Das Projektverzeichnis kann nach den Hauptfunktionen und den Testteams gegliedert werden. Die Nummerierung der Testfälle muss einer globalen Logik folgen.

Zur Übersicht aller Testfälle wird eine Tabelle angelegt, in der alle Testfälle untereinander aufgeführt werden; siehe Abb. 7.6.

Diese Tabelle muss individuell angelegt werden. Die in Tab. 7.2 aufgelisteten Felder sind Beispiele und müssen entsprechend angepasst oder erweitert werden.

7.5 Bereitstellung der Testumgebung

In jedem Projekt zum Aufbau oder zur Erweiterung eines Logistikzentrums findet man eine andere Testumgebung vor. Abb. 7.7 beschränkt sich daher auf eine vereinfachte Darstellung. Es sollen nur 5 Ebenen unterschieden werden,

- die Warenwirtschaft,
- die Lagerverwaltung,

Nummer	Team	Kurzbezeichnung	Drucker	Schnittstelle	autark	Verbund	Bemerkungen
52.002	WE	WE Avis öffnen			ja	nein	
52.003	WE	WE Bestellung verknüpfen		Best_IN_X_024	ja	nein	
52.004	WE	WE Rampe zuordnen Zugfahrzeug			ja	ja	
52.005	WE	WE Rampe zuordnen Anhänger			ja	ja	
52.006	WE	WE Rampe zuordnen Brücke			ja	ja	
52.007	WE						

Abb. 7.6 Übersichtstabelle für die Testfälle

Tab. 7.2 Beispiele für Informationen in der Übersichtstabelle

Infofeld	Beschreibung
Nummer	Eindeutige und fortlaufende Nummer des Testfalls
Team	Das Testteam, das diesen Testfall durchführt
Kurzbezeichnung	Kurze Beschreibung des Testfalls
Schnittstelle	Die angesprochene Schnittstelle bei Schnittstellentests
Autark	Kennzeichen, ob dieser Testfall autark getestet werden soll
Verbund	Kennzeichen, ob dieser Testfall im Verbund getestet werden soll
Drucker oder andere IT-Infrastruktur	Hier ein Kennzeichen, wenn für diesen Test bestimmte Hardware zum Einsatz kommt
Bemerkungen	
…	

7.5 Bereitstellung der Testumgebung

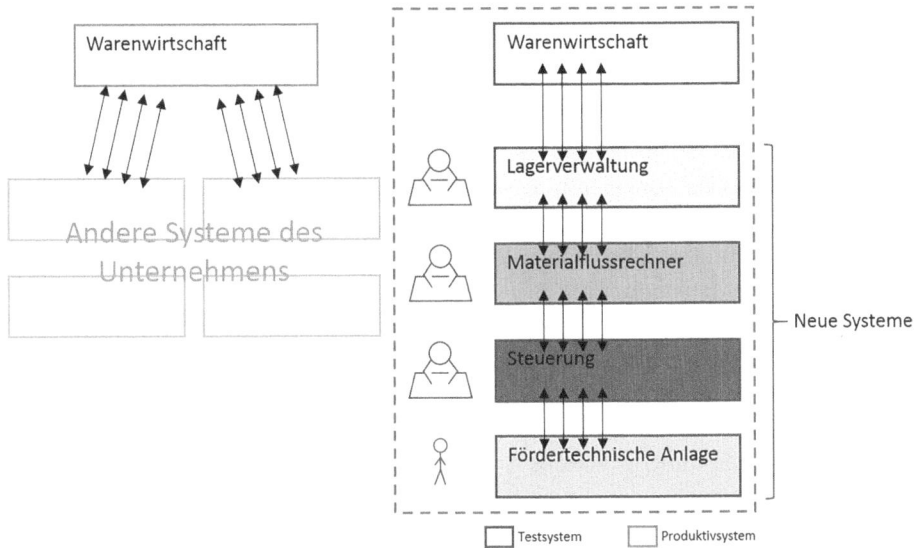

Abb. 7.7 Typische Testumgebung für ein Logistikzentrum

- der Materialflussrechner,
- die Steuerung und
- die fördertechnische Anlage.

Auf jeder Ebene lassen sich noch etliche mögliche Schnittstellen, Subsysteme oder Systembegriffe hinzufügen. Mithilfe dieser Vereinfachung lassen sich aber die wesentlichen Aspekte der Testvorbereitung und -durchführung behandeln. Der Leser muss die beschriebenen Inhalte auf „seine" Testumgebung übertragen.

Bei einem Neubau eines Logistikzentrums werden häufig die steuernden Systeme und die Technik unterhalb des Warenwirtschaftssystems des Auftraggebers neu aufgebaut. Das heißt, die Tests in den neuen Systemen des Logistikzentrums werden zunächst in Testsystemen durchgeführt, zu dem es noch kein Produktivsystem gibt. Häufig werden beim Go live die Testsysteme zu Produktivsystemen oder es werden entsprechend Kopien der Systeme erstellt. Mit dem Go-live werden die neuen Systeme des Logistikzentrums über die Schnittstellen zwischen dem Lagerverwaltungssystem und dem produktiven Warenwirtschaftssystem verbunden und damit produktiv gesetzt (siehe dazu Abschn. 10.1).

Das Lagerverwaltungssystem tauscht mit dem Warenwirtschaftssystem u. a. Aufträge, Bestandsdaten und Artikelstammdaten aus. Mit dem Lagerverwaltungssystem wird nach dem Go-live das gesamte operative Geschäft im Logistikzentrum gesteuert. In der Regel bedienen die Mitarbeiter des Logistikzentrums das Lagerverwaltungssystem über einen PC oder über Mobile Terminals, die über WLAN mit dem Datennetz verbunden sind.

Der Materialflussrechner bekommt über eine Schnittstelle Transportaufträge vom Lagerverwaltungssystem und gibt diese an die Einheiten der fördertechnischen Anlage weiter. Der Materialflussrechner führt in der Regel keine Bestände. In dem Materialflussrechner sind sämtliche Systemzustände und Strategien zur Ein- und Auslagerung und Bewegung von Ladungsträgern auf der Fördertechnik hinterlegt. In einigen Fällen kann es für die artikelabhängigen Einlagerungsstrategien, z. B. die Gassenauswahl eines Hochregallagers, notwendig sein, dass der Materialflussrechner für jede Ladeeinheit reduzierte Artikelinformationen führt. Dies können z. B. die Artikelnummer oder das Mindesthaltbarkeitsdatum sein. Die Bedienung des Materialflussrechners ist in der Regel nicht notwendig, da die Prozesse ausschließlich über die Schnittstellen initiiert werden. Kommt es zu einem Problem in der Anlage, kann das technische Personal über die Visualisierung der Anlage des Materialflussrechners Fehler erkennen und Maßnahmen ausführen.

Darunter liegt die fördertechnische Anlage mit allen Antrieben, Sensoren und Signalen. Die Einheiten werden von der speicherprogrammierbaren Steuerung, im Folgenden nur Steuerung genannt, gesteuert.

Auf jeder Ebene gibt es Bedienoberflächen, mit der der Anwender bei Bedarf die Systeme bedienen oder auch nur Systemzustände einsehen kann. Auf allen Ebenen müssen vor der Inbetriebnahme des neuen Logistikzentrums Tests durchgeführt werden. Bei der Lagerverwaltung und dem Materialflussrechner kann in der Regel davon ausgegangen werden, dass die Softwaresysteme im Kern aus Standardmodulen besteht, die für die individuelle Anlage erweitert wurden. Die Hauptfunktionen und die Bedienoberflächen sind daher eher weniger anfällig für Programmierfehler als die individuell angepassten Softwareteile.

Die Testumgebung ist eine Zusammensetzung aus vielen Testsystemen. Neben den Testsystemen auf den unterschiedlichen Systemebenen gibt es noch unterschiedliche Endgeräte zur Bedienung der Systeme, Signalanzeigen und Drucker. Bei komplexen Anlagen sind auch Emulationssysteme Teil des der Testumgebung. Emulationen sind Softwaresysteme, die eine Schnittstelle abbilden und die funktionalen Prozesse des darunterliegenden Systemteils komplett in allen ihren Facetten darstellen. In einer späteren Phase der Tests im Verbund werden Schnittstellen zu dem Emulationssystem deaktiviert und an die Steuerung der fördertechnischen Anlage bzw. an den Materialflussrechner verbunden (siehe dazu das Abschn. 3.6).

Aus IT-technischer Sicht kann die Testumgebung wie in Abb. 7.8 aussehen.

Die Testumgebung besteht aus Hard- und Software. Die Hardware ist in den meisten Fällen schon die Hardware, die später auch für den Echtbetrieb vorgesehen ist. In Einzelfällen wird für die Testphase noch Hardware genutzt, die erst kurz vor dem Go-live durch die endgültige Hardware ersetzt wird. Davon ist aber aufgrund der notwendigen realitätsnahen Bedingungen abzuraten.

Können der neue Serverraum und die entsprechende IT-Infrastruktur für den späteren Echtbetrieb in der Testphase noch nicht genutzt werden, muss nach anderen Lösungen gesucht werden. Beispielsweise ist es denkbar, die autarken Tests schon auf dem

7.5 Bereitstellung der Testumgebung

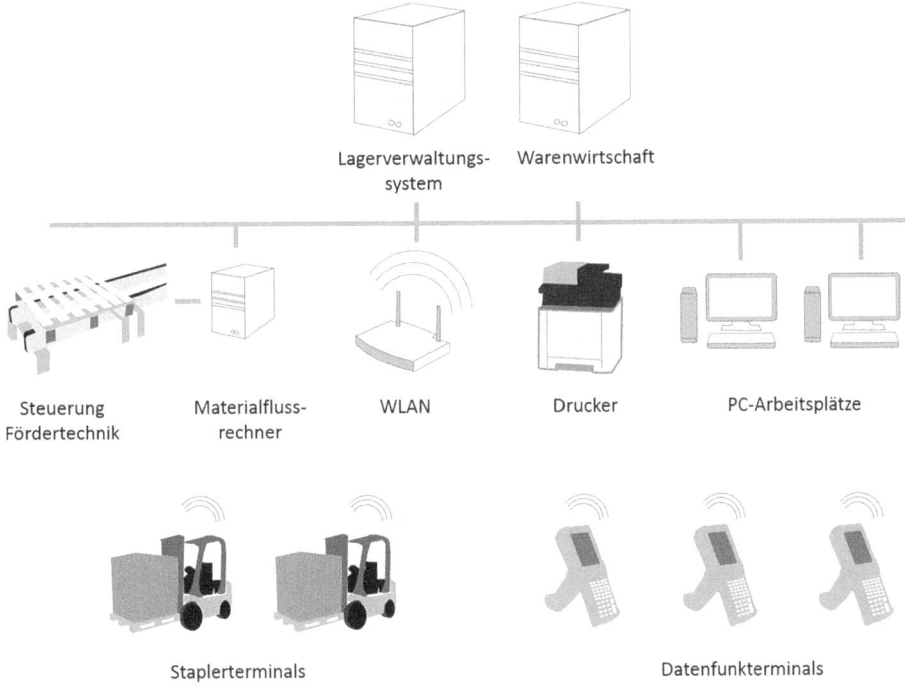

Abb. 7.8 IT-Komponenten der Testumgebung

eingerichteten Server an einem anderen Standort durchzuführen. Der Server muss später nur physikalisch umziehen, ohne dass die Datenbanken und die Anwendungen neu installiert werden müssen. Von einem Test über eine Datenleitung, z. B. zum Hauptsitz des Systemlieferanten, ist abzuraten, da bei interimistisch eingerichteten Datenleitungen häufiger mit Störungen zu rechnen ist.

▸ Die Einrichtung der Testumgebung sollte sich so nah wie möglich an der Ziel-Installation für den Echtbetrieb orientieren.

Die Erfahrung zeigt, dass trotz aller Bemühungen der Kollegen der IT-Infrastruktur viele Dinge nicht von vornherein richtig eingerichtet werden. Häufig ist zu beobachten, dass es nach dem Testbeginn ca. eine Woche dauert, bis die Testumgebung störungsfrei nutzbar ist. Die Testumgebung besteht nicht nur aus der reinen Hardware. Es muss noch sichergestellt werden, dass Datenzugriffe von außen möglich sind. Dazu sind entsprechende Berechtigungen an die Systemlieferanten zu vergeben, damit die Kollegen aus dem Backoffice auf die Systeme zugreifen können und bei Bedarf auch Updates einspielen können.

Neben der IT-Infrastruktur sind auch die Schnittstellen zu den unterschiedlichen neuen und alten Systemen herzustellen. Damit die Benutzer des Testsystems, das Testteam und die Mitarbeiter des Auftragnehmers sich von vornherein mit einem eigenen Passwort anmelden können, ist es wichtig, frühzeitig die Vergabe von Benutzerpassworten und deren Nutzerprofil zu organisieren. Im laufenden Testbetrieb wird es notwendig sein, neue Mitarbeiter mit einem Benutzerzugang zu versorgen oder auch das Berechtigungsprofil anzupassen. Für den Mitarbeiter, der diese Aufgabe übernimmt, ist frühzeitig vor dem Testbeginn eine Schulung und Einweisung in die neuen Systeme bezüglich der Berechtigungsvergabe durchzuführen.

Ein für die Inbetriebnahme immer wichtiges Thema ist die ausreichende Ausleuchtung mit WLAN im gesamten Logistikzentrum. Das sollte auch schon zum Testbeginn verfügbar sein.

In vielen Großprojekten musste das Team für den Aufbau und die Betreuung der IT-Infrastruktur während der Testphase laufend Änderungen an den Systemen vornehmen. Wichtig ist, dass die Kollegen durchgehend gut erreichbar sind und schnell eingreifen können, um Unterbrechungen aufgrund von Problemen in der IT-Infrastruktur zu vermeiden oder schnell zu beenden.

Abb. 7.9 zeigt am Beispiel des Lagerverwaltungssystems die Systemhierarchie, wie sie typischerweise aufgebaut wird. In den Testphasen spielen nur das Entwicklungssystem des Systemlieferanten und das Testsystem des Auftraggebers eine Rolle. Der Systemlieferant programmiert in einem Entwicklungssystem, das aus einer Datenbank und der Programmumgebung besteht. Das Testsystem ist ein zweites System, das die gleichen Tabellenstrukturen aufweist wie das Entwicklungssystem. Die Programmteile werden vom Systemlieferanten jeweils nach der internen Freigabe in das Testsystem durch Updates eingespielt. Nach dem Go-live kommt noch ein drittes System in der Abfolge der Hierarchie hinzu: das Produktivsystem. In dieser Systemkonstellation werden Softwareänderungen stufenweise eingespielt. Der Kunde kann Softwareänderungen auch nach dem Go-live im Testsystem testen. Erst nach erfolgreichem Test werden die Soft warteile in das Produktivsystem eingespielt.

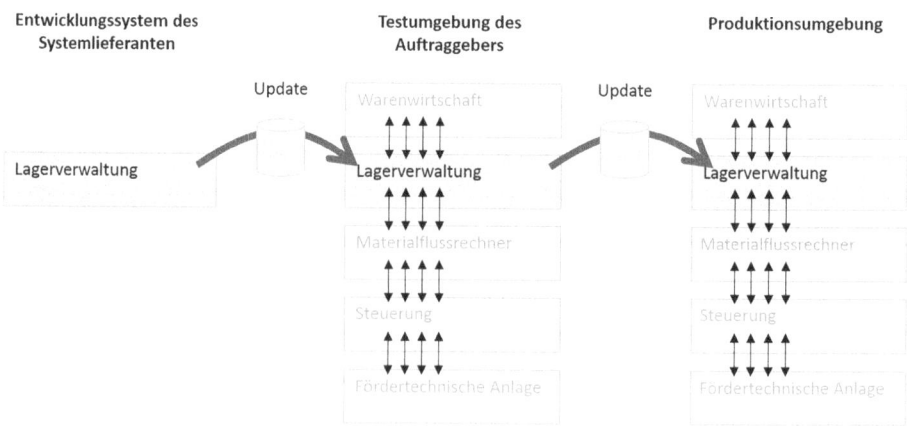

Abb. 7.9 Systemhierarchie am Beispiel Lagerverwaltungssystem

> **Sicherstellung der Stromversorgung**
> Es kommt vor, dass in der Testphase der Serverraum schon eingerichtet ist und die entsprechenden Datenleitungen im Gebäude verfügbar sind, aber der Hausanschluss noch nicht fertiggestellt wurde. Das bedeutet, dass alle Tests mit einer Baustromversorgung durchgeführt werden.
>
> In einem Projekt haben die Testkollegen für das Lagerverwaltungssystem von dieser Art der Stromversorgung erst mitbekommen, als der Baustrom ausgefallen ist. Ein Ausfall des Stroms bedeutet, dass die unterbrechungsfreie Stromversorgung des Servers greift und automatisch das geordnete Runterfahren des Servers ausgelöst wird. Die Testteams wurden mehrmals unterbrochen. Die Infrastrukturkollegen waren ganz froh, dies mitzubekommen. So brauchten sie die Notversorgungsprozesse im Serverraum nicht separat zu testen.

7.6 Konfiguration und initialer Datenimport

Das Testsystem wird in der Regel von dem Systemlieferanten aufgesetzt und installiert. Prinzipiell sollte man davon ausgehen, dass das System zu Beginn frei von Daten ist, d. h., die Datenbanktabellen sind leer. Allerdings ist es durchaus üblich, dass der Systemlieferant bereits erste Parameter aus dem Entwicklungssystem übernimmt, um Doppelarbeiten zu vermeiden. Trotzdem sollten, nachdem das Testsystem an den Auftraggeber übergeben wurde, alle möglichen Einstellungen mit dem Auftraggeber besprochen werden.

Es empfiehlt sich, in einer Konfigurationsphase Mitarbeiter des Auftraggebers durch einen Systembetreuer des Auftragnehmers systematisch in die Datenbankstrukturen einzuweisen. Ziel ist es, Tabelle für Tabelle durchzugehen und deren Sinn zu erläutern. Außerdem müssen die Auswirkungen von unterschiedlichen Parametern auf die Systemabläufe aufgezeigt werden.

Auf der Auftraggeberseite sollte dazu ein Konfigurationsteam für das Projekt benannt werden. Das Konfigurationsteam erlangt ein sehr tiefes Verständnis des Systems und der Hintergrundprozesse und ist über das gesamte Projekt für sämtliche Einstellungen am System verantwortlich. Zum anderen sollten alle Einstellmöglichkeiten und deren Auswirkungen in Form eines Konfigurationshandbuches sehr genau dokumentiert werden.

Das Konfigurationshandbuch dokumentiert alle notwendigen unternehmens- und standortspezifischen Einstellungen des Systems. Oft liefert der Systemlieferant ein Basisdokument, das sich aber auf die produktspezifischen Parameter beschränkt. Diese Informationen müssen um die projektspezifischen Informationen ergänzt werden. Die Daten und Informationen haben unterschiedlichen Charakter und müssen daher von unterschiedlichen Stellen des Auftraggebers geliefert werden.

Folgende Daten können eine Rolle spielen:

- Datenbanktechnische Parameter
- Parameter zur Schnittstellenübertragung
- Buchungsrelevante Parameter, die Bezug zur Warenwirtschaft haben
- Parameter zur Unterscheidung von mehreren Mandanten in den Lagerprozessen
- Artikelstammdaten
- Zollrechtliche Parameter
- Steuerrechtliche Parameter
- Konfigurationsparameter für den Logistikstandort
- Lagerkonfiguration
- Adressen der Geschäftspartner
- Transportstrategien
- Berechtigungsprofile
- Parameter zur Belegsteuerung
- ...

Folgende Fragen können sich dabei ergeben:

- Welche Informationen werden für das neue System benötigt?
- Gibt es diese Informationen schon in den Altsystemen?
- Welche Daten können nur von Administratoren gepflegt und welche können über Bedienerdialoge von Systemanwendern angepasst werden?
- Muss diese Information verschlüsselt werden (z. B. Buchungskürzel)?
- Welche Länge dürfen diese Schlüssel haben?
- Bestehen diese Schlüssel aus alphanummerischen Zeichen?
- Welche Auswirkungen haben diese Variablen?
- Handelt es sich um systeminterne Informationen oder werden diese Informationen bei operativer Nutzung angezeigt, angedruckt oder sogar in einer Schnittstelle eingetragen?
- ...

Nachdem der Systembetreuer des Auftragnehmers die Kollegen des Konfigurationsteams schrittweise durch die Datenbankstrukturen geführt hat, muss das Konfigurationsteam die notwendigen Daten und Informationen, die sie nicht selbst liefern können, in den Fachbereichen beschaffen. Aus der Übersicht oben wird deutlich, dass dazu unterschiedliche Stellen des Unternehmens zu befragen sind. Das Konfigurationsteam muss dazu nicht nur Informationen abfragen, sondern auch alternative Einstellmöglichkeiten und deren Auswirkung auf den logistischen Prozess aufzeigen. Gemeinsam mit den Fachbereichen müssen Entscheidungen getroffen werden. Sämtliche Entscheidungen sollten im Konfigurationshandbuch protokolliert werden.

Ein umfangreicher Themenkomplex für die Systemkonfiguration ist die Einstellung des Lagerlayouts und der Lagerstrategien. Dies sind in der Regel eine Vielzahl von

7.6 Konfiguration und initialer Datenimport

Variablen und Tabelleneinträgen, die die operativen Abläufe im Lager entscheidend bestimmen. Eine mangelhafte Konfiguration führt hier zu suboptimalen Lagerprozessen.

▶ Die Lagerverantwortlichen müssen zunächst verstehen lernen, welche systemischen Möglichkeiten es gibt. Diese Alternativen müssen dem operativen Geschäft des Unternehmens gegenübergestellt werden, um über die Konfiguration ein Optimum für das individuelle operative Geschäft in dem neuen Logistikzentrum zu erreichen.

Ein anderer noch wichtigerer und meist komplexer Bereich ist die Buchungssystematik zum Warenwirtschaftssystem. Die Lagerverwaltungssysteme führen über die Schnittstellen zu den Warenwirtschaftssystemen bestandsverändernde Buchungen aus. Ähnlich wie die Problematik bei der Lagerkonfiguration gilt es auch hier, zunächst die Buchungslogik des Lagerverwaltungssystems verstehen zu lernen. Führend für die Einstellung der Geschäftsvorfälle ist allerdings das Warenwirtschaftssystem. Hier sind schon alle warenwirtschaftsrelevanten Geschäftsvorfälle definiert. Den bestandsverändernden Schritten im Lagerverwaltungssystem ist ein Geschäftsvorfall im Warenwirtschaftssystem zuzuordnen.

▶ Die Konfiguration der neuen Systeme eines Logistikzentrums ist ein sehr hoher Aufwand, der vielfach unterschätzt wird.

Ein weiteres Thema bei der neu einzurichtenden Systemumgebung sind die Artikelstammdaten. Artikelstammdaten sind gerade bei Neueinführungen von Systemen immer wieder ein großes Thema in der Logistik. Das liegt daran, dass moderne Lagerverwaltungssysteme immer mehr Optimierungsfunktionen haben, die auf verschiedensten Artikelstammdaten beruhen.

Beispielsweise werden von Lagerverwaltungssystemen optimale Umkartons aufgrund des kommissionierten Teilauftrags ermittelt und dem Mitarbeiter an dem Verpackungsplatz als Vorschlag angezeigt. Neuere Systeme können auch ein dreidimensionales Packschema ermitteln.

Ein anderes Bespiel ist die Beachtung von Artikelkennzeichen temperaturempfindlicher Artikel bei der Einlagerungsstrategie in ein automatisches Hochregallager. Ziel ist es, bei der Ermittlung des Lagerplatzes auf unterschiedliche Temperaturzonen im Lager zu achten. Das setzt sogar die Besonderheit voraus, dass dieses Kennzeichen dem Materialflussrechner übergeben wird, obwohl im Normalfall der Materialflussrechner keine Artikelstammdaten kennt.

Eine Vielzahl von Artikelkennzeichen wird bei der Bearbeitung von Zusatzdienstleistungen, sogenannten value added services, an den entsprechenden Arbeitsplätzen benötigt. Ein weiterer sehr komplexer Bereich ist die Verarbeitung von Retouren innerhalb der Logistiksysteme, die sogar Gutschriften in den darüber liegenden Systemen auslösen.

▶ Die Bedeutung der Qualität der Artikelstammdaten und der Umfang von steuernden Kennzeichen sind in Lagersystemen der neuesten Generation sehr hoch.

Bei der Einrichtung der neuen Systeme und der Versorgung mit Artikelstammdaten sind zwei wichtige Punkte zu beachten. Erstens müssen neue Artikelkennzeichen, die im Rahmen der Pflichtenheftgespräche neu definiert wurden, frühzeitig bei den darüber liegenden Systemen angefordert und ergänzt werden. Das erfordert nicht nur Feld- und Schnittstellenerweiterungen in den Systemen, sondern auch eine Neuanlage der neuen Kennzeichen für alle in Betracht kommenden Artikel. Dieser Aufwand wird in der Regel unterschätzt, da auch ein Massenupdate nicht immer infrage kommt.

Das zweite Problem ist, dass vermeintlich vorhandene Felder über die Jahre nicht eindeutig gepflegt wurden. Da kommt es schon mal vor, dass verschiedene Abteilungen unterschiedliche Herangehensweise für die Anlage von Artikeln haben. Diese Differenzen schlagen jetzt erst auf, wenn die Funktionen der empfangenden Systeme auf diesen Daten aufsetzen. Bei diesen Daten ist eine umfangreiche Validierung der vorhandenen Daten vorzunehmen.

Datenbankprüfung
In einem Großprojekt wurden erhebliche Erweiterungen an den Artikelstammdaten vorgenommen. Die Datenbanken und die Schnittstellen wurden fristgerecht zum Verbundtest fertiggestellt. Bei der Durchsicht der Felder und der enthaltenen Informationen sind einige Stilblüten aufgetaucht. So wurden z. B. für das zweistellige Kürzel der Mengeneinheit für Sack die Varianten Sk, SA und sk gefunden. Bisher hatte dieses Feld ausschließlich auf der Ebene der Warenwirtschaft eine Bedeutung.

Mit der Inbetriebnahme eines neuen Lagerverwaltungssystems werden diese Informationen in die operativen Systeme Logistik übertragen. Entweder wird eine Übersetzungslogik realisiert oder es ist ein Massenupdate auf die Artikelstammdaten des Warenwirtschaftssystems möglich. Es sollte außerdem eine Arbeitsanweisung für die betroffenen Bereiche verteilt werden, wie diese Felder in Zukunft zu pflegen sind.

7.6 Konfiguration und initialer Datenimport

Checkliste 8 – Konfiguration und initialer Datenimport	erfüllt ja	erfüllt nein
Der Auftraggeber sollte ein Konfigurationsteam aufstellen, das über die gesamte Projektlaufzeit Ansprechpartner für sämtliche Konfigurationen und Datenimporte ist.		
- Ist rechtzeitig, spätestens zu Beginn der Testdurchführung, ein Konfigurationsteam benannt worden?	☐	☐
- Ist das Konfigurationsteam kompetent, um sowohl in IT-Strukturen zu denken als auch die logistischen Prozesse im Lager zu verstehen?	☐	☐
- Ist es im Unternehmen kommuniziert worden, dass das Konfigurationsteam in den Fachbereichen nach Daten und Parametern fragen wird und das die Fachbereiche diese Daten zu liefern haben?	☐	☐
- Sind die betroffenen Fachbereiche bekannt, die Daten und Informationen zu liefern haben?	☐	☐
Der Systemlieferant übergibt in der Regel eine leere Datenbank. Allerdings kommt es auch häufig vor, dass erste Einstellungen schon vom Systemlieferanten vorgenommen wurden.		
- Hat der Systemlieferant die bereits eingetragenen Daten dokumentiert?	☐	☐
- Kann ein Systembetreuer diese Einträge erläutern?	☐	☐
Der Systembetreuer des Auftragnehmers muss das Konfigurationsteam in die Tabellenstrukturen einweisen und entsprechende Dokumentation übergeben.		
- Ist sichergestellt, dass ein Systembetreuer des Auftragnehmers die Kollegen des Konfigurationsteams in die Datenbankstrukturen einweist?	☐	☐
- Kann der Systembetreuer alle Systemtabellen und Parameter erläutern?	☐	☐
- Kann der Systembetreuer Alternativen der Einstellungen und der Auswirkung auf das operative Geschäft im Lagerbetrieb aufzeigen?	☐	☐

| | erfüllt ||
	ja	nein
Der Auftraggeber sollte ein Konfigurationshandbuch erstellen, das alle unternehmens- und standortspezifischen Einstellungen des Systems dokumentiert.		
- Gibt es ein produktspezifisches Basisdokument, auf das aufgesetzt werden kann?	☐	☐
- Sind die geplanten Inhalte und die Dokumentstrukturen klar umrissen?	☐	☐
- Gibt eine festgelegte Methode der Veröffentlichung einer neuen Version?	☐	☐
Bei den einzugebenden Daten in die neue Datenbank ist die Eingabemöglichkeit zu differenzieren.		
- Ist ein einmaliger Datenimport vorgesehen?	☐	☐
- Ist eine Schnittstelle für einen Datenimport zu aktivieren, wodurch Aktualisierungen der Daten sichergestellt sind?	☐	☐
- Gibt es eine Eingabemaske auf der Bedieneroberfläche?	☐	☐
- Müssen Eintragungen direkt über Datenbanktools vorgenommen werden?	☐	☐
Für Stammdaten in das Lagerverwaltungssystem hinein wird es mehrere Schnittstellen zum Warenwirtschaftssystem geben.		
- Ist sichergestellt, dass die Stammdaten im Warenwirtschaftssystem dem geforderten Umfang entsprechen?	☐	☐
- Muss für neue Datenfelder die Pflege oder Ergänzung von Stammdaten im Warenwirtschaftssystem eingefordert werden?	☐	☐
- Ist sichergestellt, dass die Stammdaten im Warenwirtschaftssystem der geforderten Qualität entsprechen?	☐	☐
- Muss ein initialer Datenimport über manuelle Wege eingeleitet werden, weil die automatischen Schnittstellen noch nicht verfügbar sind?	☐	☐

8
Projektphase – Durchführung der Funktionstests

In diesem Kapitel geht es um die Durchführung der iterativen Testphasen, bei der durch die Aneinanderreihung von Einzeltests in vielen Varianten die Funktionalität des Systems geprüft wird. Es geht um die Testphasen:

- Autarker Funktionstest und
- Funktionstests im Verbund.

8.1 Bearbeitung der Testergebnisse

Die Testfälle sind erstellt und in einer Übersichtstabelle zusammengeführt. Die Testfälle sind mit Kennzeichen versehen, die die geeignete Gruppierung der Testfälle und die systematische Bearbeitung ermöglichen. Die Testumgebung ist installiert und die Testräume sind eingerichtet. Die Unterstützung des Testteams durch andere Abteilungen im Unternehmen ist sichergestellt. Nachdem die Lieferanten die Bereitschaft der Systeme für die Tests durch den Auftraggeber erklärt haben, können die Funktionstests beginnen.

Mit der in Abschn. 7.2 vorgestellten Aufstellung der Teams von Auftragnehmer und Auftraggeber wird in Abb. 8.1 der Kommunikationsablauf zur Bearbeitung der Testergebnisse dargestellt.

Anhand eines exemplarischen Ablaufes der ersten Testtage soll mit der Tab. 8.1 die Arbeitsweise der Testteams und der Systemlieferanten bei den autarken Funktionstests des Lagerverwaltungssystems verdeutlicht werden. Der Tag beginnt mit einer Morgenrunde zur ersten Abstimmung der Aktivitäten.

Dies ist ein Ablauf, der exemplarisch die Arbeitsweise der Testfallbearbeitung wiedergibt und wie er bereits in einigen Projekten praktiziert wurde. Der Ablauf ist aufwendig und verlangt sehr viel Disziplin von den Beteiligten. Der Aufwand ist hoch und wird

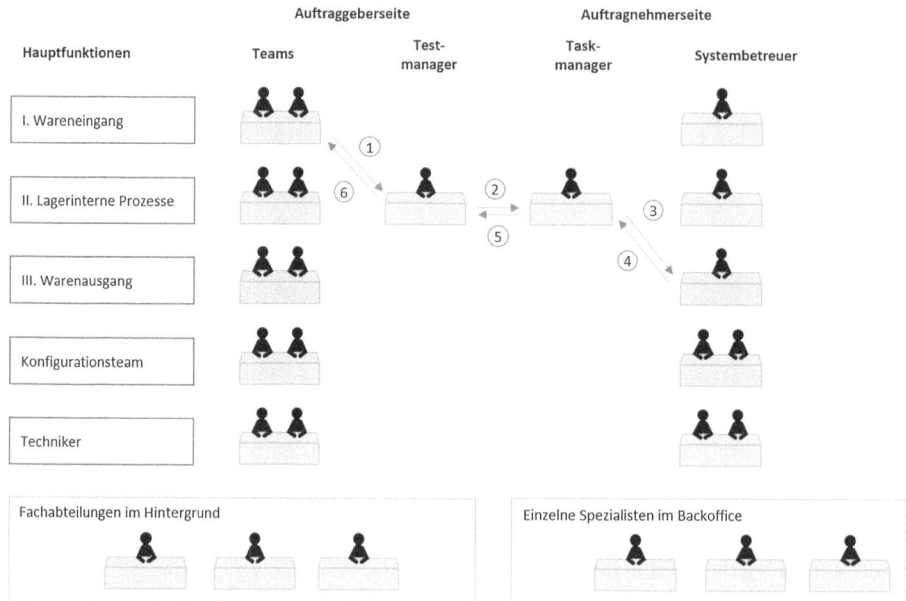

Abb. 8.1 Kommunikationsablauf

nicht von jedem als notwendig erachtet, hat aber in diversen Projekten jedes Mal zum Erfolg geführt. Anschließend waren die Projektbeteiligten, insbesondere die Projektleiter und die verantwortlichen Geschäftsführer, dankbar, dass das Projektteam so klar und konsequent in dieser Phase des Projektes gearbeitet hat.

▶ Werben Sie für diese sehr aufwendige, aber effektive Arbeitsweise! Oft ist es schwierig, diese Arbeitsweise einzuführen, weil nicht alle Beteiligten dieses Verfahren unterstützen. Es kann nur jedem Verantwortlichen für diese Projektphasen geraten werden: Der Aufwand lohnt sich!

Wie in Abb. 8.2 illustriert, werden die Testteams in der Regel zu Beginn wenige Erfolge sehen. Scheinbar gibt es überhaupt keine Fortschritte. Aber die konsequente Arbeitsweise wird mit der Zeit mit einem immer schnelleren Bearbeiten der vorbereiteten Testfälle belohnt. Jeder Testfall, der erfolgreich abgeschlossen werden kann, ist eine Motivation, die Tests fortzusetzen. Es kommt auch mal vor, dass keine neuen Testfälle mehr begonnen werden können, weil alle noch offenen Testfälle von offenen Fehlern abhängen. Die Testteams können dann zeitweise nicht testen.

8.1 Bearbeitung der Testergebnisse

Tab. 8.1 Exemplarischer Tagesablauf der ersten Testtage

Zeit	Ablauf
Tag 1	**Ziel des ersten Tages ist es, den Systemzugang für die Testmitarbeiter zu ermöglichen und einen Überblick über die Menüstruktur zu bekommen**
	Im ersten Schritt bekommen die Testteilnehmer von einem Mitarbeiter des Systemlieferanten eine Einführung in das System. Es werden die Menüstruktur und die grundsätzlichen Navigationsmerkmale des Systems gezeigt. Anschließend werden die verfügbaren Endgeräte im Testraum gezeigt und vorgeführt. Alle Mitarbeiter können sich anschließend mit den vergebenen Zugangsdaten am System anmelden und sich selbstständig in der Menüstruktur bewegen
	Die Testteams nehmen ihre Testarbeitsplätze ein, melden sich am System an und beginnen, sich im System zu bewegen. Rückfragen werden direkt an den Mitarbeiter des Systemlieferanten gestellt, der die Testphase vor Ort betreut
	Die Testteams sehen sich die eingespielten Stammdaten und die für das Projekt eingestellten Systemparameter an und prüfen diese auf Richtigkeit und Plausibilität
Tag 2	**Das Ziel des zweiten Tages ist es, den Testteilnehmern einen gesamten Systemdurchlauf von Wareneingang bis zum Warenausgang anhand von einfachen Geschäftsvorfällen zu präsentieren.** Die Mitarbeiter des Systemlieferanten haben dazu alle notwendigen Daten, Avise und Aufträge mit dem Auftraggeber inhaltlich abgestimmt und zur Vorbereitung manuell angelegt
	Am Beamer wird exemplarisch ein Wareneingangsdurchlauf, beginnend mit der Avisierung, der Anmeldung bis zur WE-Buchung und der Einlagerung durch einen Mitarbeiter des Systemlieferanten gezeigt. Neben den Testteams, die sich schwerpunktmäßig mit dem Wareneingang beschäftigen, nehmen auch alle anderen Testteams teil. Dies ermöglicht das Kennenlernen der Grundfunktionalitäten des Systems. Die Warenbewegungen werden mithilfe eines Emulationsprogramms bearbeitet. Im Lagerverwaltungssystem können so Transporte, die später von einem Gabelstapler ausgeführt werden, im Hintergrund ohne echte Warenbewegung ausgeführt werden. Die Warenbewegungen sind im Lagerverwaltungssystem nachvollziehbar und ermöglichen den Test von durchgängigen Geschäftsvorfällen
	Anschließend wird exemplarisch ein Auftragsdurchlauf für die Kommissionierung und die Verladung durchgespielt und gezeigt. Hier nehmen ebenfalls alle Testteams teil
Tag 3	**Ziel ist es, anhand der ersten Testfälle die Testdurchführung zu beginnen**
	Nach Abstimmung mit den anderen Testteams beginnt ein Testteam mit der Vorbereitung eines Testfalles, indem sie im Lagerverwaltungssystem die entsprechenden Parameter prüft und Datensätze für den Testfall anlegt. Erst wenn klar ist, wie der Systemablauf geplant ist und welches Ergebnis zu erwarten ist, darf der Test begonnen werden. Zu Beginn werden im Testdokument die gewählten Testdaten wie Auftragsdaten, Avise, Artikelnummern usw. festgehalten

(Fortsetzung)

Tab. 8.1 (Fortsetzung)

Zeit	Ablauf
	Der Testlauf beginnt. Dabei sollten die Schritte mit Hardcopies oder mit den Daten, die eingegeben werden, bzw. den Schaltflächen, die betätigt werden, im Testfalldokument Schritt für Schritt festgehalten werden. → Es tritt ein Fehler auf. Die Stelle in der chronologischen Folge wird im Dokument deutlich gekennzeichnet. Die Fehlermeldung oder das falsche Systemergebnis wird am Ende des Word-Dokumentes dokumentiert. Der Fehler muss zusammen mit dem Mitarbeiter des Systemlieferanten bewertet werden. Handelt es sich um eine fehlende Einstellung oder ist es ein echter Softwarefehler? Im ersten Fall sollte auf direktem Wege ein Ansprechpartner des Softwarelieferanten oder das Konfigurationsteam des Auftraggebers beauftragt werden, um eine Änderung vorzunehmen. Handelt es sich um eine größere Maßnahme oder um einen echten Fehler in der Software, muss der Testfall hier abgebrochen werden. Durch diese chronologische Dokumentation des Arbeitsablaufes am Bildschirm und der Fehlermeldung selbst kann der Programmierer den Fehler leicht lokalisieren und bewerten
	Das Testdokument mit der Fehlerbeschreibung wird als pdf-Datei per E-Mail an den Testmanager gesendet ① und anschließend im Projektlaufwerk abgespeichert. Der Testmanager trägt den Status des Testfalls „fehlerhaft" und den Übergabezeitpunkt in der Übersichtstabelle ein. Eine Kopie des Testfalldokumentes wird per E-Mail an den Taskmanager des Dienstleisters gesendet ②. Dieser leitet die Nachbesserung ein, indem er dieses Dokument an seine Programmierer schickt ③. In der Regel sind die Programmierer nicht vor Ort, sondern im Backoffice des Softwarelieferanten. Der Taskmanager sollte so schnell wie möglich eine zeitliche Abschätzung liefern, bis wann die Nachbesserung behoben ist und wann die entsprechende Einspielung einer Softwareänderung durchgeführt wird. Die Programmierer leiten die Einschätzung an den Taskmanager ④, der diese Information an den Testmanager des Auftraggebers weiterleitet ⑤. Der Testmanager informiert sein Testteam ⑥. Der geplante Rücklauftermin und damit der früheste Termin für die Wiederholung des Testfalles wird in die Übersichtstabelle zur Dokumentation eingetragen. Der Testmanager hält diese Statusinfo fest und bespricht mit dem Testteam, welche weiteren noch offenen Testfälle von diesem Fehler betroffen sein können. Die Bearbeitung dieser Testfälle muss bis zur Behebung des Fehlers zurückgestellt werden. Diese Testfälle werden in der Übersichtstabelle entsprechend markiert
	Das Testteam setzt das Testen mit einem anderen Testfall fort. Der Testmanager führt in der Übersichtstabelle eine Statusliste aller Testfälle und kann zu jedem Zeitpunkt die aktuellen Statusinformationen zu den Testfällen geben. Dem gesamten Testteam und der Projektleitung ist es so möglich, über den Verlauf der Testphase ein Anwachsen der erfolgreich durchgeführten Testfälle und der unerwünschten Anhäufung von Fehlerfällen zu beobachten. Alle Beteiligten können sich so ein Bild über die Qualität der gelieferten Software und Systeme und über die Reaktionsfähigkeit der Dienstleister bei der Beseitigung der Fehler machen

(Fortsetzung)

8.2 Dokumentation der Testergebnisse

Tab. 8.1 (Fortsetzung)

Zeit	Ablauf
Tag 4	Der Taskmanager des Dienstleisters nennt am nächsten Tag in der Morgenrunde eine Aufwandsschätzung und einen Fertigstellungstermin
…	…
Tag 6	Zwei Tage später ist der Fehler korrigiert und wird eingespielt. Der Testfall steht zum wiederholten Test bereit. Das Testteam wiederholt den Test. Der Testfall wird erfolgreich getestet und kann als erledigt gekennzeichnet werden
	…

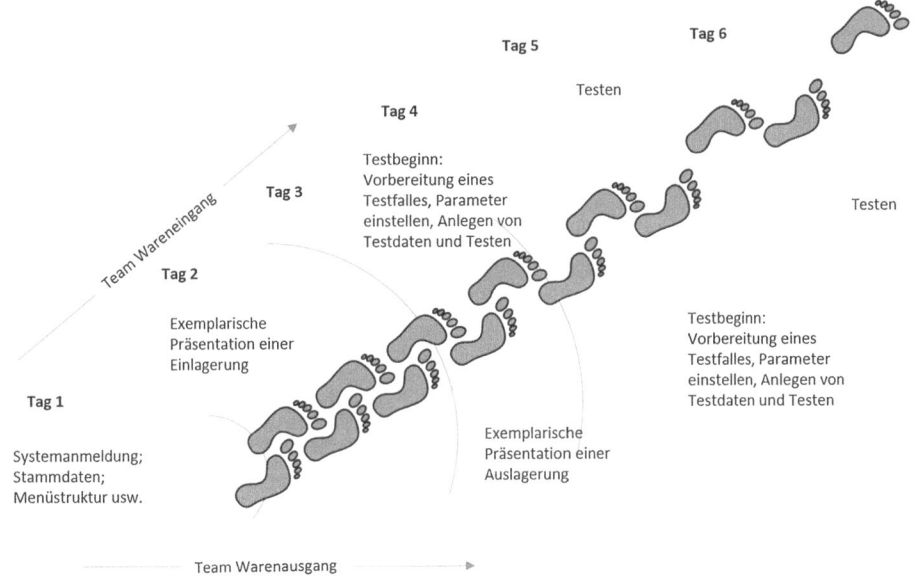

Abb. 8.2 Geringe Erfolge beim Testbeginn

8.2 Dokumentation der Testergebnisse

Eine der wichtigsten Tätigkeiten beim Testen ist die Dokumentation der Ergebnisse. Dabei ist ein erfolgreich getesteter Fall relativ einfach zu dokumentieren und kann schnell als erledigt gekennzeichnet werden. Höhere Aufmerksamkeit verlangen die Testfälle, die nicht zufriedenstellend sind und Mängel aufweisen.

Im Folgenden geht es nur um die Dokumentation von Testfällen am Bildschirm. Testfälle, die direkt mit der fördertechnischen Anlage ausgeführt werden, müssen je nach Situation durch Aufnahme von Fotos, Video-Clips, Skizzen oder sogar mündliche

Beschreibungen erfolgen. Die folgende Beschreibung baut auf den in Abschn. 7.3 erstellten Testfällen auf.

Wenn Testfälle nicht erfolgreich getestet werden können, sind folgende Gründe zu unterscheiden:

- Es handelt sich um einen Systemfehler, der vom Lieferanten zu beheben ist.
- Es handelt sich um eine fehlerhafte Bedienung durch das Testteam. In diesem Fall sollte eine Einweisung durch den Lieferanten zum Erfolg führen.
- Der Testfall führt nicht zum Erfolg, weil in der Testumgebung noch ein Systemparameter falsch eingestellt ist. Eine Korrektur des Parameters führt zum Erfolg.
- Bei der Durchführung eines Testfalles wird eine Funktionalität erwartet, die vom Lieferanten nicht realisiert worden ist. Hier kann nur ein Missverständnis bei der Bearbeitung des Pflichtenheftes vorliegen. Außerdem hätte beim Sichten der Testfälle durch den Systemlieferanten der Testfall auffallen müssen. Ist das Pflichtenheft in der Formulierung eindeutig, hat der Lieferant diese Funktionalität nachzuliefern. Ist das Pflichtenheft nicht eindeutig, ist eine Erweiterung zu beauftragen.
- Handelt es sich um einen Punkt, der dem Pflichtenheft entspricht, sich aber beim Testen als unbrauchbar herausstellt, muss über eine nachträgliche Anpassung des Konzeptes entschieden werden. In der Regel wird der Lieferant hierfür berechtigterweise Mehraufwand geltend machen. Bei kleineren Änderungen, im Bereich von wenigen Arbeitsstunden, kann davon ausgegangen werden, dass der Lieferant diese Änderungen auf Kulanz realisiert.

In Einzelfällen kann es auch dazu kommen, dass beim Testen noch weitere Testfälle entstehen, die bei der Testfallerstellung anhand der Pflichtenheftdokumente nicht formuliert wurden. In diesem Fall wird ein zusätzliches Testfalldokument erstellt und ein weiterer Eintrag in der Übersichtstabelle gemacht.

Zu jedem Testfall werden die in der Testvorbereitung erstellten Dokumente herangezogen. Im Kopfteil ist der Testfall beschrieben. In Abb. 8.3 wird der untere Teil für die Dokumentation des Testverlaufes durch manuelle Eintragungen oder durch Einfügen von Hardcopies gefüllt.

Eingaben können mit „Input" und Systemrückmeldungen können mit „Output" gekennzeichnet werden. Das erleichtert die Übersicht über den chronologischen Verlauf. Die Dokumentation muss immer auf diese Weise erfolgen, da ja im Vorhinein nicht bekannt ist, an welcher Stelle ein Fehler auftritt und nur so genügend Informationen für den Hergang des Fehlers erfasst werden. Abb. 8.3 zeigt exemplarisch, wie ein Testfall in einem Fehlerfall aussehen kann.

Die oben erwähnte Übersicht der Testfälle wird so erweitert, dass die aktuellen Testergebnisse eingepflegt und zusammengefasst werden können. Ziel ist es, dass zu jedem Testfall und zu jeder Zeit klar ist, welchen Status er hat. An dem Status kann abgelesen werden,

8.2 Dokumentation der Testergebnisse

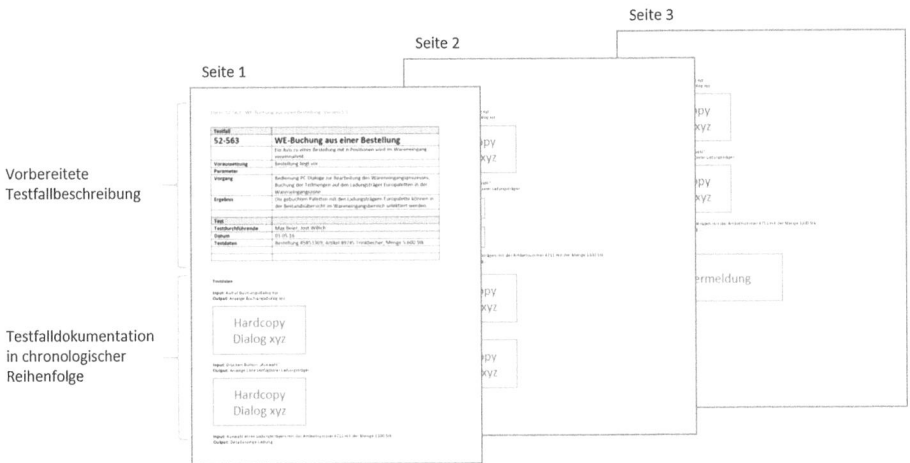

Abb. 8.3 Dokumentation der Testergebnisse

- ob der Testfall schon bearbeitet wurde,
- ob er fehlerhaft ist,
- ob er an den Systemlieferanten zu Bearbeitung übergeben wurde oder
- ob er erfolgreich getestet wurde.

Durch Aufsummieren der Status kann täglich eine Information über den Fortschritt des Testens gegeben werden. Zum Beispiel können täglich die „abgeschlossenen Testfälle" gezählt und die Entwicklung anhand einer Verlaufskurve verfolgt werden. Beim Status sollte man sich auf möglichst wenige Stufen beschränken. In Abb. 8.4 wurde im oberen Bereich der Tabelle ein Bereich zur Aufsummierung der Stadien eingefügt und mit Prozentzahlen vom Anteil der gesamten Anzahl an Testfällen ergänzt. In Tab. 8.2 werden die verwendeten Statusfelder erläutert.

Wenn die Kennzahlen täglich aufgezeichnet werden, kann die Anlaufkurve wie in Abb. 8.5 in einem Diagramm verfolgt werden.

Da nicht jeder Fehler gleich zu bewerten ist und die gleichen Auswirkungen auf das Testgeschehen hat, wird in Tab. 8.3 eine einfache Klassifizierung vorgenommen, die im Fehlerbericht aufgenommen werden kann. Eine Summe aus vielen Fehlern setzt sich aus unterschiedlichen Klassen zusammen. Neben der Anzahl der vorkommenden Fehler gibt diese Klassifizierung ein besseres Bild über den qualitativen Zustand der Software und Systeme.

▶ Achten Sie in Ihrem Projekt auf die ausführliche Beschreibung der Fehler und die disziplinierte Verfolgung der Nachbesserungen.

Status vom:	03.09.2016
offen	61,0%
fehlerhaft	9,0%
zurück	3,0%
erledigt	27,0%
	100%

	222
	33
	98
	364

						letzte Aktivität		
Nummer	Team	Kurzbezeichnung	Drucker	Schnittstelle	Bemerkungen	Team	Lieferant	Status
52.002	WE	WE Avis öffnen			2.9.16.: erster Testdurchlauf zusammen mit Herr xxx; Test erledigt			erledigt
52.003	WE	WE Bestellung verknüpfen		Best_IN_X_024	2.9.16.: erster Testdurchlauf zusammen mit Herr xxx; Test erledigt	02.09.16		erledigt
52.004	WE	WE Rampe zuordnen Zugfahrzeug			2.9.16: Test; Fehlerhaft 3.9.16: Test nach Korrektur der Platzparameter im Testsystem 3.9.16: Test; wiederholt fehlerhaft bei der Scannung; Fehlerhaft	03.09.16		Fehlerhaft an Lieferant
52.005	WE	WE Rampe zuordnen Anhänger			2.9.16: Test; Fehlerhaft, Übergabe an Lieferant 3.9.16: Zurück von Lieferant; bereit zum Testen	03.09.16		zurück von Lieferant
52.006	WE	WE Rampe zuordnen Brücke				02.09.16		offen

Abb. 8.4 Übersichtstabelle für den täglichen Testfortschritt

Tab. 8.2 Statusfelder

Infofeld	Beschreibung
Status • Offen • Fehlerhaft • Zurück • Erledigt	Der Testfall wurde noch nicht bearbeitet. Es ist ein Fehler oder Problem aufgetaucht. Der Testfall muss nach einer Anpassung wiederholt werden. Der Testfall konnte erfolgreich abgeschlossen werden
Letzte Aktivitäten	Jeder Schritt und jede Statusänderung wird mit einer Datumsangabe versehen
Historie	Gerade bei schwierigen Testfällen ist es wichtig, in kurzen Stichworten zu beschreiben, was wann durch wen gemacht wurde

8.3 Änderungsmanagement vor dem Go-live

Unter Änderungsmanagement soll die Organisation aller notwendigen und geplanten Änderungen am Konzept zusammengefasst werden. Änderungen beziehen sich auf das Konzept, das durch die Abnahme des Pflichtenheftes zur Realisierung freigegeben wurde. In diesem Kontext soll sich auf die Organisation der Änderungen beschränkt werden, die innerhalb des Projektes, also bis zur Endabnahme eine Rolle spielen.

Änderungen im Konzept sollten in der Theorie nicht vorkommen, da ja eine Vielzahl von Kollegen über eine lange Zeit in Workshops die Prozesse und Funktionen entwickelt hat. Dennoch gibt es in jedem Projekt im Laufe der Zeit Anforderungen, die noch nicht im Konzept berücksichtigt wurden. Das kann folgende Gründe haben:

- Der Punkt wurde vom Projektteam vergessen.
- Der Punkt wurde auch nach intensiver Befragung von Fachabteilungen nicht genannt.
- Man hat entferntere Organisationseinheiten nicht in die Konzeptgespräche eingebunden, daher kommen diese Anforderungen erst zutage, wenn die Inbetriebnahme näher rückt.
- Neue Organisationseinheiten, wie z. B. neue Logistikdienstleister, haben Anforderungen, die vorher noch nicht bekannt gewesen sein konnten.
- Durch das Zusammenspiel von mehreren Systemen im Funktionstest im Verbund werden neue Anforderungen definiert, die das Team aus der Konzeptentwicklung heraus nicht absehen konnte.

Anforderungen zu Änderungen an den Systemkonzepten müssen so ausgearbeitet werden, dass das Kernteam die Änderungswünsche bewerten und der Projektleiter über die Durchführung der Änderung entscheiden kann. Es muss dabei entschieden werden, ob und wann die Änderung durchgeführt wird. Änderungen können im Verlauf des Projektes immer angefordert werden. Wann diese Änderungen umgesetzt werden, hängt von den verfügbaren Ressourcen und dem Einführungsrisiko ab.

Die Realisierungsphase beginnt mit der Abnahme des Pflichtenheftes. Die Programmierer betrachten die Konzepte ganzheitlich, um die besten Lösungen zu erarbeiten.

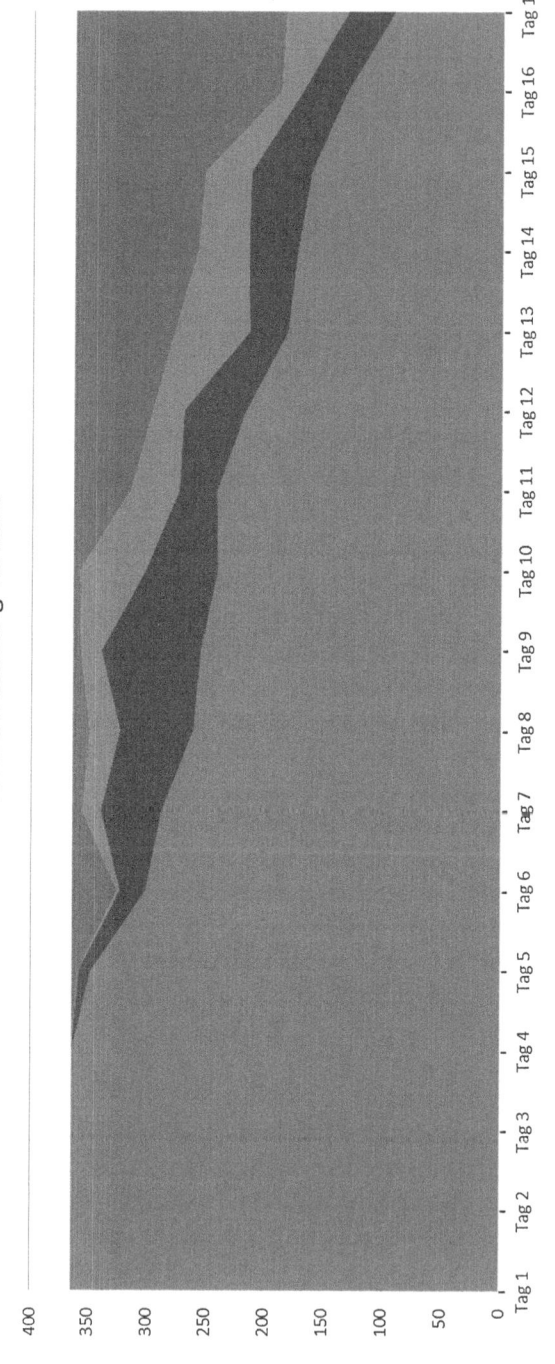

Abb. 8.5 Darstellung des Testfortschrittes

Tab. 8.3 Fehlerklassen

	Fehlerklasse	Beispiele
1.	Der Fehler muss unverzüglich behoben werden, ein Testen ist nicht möglich. Die Testteams müssen das Testen abbrechen	Der Zugriff der Client-PC auf die Datenbank ist nicht mehr möglich oder bei einem Fördertechniktest blockieren sich die Ladungsträger in einer Einschleusung
2.	Der Fehler ist massiv, das Testen kann nur mit großer Mühe und manuellen Eingriffen ins System fortgeführt werden. Alle Testteams sind betroffen	Der Hintergrundprozess für die Verarbeitung der Transporte steht. Die Transportvorgänge beim Testen müssen manuell angestoßen werden, bevor die Verarbeitung erfolgen kann
3.	Der Fehler ist so umfangreich, dass alle Testfälle in diesem Themenkomplex nicht fortgeführt werden können. Nur die Testteams mit anderen Schwerpunkten können ihre Arbeit fortsetzen	Die Verarbeitung der Einlagerungsstrategien ist fehlerhaft. Der gesamte Prozess der Warenvereinnahmung ist betroffen
4.	Durch den aufgetretenen Fehler kann der Testfall nicht fortgesetzt werden	Eine Palette mit einem Kennzeichen für eine Nicht-in-Ordnung-Palette wird auf der Fördertechnik nicht auf den Nicht-in-Ordnung-Platz ausgeschleust
5.	Der aufgetretene Fehler kann durch das Testteam umgangen werden. Der Zielablauf ist nicht gewährleistet, das Testen der Prozesse ist aber mit diesem Umstand möglich und kann fortgesetzt werden. Testfälle können bearbeitet, aber noch nicht abgeschlossen werden	Beim Betätigen eine Dialogfunktion erscheint immer eine Fehlermeldung. Die Fehlermeldung kann ohne Auswirkung auf den Folgeprozess bestätigt werden
6.	Der aufgetretene Fehler ist eher optischer Natur, schränkt den Verlauf des Testens nicht ein. Die Tests können fortgesetzt werden, allerdings können die betroffenen Testfälle nicht abgeschlossen werden	Eine Dialogtaste hat eine falsche Bezeichnung. Die Funktion kann aber betätigt werden

Wenn in dieser Phase Änderungen freigegeben werden, wird der Entwicklungsprozess gestört. Lösungen, die vielleicht gerade beschrieben wurden, müssen gegebenenfalls wieder angepasst oder sogar verworfen werden. Trotzdem ist es in den meisten Fällen sinnvoller, die notwendigen Änderungen in dieser Phase freizugeben als in der nächsten Phase, jener der Funktionstests.

Bei den Funktionstests können Fehler auftreten, die korrigiert werden müssen. Das Programmierteam und auch die Techniker der fördertechnischen Anlage konzentrieren sich auf eine schnelle Korrektur der aufgedeckten Fehler, damit die Testteams kurzfristig einen Folgetest durchführen können. Bei der Bewertung der Änderungen muss beachtet werden, dass die eingesetzten Ressourcen in dieser Phase primär für die Beseitigung von Fehlern und nicht für die Umsetzung von Änderungen vorgesehen sind. Änderungen sollten in dieser Phase nur umgesetzt werden, wenn es die Inbetriebnahme sicherer macht oder eine Verschiebung in den Echtbetrieb ein zu hohes Risiko mit sich bringt.

In der Anlaufphase, also in den ersten Wochen nach dem Go-live, stehen in der Regel noch einige Verfügbarkeitstests an. Gleichzeitig wird die Anlage in Stufen auf volle Last hochgefahren. Die operativen Mitarbeiter sind noch in der Eingewöhnungsphase. Da die Anlage sich nun im Echtbetrieb befindet, gilt auch hier, möglichst kein unnötiges Risiko einzugehen, um das Tagesgeschäft nicht zu gefährden. Änderungen, die aufgrund der Tiefe ihres Eingriffes nach dem Go-live ein Risiko für das störungsfreie Tagesgeschäft bedeuten, sollten vor dieser Phase umgesetzt werden. Störungsbehaftete Themenfelder in diesem Zusammenhang sind u. a. Änderungen an den Datenbankstrukturen, an den Schnittstellen und der Buchungssystematik.

Folgende Aspekte sollten bei der Bewertung berücksichtigt werden:

- Es dürfen vor dem Go-live keine Änderungen vorgenommen werden, die eine erfolgreiche Inbetriebnahme gefährden.
- Eine Änderung sollte vor dem Go-live nur umgesetzt werden, wenn bei allen Beteiligten genügend Ressourcen vorhanden sind. Betroffen sind: Programmierer, Techniker, Testteams und Projektleiter.
- Es dürfen keine Änderungen vorgenommen werden, die nicht entscheidend zur Verbesserung des Arbeitsprozesses beitragen – keine „Nice-to-have"-Funktionen.
- Es dürfen keine Änderungen vorgenommen werden, ohne vorher die Abhängigkeiten von angrenzenden Systemen zu prüfen.
- Die Realisierung von Anpassungen darf die Testaktivitäten nicht behindern.
- Eine Änderung am Konzept vor der Endabnahme darf nicht den im Vertrag geregelten Liefer- und Leistungsumfang und die Abnahme- und Zahlungsmodalitäten des Systemlieferanten beeinflussen.
- Die Risiken und die Abhängigkeiten zu anderen Systemen werden geprüft.

Für die Organisation der Änderungen sind folgende Punkte zu berücksichtigen.

- Alle Anforderungen müssen in einer Liste geführt und verwaltet werden.
- Jeder Änderungsantrag hat zu jeder Zeit einen eindeutigen Status.
- Die Änderungsliste kann von jedem Projektmitarbeiter eingesehen werden.
- Begründungen für und gegen eine Änderung vor dem Go-live müssen klar formuliert und der Nutzen bewertet werden.
- Zu jeder Anforderung gibt es einen Verantwortlichen für den inhaltlichen Zusammenhang, einen sogenannten „Paten". Der Pate fasst die Vor- und Nachteile der Realisierung dieses Punktes vor dem Go-live zusammen.
- Für die Verwaltung der Änderungsanträge ist eine Person verantwortlich. In der Testphase sollte dies der Testmanager des Auftraggebers übernehmen.
- Der Systemdienstleister muss jede Änderung monetär bewerten, bevor diese Änderung vom Auftraggeber freigegeben werden kann.
- Die Entscheidung, ob der Punkt vor dem Go-live realisiert wird, trifft der Projektleiter.
- Es dürfen keine Änderungen an der Software oder an der fördertechnischen Anlage vorgenommen werden, ohne dass vorher das Projektteam darüber informiert wurde.

8.3 Änderungsmanagement vor dem Go-live

Eine Änderung kann eine konzeptionelle Anpassung der Software, der Steuerung oder der fördertechnischen Anlage zur Folge haben. Nicht selten erfordert eine Änderung an einem System eine Änderung an einem weiteren System, um die gewünschten Effekte zu erreichen. Eine Änderung bei einer fördertechnischen Anlage kann in bestimmten Fällen zu erheblichen Kosten und Zeitverlusten führen, da nach der Freigabe der Spezifikationen ein Beschaffungs- und Herstellungsprozess für den Stahlbau und der Fördertechnik angestoßen wird.

▶ Zur Sicherstellung einer erfolgreichen Inbetriebnahme eines Logistikzentrums ist eine disziplinierte Organisation des Änderungsmanagements von entscheidender Bedeutung.

Anhand der in Tab. 8.4 dargestellten Beispiele sollen die unterschiedlichen Kriterien und die Empfehlung für eine Entscheidung verdeutlicht werden.

Tab. 8.4 Änderungsmanagement

Fall	Entscheidung
Es wurde ein falscher Barcodetyp auf dem Etikett für den KEP-Dienstleister definiert	Eine Anpassung hat großes Verbesserungspotenzial, da es ohne eine Korrektur zu massiven Problemen bei der Auslieferung kommen könnte. Die Änderung wird vor dem Go-live durchgeführt
Die Felder auf dem Lieferscheinausdruck für den Endkunden sind unvollständig definiert worden	Eine Auslieferung ist ohne diese Änderung nicht gefährdet, allerdings kann eine spätere Anpassung zu Irritationen und Rückfragen bei den Endkunden führen. Die Änderung wird vor dem Go-live durchgeführt
An einem Bearbeitungsplatz an der Fördertechnik muss der Mitarbeiter den Ladungsträger in seinem Arbeitsablauf zweimal scannen, obwohl einmal reichen würde	Der Arbeitsprozess ist nicht effizient gelöst, kann aber eine gewisse Zeit so durchgeführt werden. Eine Änderung wird vor dem Go-live nicht durchgeführt
Eine Anpassung an einem Dialog erfordert eine Änderung der Verarbeitungslogik im Hintergrund. Aus diesem Grund müssen kleinere Anpassungen an der Datenbankstruktur vorgenommen werden	Für den Arbeitsprozess ergibt sich ein relativ kleiner Vorteil, aber aufgrund der notwendigen Anpassungen der Datenbankstrukturen sollte die Änderung vor dem Go-live durchgeführt werden. Die Änderung wird vor dem Go-live wird durchgeführt
Bei der Vernichtungsbuchung im Lagerverwaltungssystem wird der Buchungsschlüssel nicht korrekt ausgewertet. Es sind Erweiterungen in der Schnittstelle und in der Buchungslogik zum Warenwirtschaftssystem erforderlich	Ohne diese Änderungen müssen manuelle Änderungen der Buchungssätze im Warenwirtschaftssystem vorgenommen werden. Da die Schnittstellen und die Buchungssystematik betroffen sind, sollte die Änderung vor dem Go-live durchgeführt werden. Die Änderung wird vor dem Go-live durchgeführt

▶ Zusammengefasst gilt: Es werden so wenig wie möglich Anpassungen am Konzept vor dem Go-live zugelassen und nur so viele wie notwendig umgesetzt. Die Testaktivitäten haben absoluten Vorrang. Des Weiteren werden Änderungen, die bei der Einspielung das spätere Tagesgeschäft erheblich belasten könnten, vor dem Go-live vorgenommen.

Die Verwaltung der Änderungen erfolgt in einer Liste, die ganz ähnlich wie die Offene-Punkte-Liste des Projektbüros aufgebaut sein kann. Folgende Felder sollten in einer Liste zur Verwaltung der Änderungen mindestens aufgenommen werden:

- Eine eindeutige Nummer der Änderung
- Datum
- Pate – z. B. Mitarbeiter aus einem Fachbereich
- Kurzbezeichnung
- Beschreibung der Änderung
- Status, z. B. aufgenommen; bewertet; eingeplant; realisiert; in Betrieb genommen
- Umsetzungsphase, z. B. Realisierungsphase; Funktionstests; Anlaufphase
- Aufwand extern, in Personentagen oder Euro
- Genehmigt von
- Genehmigt am
- Historie

9 Projektphase – Durchführung der Leistungstests

Für die Durchführung der Leistungstests sollte der Systemlieferant sehr dankbar sein, was nicht immer der Fall ist. Denn die Erfahrung zeigt, dass der Systemlieferant selbst diese komplexen Tests aufgrund des Aufwands nicht durchführt. Der Lieferant und das technische Personal des Auftraggebers haben erstmalig die Gelegenheit, die Anlage mit größerer und länger andauernder Beanspruchung zu beobachten. Selbstverständlich hat der Lieferant auch Mitarbeiter zu stellen, die die Tests begleiten und die Störungen beheben.

Wer noch keine großen Erfahrungen mit Fördertechniklieferanten hat, wird sich an dieser Stelle fragen, warum der Lieferant das nicht selbstständig schon vor der Bereitschaftsmeldung für die Durchführung der Leistungstests an den Kunden durchgeführt hat. Und die Frage ist auch berechtigt. In vielen bisherigen Projekten ist das erste Leistungstestszenario nicht durchgelaufen und musste vor Ablauf der geplanten Zeit abgebrochen werden. Daraus lässt sich lernen, dass trotz aller Verträge, Malus- und Bonus-Regelungen die Anlage nicht ausreichend getestet an den Auftraggeber übergeben wurde.

In dieser Projektphase sind schon etliche Mitarbeiter des Auftraggebers und des Auftragnehmers mit der Anlage vertraut. Es sind schon viele Fehler aus den vorherigen einzelnen Tests im Verbund beseitigt worden. Die Kür ist es, jetzt mit realitätsnaher Last über einen Zeitraum von einer Stunde die Anlage in ihrem Gesamtverhalten zu testen. Im Leistungstest geht es nicht nur um die reine Förderleistung, sondern auch um das Systemverhalten bei einer länger andauernden Last und unterschiedlichen Kombinationen von Förderwegen.

Die Leistungserbringung der einzelnen Förderflüsse zu testen, also Ladungsträger auf einer Strecke von A nach B zu fördern, ist in der Regel unkritisch. Die Realisierung der geforderten technischen Leistungen der Fördertechnik haben die Systemlieferanten in der Regel sehr gut im Griff. Die Kombination der Förderflüsse und das Verhalten der Anlage in einer bestimmten Dauer sind aber der Teil, der sich durch den Auftragnehmer nicht berechnen lässt, es sei denn, es wird einen dynamische Simulationsstudie durchgeführt. Hierbei zeigt sich, ob die fördertechnische Anlage gut konstruiert und ausgelegt wurde. Dabei spielen sowohl das fördertechnische Layout, die programmierte Steuerung als auch die Einstellung der Systemparameter eine Rolle.

Wenn es im Leistungstest zu erheblichen Störungen kommt und Maßnahmen zur Verbesserung vorgenommen werden müssen, können Änderungen an der Software und die Parameter relativ leicht geändert werden. Stellt sich aber heraus, dass es ein grundsätzliches Problem im Layout der Anlage gibt, kann es notwendig sein, erhebliche Umbaumaßnahmen durchzuführen, die zu großen Verzögerungen im Projekt führen. Solche Maßnahmen führen in der Regel zur Verschiebung der geplanten Inbetriebnahme.

Der Aufwand für die Vorbereitung eines Leistungstestszenarios kann einen ganzen Tag in Anspruch nehmen. Es sind sowohl datentechnische Vorbereitungen als auch physische Vorbereitungen zu treffen. Ladungsträger, also z. B. Kartons, Behälter oder Paletten, sind so zu positionieren, dass sie an bestimmten Stellen im Laufe des Tests von Mitarbeitern aufgegeben werden können. Andere Ladungsträger müssen vielleicht in ein automatisches Lager gezielt eingelagert werden, sodass bestimmte Auslagerungsaufträge während des Testdurchlaufes auf diese Ladungsträger zugreifen können. Für die Ladungsträger, die von der Fördertechnik abgenommen werden, ist Platz zu schaffen. Außerdem muss sichergestellt werden, dass sämtliche Ladungsträger mit einem Identifizierungsmerkmal, wie beispielsweise einem Barcode, versehen sind, die von der Anlage und von den Systemen verarbeitet werden können, wenn diese nicht im Bearbeitungsprozess des Testdurchlaufes angebracht werden müssen. Dementsprechend sind ausreichend Mitarbeiter für die Organisation und die Vorbereitung zur Verfügung zu stellen. Außerdem muss das gesamte System, also sowohl die IT-Systeme als auch die fördertechnische Anlage, komplett von alten abgebrochenen Testfällen aus den vorherigen Testphasen bereinigt werden.

Der Testablauf sollte in Form eines Drehbuches festgehalten werden. In dem Drehbuch werden Verantwortlichkeiten, Aufgaben und die zeitliche Abfolge beschrieben und jedem Mitarbeiter, der bei einem Leistungstest unterstützt, ausgehändigt, siehe den Entwurf eines Drehbuches in Abb. 10.3. Auf jeden Fall ist zu klären, ob alle Mitarbeiter den Ablauf verstanden haben, denn ein Abbruch aufgrund falscher Handhabung von Waren oder unklarer Abläufe an den Arbeitsplätzen sollte unbedingt vermieden werden. Der Aufwand für die Vorbereitung eines Tests ist unverhältnismäßig hoch. Auch aus diesem Grund ist es ratsam, die Arbeitsplätze doppelt zu besetzen, damit bei aufkommenden Fragen sofort reagiert und ein Abbruch vermieden werden kann.

> **Erster Leistungstest**
> In einem Investitionsprojekt bei einem mittelständischen Unternehmen ging es um die Inbetriebnahme einer umfangreichen fördertechnischen Anlage mit angebundenem automatischem Kartonlager. Es wurde keine Simulationsstudie durchgeführt, da der Umfang und das einfache Layout dies nicht erforderlich gemacht haben. Die neue Technik wurde in der vorhandenen operativen Logistik aufgebaut und musste bei laufendem Tagesgeschäft in Betrieb genommen werden.

9 Projektphase – Durchführung der Leistungstests

> Es stand der erste Leistungstest an. Der Auftraggeber war von dieser Vorgehensweise überzeugt. Die Mitarbeiter waren sehr motiviert, alle Aufgaben für den Test richtig zu machen, und bereiteten alles sehr akkurat vor.
>
> Nach dem Start des Signals für den Hauptlauf dauerte es nur etwa 5 min, bis sich die Anlage an einer Einschleusung von Ladungsträgern in einen großen Kreisel zugefahren hatte. Alle Ladungsträger kreiselten immer in der gleichen Schleife oder standen, weil sie sich blockierten. Die Anlage musste abgeschaltet werden.
>
> Fazit: Auch wenn das Layout relativ einfach war und es ausreichend Staustrecken zum Ausgleich von Einschleusungsverkehren gab, hat der Systemlieferant diesen Verlauf nicht vorhergesehen. Anschließend wurde entschieden, den folgenden Test zunächst auf 15 min zu reduzieren, um einen sehr hohen Vorbereitungsaufwand bei erneutem Abbruch zu vermeiden.

▶ Voraussetzung für die erfolgreiche Durchführung der Leistungstests ist eine sorgfältige Vorbereitung.

Anhand des Leistungstestszenarios, das in Abb. 4.2 bereits vorgestellt wurde, werden die notwendigen organisatorischen Voraussetzungen besprochen.

Damit über eine Stunde die fördertechnische Anlage ausreichend ausgelastet ist und die Ergebnisse des Tests den gewünschten Nachweis erbringen, sollten folgende Punkte erfüllt sein:

1. **Zentrale Steuerung.** Die zentrale Steuerung des Leistungstests durch Festlegung von Rollen und Verabredung von Signalen und anderen Kommunikationsmitteln muss klar definiert sein.
2. **Zeit- und Signalabstimmung.** Der zeitliche Ablauf und die Bedeutung der Signale müssen eindeutig beschrieben werden.
3. **Einweisung der Zählstellen und Arbeitsplätze.** Projektmitarbeiter zur Aufnahme von Mengen durch Zählen oder Beobachtung der Anlage müssen an den festgelegten Stellen im Fördertechniklayout positioniert sein. An den Arbeitsplätzen, an denen Ware bewegt wird, müssen die Mitarbeiter eingewiesen werden.
4. **Erzeugung von Förderflüssen.** Die Daten wie Avise und Auslageraufträge werden vorbereitet. Testwaren inklusive der Ladungsträger müssen identifizierbar und verfügbar sein
5. **Supportunterstützung.** Es muss ausreichend Unterstützung durch IT-Kollegen, Techniker und Programmierer aller beteiligten Systemlieferanten und des Auftraggebers vorhanden sein.

zu 1. Zentrale Steuerung
Ein Mitarbeiter muss die Leitung und Steuerung des Tests übernehmen. Es sollte eine zentrale Stelle geben, von wo der Leiter die wichtigsten Abschnitte der Anlage einsehen

kann. Dort sind auch die Arbeitsplätze der Ansprechpartner zu den Systemen, die den Verlauf der Tests von der Systemseite aus beobachten.

Darüber hinaus sind viele Mitarbeiter der Systemlieferanten und des Auftraggebers an verschiedenen Positionen in der Anlage zu positionieren. Je nach Größe der fördertechnischen Anlage kann sich die Anlage über mehrere Gebäudeabschnitte erstrecken. Daher bietet es sich an, Funkgeräte und Webcams einzusetzen. Der Leiter des Tests hat folgende Aufgaben:

- Prüfen, ob alle Vorbereitungen sorgfältig ausgeführt wurden.
- Die Mitarbeiter kurz vor dem Start des Testes erneut einweisen, die Signale abstimmen und den zeitlichen Ablauf erläutern.
- Prüfen, ob die fördertechnische Anlage von einem Techniker gestartet werden kann.
- Prüfen, ob alle Beteiligten über Funk erreichbar sind.
- Die Signale für die Zeiterfassung mit Vorlauf, Hauptlauf und Nachlauf und ggf. den Abbruch geben.
- Die Vorkommnisse während des Tests aufnehmen und gegebenenfalls unverzüglich über den Abbruch des Tests entscheiden.
- Den Test nachbereiten und die Zählergebnisse und Beobachtungen zusammenfassen.
- Ein Abschlussmeeting zu jedem Testdurchlauf durchführen, um das Ergebnis zu analysieren und die nächsten Schritte zu planen.

zu 2. Zeit- und Signalabstimmung

Die Leistungstests sollen eine bestimmte Zeit lang dauern. Die Dauer soll eine Beobachtung des Verhaltens der Anlage ermöglichen. Es geht nicht um einzelne Punkte, sondern um das Zusammenspiel vieler Funktionen und das Abarbeiten vieler Transportaufträge parallel. So kann z. B. die Auswirkung einer Priorisierung von Transportaufträgen nach einer definierten Regel auf die Anlage nur mit einer Vielzahl von Aufträgen über einen längeren Zeitraum geprüft werden. Die Dauer von einer Stunde hat sich in vielen Projekten bewährt. Wenn die Anlage kürzer läuft, kann zu viel unentdeckt bleiben. Länger als eine Stunde macht auch keinen Sinn, da hier der Aufwand erheblich steigt und die zusätzliche Erkenntnis den Aufwand nicht rechtfertigt.

Wann beginnt der Test? Das Startsignal sollte deutlich für alle hörbar, z. B. mit einem Horn gegeben werden. Über mehrere Hallenbereiche kann das Signal auch über Funk weitergeleitet werden. Es wird davon ausgegangen, dass zu Beginn eines Leistungstests die Förderstrecken nicht belegt sind. In der Prüfdauer von einer Stunde soll eine realitätsnahe Last auf die Anlage gebracht werden.

Das Ziel des Tests ist, im Verlauf von einer Stunde das Geschehen auf der Anlage unter realitätsnaher Last zu beobachten. Der Test sollte daher so ausgelegt werden, dass über eine Stunde eine ausreichende Last von Förderflüssen auf die Anlage beaufschlagt wird. Die Anlage ist zu Beginn des Tests leer und muss sich erst nach dem Startsignal langsam füllen. Daher ist es sinnvoll, einen Startpunkt zu definieren, wenn sich die Hauptförderstrecken zu füllen beginnen, um sicherzustellen, dass die fördertechnische

Anlage in dem Messzeitraum mit ausreichend Förderflüssen beansprucht wird. Ohne diese durchgängige Last auf der Anlage könnte ein falsches Prüfergebnis die Folge sein. Um zu vermeiden, dass durch den Anlauf des Tests wertvolle Zeit der vollen Stunde verbraucht wird, bis die volle Last und auch die Kombination von Förderflüssen auf der Anlage laufen, kann eine Vorlaufzeit sinnvoll sein.

Im Beispiel von Abb. 9.1 können die Wareneingangsmitarbeiter beginnen, die Ladungsträger aufzulegen, wenn der erste Ladungsträger von einer Auslagerung aus dem Hochregallager den Kreisel erreicht hat. Das ist der Moment, an dem der Startschuss für den Hauptlauf gegeben werden kann. Ab diesem Zeitpunkt wird die volle Stunde gemessen. Ist die volle Stunde abgelaufen, erfolgt ein erneutes Abschluss-Signal. Ab diesem Zeitpunkt legt kein Mitarbeiter mehr Ladungsträger auf und es werden auch keine Auslagerungsaufträge im Lagerverwaltungssystem angestoßen. Die Fördertechnik läuft aber noch weiter und fährt die noch unerledigten Fahraufträge ab; zur Darstellung der Laufzeit eines Leistungstestes siehe Abb. 9.2.

zu 3. Einweisung der Zählstellen und Arbeitsplätze
Selbstverständlich lassen sich auch über eine Datenbank des Lagerverwaltungssystems oder des Materialflussrechners Mengendaten über eine bestimmte Dauer auswerten. Diese Auswertungen dauern aber doch immer länger, als die IT-Kollegen dies vorgeben. Vorzuziehen ist eine pragmatische Lösung.

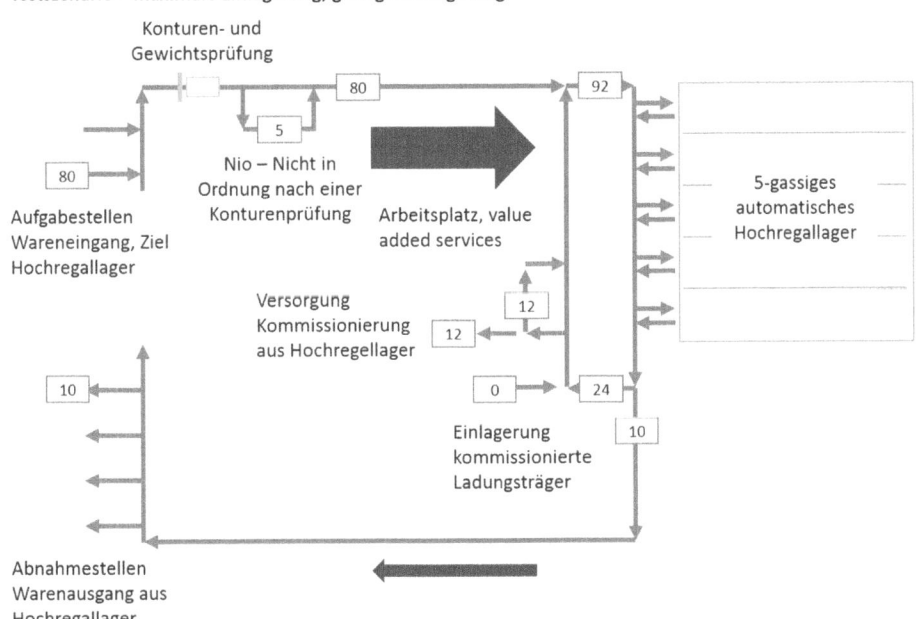

Abb. 9.1 Leistungstestszenario

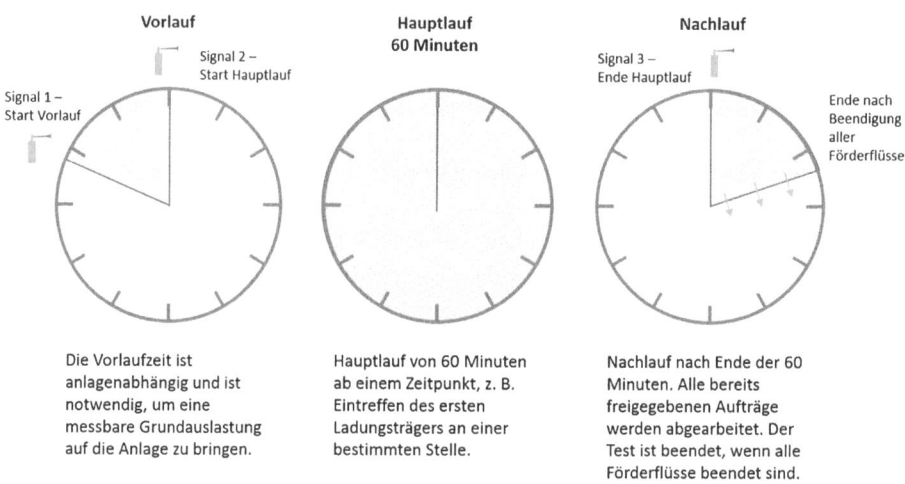

Abb. 9.2 Laufzeit für einen Leistungstest

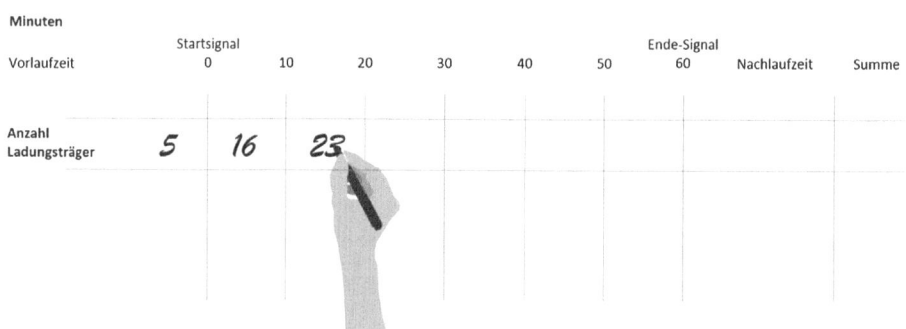

Abb. 9.3 Leistungsermittlung durch Zählen der Ladungsträger

Nach der Festlegung von wichtigen Punkten im Systemlayout, die zur Leistungsmessung herangezogen werden müssen, werden diese Positionen mit Mitarbeitern besetzt, die mit Handzählern die Leistungserfassung durchführen. Eine einfache Tabelle, wie in Abb. 9.3 zu sehen, kann dabei helfen. Außerdem können die Mitarbeiter neben der Zählung auch visuelle Beobachtungen machen, die mit kleinen Videos oder Fotos festgehalten werden können. Ähnlich wie bei einer Verkehrszählung zählen diese Mitarbeiter die vorbeifahrenden Ladungsträger und erfassen diese in einem Zeitraster. Das Zeitraster soll später ein Bild des Verlaufs der Anlage innerhalb der festgelegten Zeit von einer Stunde aufzeigen. Ein Raster zwischen 5 und 10 min ist angebracht. Immer wenn ein Zeitabschnitt verlaufen ist, wird die bis dahin gezählte Zahl an Ladungsträgern schriftlich in eine vorbereitete Tabelle eingetragen. Die Zählung läuft dabei ununterbrochen bis zum Ende-Signal weiter. Später lässt sich so ein bestimmtes Profil erkennen. Gerade wenn es zu Störungen in der Anlage kommt, kann anhand dieser Mengenprofile ermittelt werden, an welchen Stellen die Anlage vor und nach der Störung reagiert hat.

Diese Daten aller Zählstellen werden nach dem Durchlauf eines Tests zusammengetragen und geben ein gutes Bild vom Verhalten der Anlage über den zeitlichen Verlauf. Dazu kann ein Tabellenblatt so vorbereitet werden, dass die aufgenommenen Daten der einzelnen Stellen direkt eingetragen werden können. Anschließend ist die Auswertung schon für eine Analyse in einer Abschlussbesprechung verfügbar.

Das Materialflussdiagramm zu dem gewählten Leistungstestszenario wird für den Test mit den Namen der Mitarbeiter zum Zählen und Bedienen der Arbeitsplätze, die das Auflegen und Abnehmen der Ladungsträger vornehmen, ergänzt (siehe zur Erläuterung des Layouts Abb. 4.1). In Abb. 9.4 müssen nur noch die rot dargestellten Personen mit Namen der Mitarbeiter ergänzt werden.

Die Mitarbeiter, die die Ladungsträger, z. B. Kartons, aufgeben, bekommen eine Vorgabe, in welcher Geschwindigkeit die Ladungsträger auf die Einlagerungsstrecken aufgelegt werden. Diese Zahl ist so zu wählen, dass vermieden wird, dass alle für eine Stunde aufzugebenden Kartons schon in den ersten Minuten aufgelegt werden. Eine exakte Gleichverteilung über eine Stunde ist dabei genauso unrealistisch. Hier sollte der Mitarbeiter eine sinnvolle Vorgabe bekommen, damit er sich nicht selbst einen Rhythmus überlegen muss. Gegebenenfalls lassen sich Stapel bilden, die in bestimmten zeitlichen Abständen einfach aufgelegt werden.

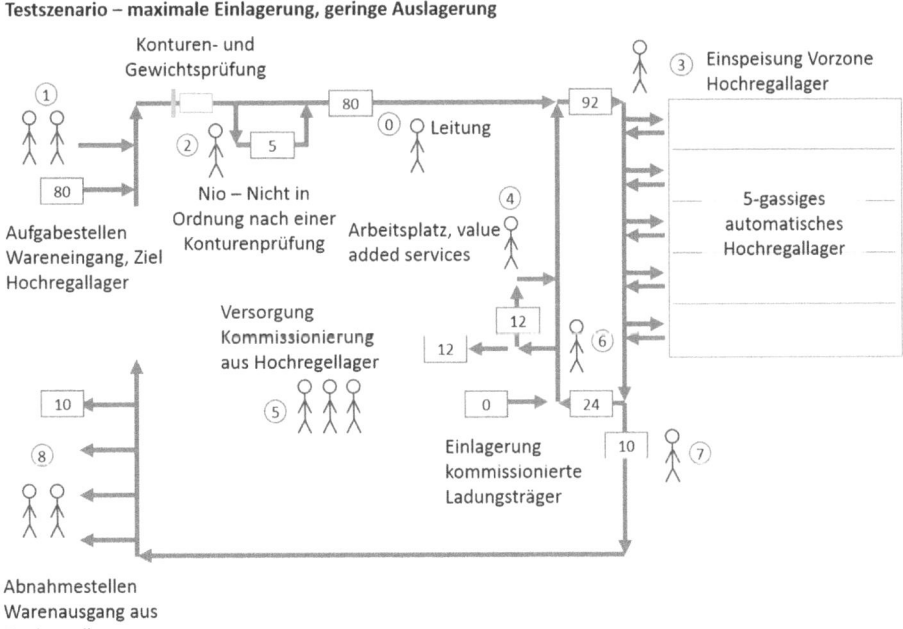

Abb. 9.4 Positionierung der Zählstellen

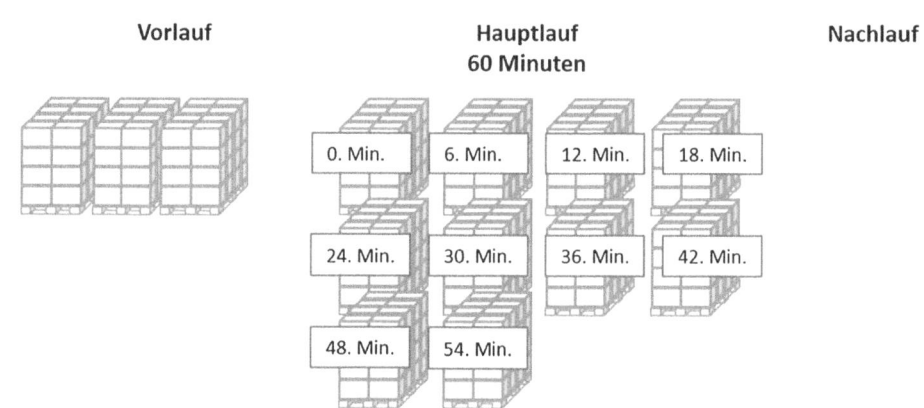

Abb. 9.5 Stapel von Ladungsträgern

Beispielsweise könnte man die Gesamtmenge der Kartons, die in einer Stunde aufgelegt werden sollen, durch 10 teilen und 10 Stapel bilden. Wie in Abb. 9.5 skizziert, wird an jeden Stapel ein entsprechender Zettel angebracht. Der erste Stapel erhält die Aufschrift „ab 0. Minute", der zweite Stapel erhält die Aufschrift „ab 6. Minute" usw. Wenn an dieser Stelle auch die Einlaufkartons aufgelegt werden, sind diese sehr deutlich voneinander zu unterscheiden. Die Menge der Ladungsträger für den Einlauf wird nicht starr vorgegeben. Es handelt sich also um einen Stapel von Ladungsträgern in ausreichend großer Menge. Wenn das Startsignal für den Hauptlauf kommt, wechselt der Mitarbeiter den Stapel und entnimmt vom ersten Stapel mit der Aufschrift „ab 0. Minute". Die restlichen Ladungsträger für den Einlauf bleiben liegen. Selbstverständlich hat sich der Mitarbeiter in der gesamten Testzeit an seine ihm zugewiesene Aufgabestelle an der Fördertechnik zu halten. Beim ersten Testlauf erscheint es den Mitarbeitern sehr kompliziert zu sein, aber nach einiger Zeit beginnen sie, den Sinn zu erkennen und haben sogar Spaß daran. Den Mitarbeiter sollte eine zweite Person dabei unterstützen, den Überblick über die Zeit, die Signale und die Stapel an Ladungsträgern zu behalten.

Alle Mitarbeiter, die eine Position besetzen, werden wie in Abb. 9.6 zusätzlich in einer Tabelle geführt. Für die Beteiligten ist es von großem Vorteil, wenn sie gut vorbereitet werden und wenn alle Informationen gut aufbereitet sind.

Die Funkgeräte werden so verteilt, dass jeder Bereich abgedeckt ist. Durch ein Funkgerät kann die Leitung des Leistungstests den Startschuss geben und über Zwischenstände informieren. Die Kollegen in der Anlage an den verschiedenen Stationen können ihrerseits Rückmeldung geben, wenn sie etwas Ungewöhnliches beobachten. Die Stoppuhren dienen dazu, den Mitarbeitern im Verlauf der Stunde eine Übersicht zu geben, wie viel Zeit schon vergangen ist. Dazu kann die Timer-Funktion der Stoppuhr genutzt werden.

Falls das Logistikzentrum aus mehreren, voneinander abgegrenzten Bereichen besteht, können Webcams zum Einsatz kommen. Allerdings sollte auf jeden Fall vor dem Einsatz die Funktionsfähigkeit geprüft werden. In Abb. 9.7 sind die möglichen Hilfsmittel zusammengefasst.

9 Projektphase – Durchführung der Leistungstests

Nr.	Stelle	Funktion	Mitarbeiter	Hilfsmittel	Funkgerät
0	Leitung		Frau a	1 Stoppuhr	Gerät 1
1	Aufgabe Wareneingang	Förderstrecken zur Aufgabe von Ladungsträgern im Wareneingang nach der Wareneingangsbuchung im Lagerverwaltungssystem. Alle Ladungsträger bekommen nach der Wareneingangsbuchung ein Etikett, das von der Fördertechnik gelesen werden kann. In diesem Testfall ist das Ziel immer das Hochregallager.	Herr b und Herr c	1 Stoppuhr	Gerät 2
2	NIO Nicht in Ordnung	Alle Ladungsträger durchlaufen auf der Förderstrecke Richtung Hochregallager eine Gewichts- und Konturenkontrolle. Es soll davon ausgegangen werden, dass maximal 5 Ladungsträger pro Stunde ausgeschleust werden.	Herr d	1 Handzähler, 1 Stoppuhr	
3	Einspeisung Loop Hochregallager	Die vom Wareneingang kommenden Ladungsträger werden in den Loop in der Vorzone vom Hochregallager eingetaktet. An diesem Punkt wird das endgültige Ziel, also die Gasse und der Platz ermittelt.	Frau e	1 Handzähler, 1 Stoppuhr	Gerät 3
4	Arbeitsplatz, value added services	An diesem Arbeitsplatz werden Ladungsträger abgerufen und nach der Bearbeitung wieder in das Hochregallager eingelagert. Im Test erfolgt keine Bearbeitung der Waren.	Herr f	1 Stoppuhr	
5	Auslauf Loop Hochregallager Richtung Kommissionierung	Die Kommissionierung wird mit Nachschubpaletten versorgt. Die Paletten werden im Test manuell abgerufen. Die Paletten werden von der Fördertechnik abgenommen.	Herr g und h, Frau i		
6	Loop Hochregallager	Alle Ladungsträger, die kein Ziel im Hochregallager gefunden haben oder das Ziel Kommissionierung/VAD haben, passieren diesen Punkt. Aus dieser Zahl lässt sich später auch ermitteln, wie viel Ladungsträger kreiseln mussten.	Frau j	1 Handzähler, 1 Stoppuhr	Gerät 4
7	Auslauf Loop Hochregallager Richtung Warenausgang	Alle Ladungsträger aus dem Hochregallager mit dem Ziel Warenausgang passieren diesen Punkt.	Herr k	1 Handzähler, 1 Stoppuhr	Gerät 5
8	Abnahme Warenausgang	Alle ankommenden Ladungsträger werden von der Fördertechnik abgenommen.	Herr l		

Abb. 9.6 Besetzung der Zählstellen

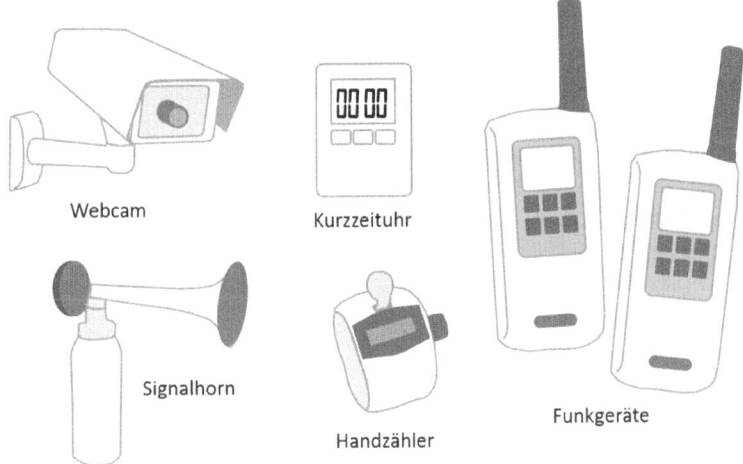

Abb. 9.7 Hilfsmittel für die Leistungstests

Die Vorbereitung und die Durchführung der Leistungstests sind für viele operative Mitarbeiter oft der erste Kontakt mit dem Projekt und mit der neuen Anlage. Dies erfordert eine sehr intensive Einweisung der neuen Mitarbeiter, auch wenn sie nur einige Ladungsträger bewegen. Der Erfolg eines Leistungstests hängt in großem Maße davon ab, ob die Mitarbeiter im Verlauf des Tests das Richtige tun.

zu 4. Erzeugung von Förderflüssen

Damit in der geplanten Laufzeit des Tests ausreichende Förderflüsse erzeugt werden können, ist es notwendig, alle entsprechenden Daten und Ladungsträger sehr penibel vorzubereiten. Die Basis sind die geforderten Mengen des ausgewählten Testszenarios an den einzelnen Stellen.

Da es primär um den Test der fördertechnischen Anlage geht, können vor- und nachgelagerte Tätigkeiten im Test vermieden werden. So kann zum Beispiel der Wareneingangsprozess im Lagerverwaltungssystem so vorbereitet werden, dass die bereitstehenden Ladungsträger nur noch aufgesetzt werden müssen (siehe dazu Abb. 9.5). Das heißt, die Ware ist bereits vereinnahmt worden und auf den Ladungsträgern sind gültige Etiketten angebracht, sodass eine Verarbeitung auf der Fördertechnik sichergestellt ist. Es kann dazu notwendig sein, Avise anzulegen oder Bestellungen so zu erstellen, dass sie zu den ausgewählten Testartikeln passen. Diese Tätigkeiten sollten aber aus den bereits vorher stattgefundenen Einzeltests bekannt und geläufig sein. Das Testteam für den Wareneingang wird diese Tätigkeiten zu diesem Zeitpunkt beherrschen.

Für den Warenausgang werden Auslagerungsaufträge angelegt und nach einer definierten Regel innerhalb der Testzeit freigegeben, sodass z. B. eine Auslagerung aus einem automatischen Hochregallager erfolgen kann. Ähnlich wie bei der Bereitstellung der Ladungsträger für die Aufgabe auf die Fördertechnik kann man auch eine sinnvolle Teilung vornehmen, um möglichst realitätsnahe Lagerbewegungen zu generieren (Abb. 9.8).

Das Gleiche gilt für notwendige Auslagerungsaufträge für den Nachschub in den Kommissionierbereich. Auch hier gilt eine Vereinfachung. Die Ware wird nach dem Abnehmen der Ladungsträger von der Fördertechnik nicht kommissioniert.

An den Arbeitsplätzen, beispielsweise Verpackungsplätze oder Ähnliches, findet keine Bearbeitung der Waren statt. Es werden lediglich die Transportaufträge zu den

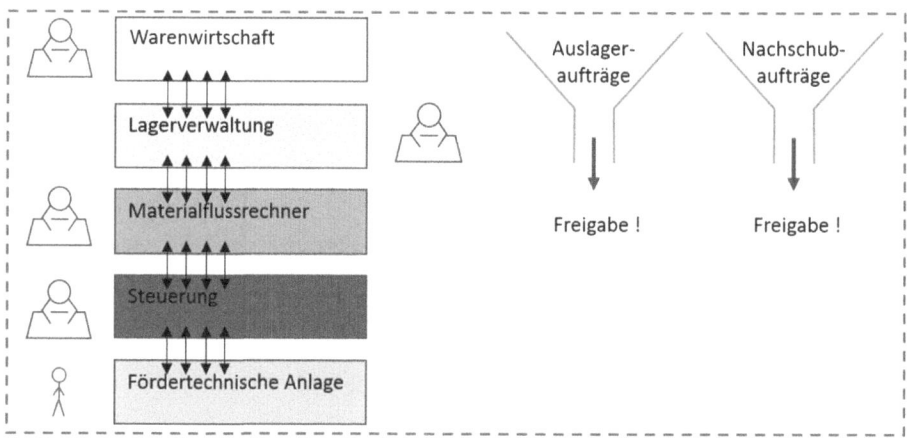

Abb. 9.8 Gezielte Freigabe von Aufträgen

entsprechenden Punkten auf der Fördertechnik ausgeführt, um einen möglichst realitätsnahen Fluss von Ladungsträgern auf der Anlage zu erzeugen. Bei den Arbeitsplätzen können die Ladungsträger kurz verweilen, um eine Bearbeitungszeit zu simulieren, und wieder abgeschoben werden. Je nach Anlagenlayout sind den Mitarbeitern an allen Aufgabe- und Abnahmestellen geeignete Vorgaben zu machen.

Um Warenbewegungen aus einem Lagerbereich, z. B. einem automatischen Karton- oder Palettenlager, im Testverlauf vornehmen zu können, ist es erforderlich, vor dem Testbeginn Ladungsträger in das Lager einzulagern. Aus den vorherigen Tests werden sich schon etliche Ladungsträger mit Testware im Lager befinden. Es muss aber sichergestellt werden, dass alle Ladungsträger im Lager auch im Materialflussrechner und im Lagerverwaltungssystem entsprechend geführt werden. Das hört sich leichter an, als es ist. Verschiebungen zwischen dem physikalischen Zustand eines Ladungsträgers und den dazugehörigen Datensätzen in den Systemen wird es sehr viele geben. Diese sind das Ergebnis aus wochenlangen Funktionstests, wobei es immer wieder zu Abbrüchen gekommen ist. Daher muss vor dem ersten Leistungstest ein Abgleich der Physik (Ladungsträger, Ort des Ladungsträgers und Etikett an dem Ladungsträger ...) mit den Systemdaten (Ort des Ladungsträgers, Identnummer des Ladungsträger, gebuchter Artikel und Menge auf dem Ladungsträger und Status des Ladungsträgers ...) vorgenommen werden. Dazu ist eine Inventur durchzuführen. Leere Plätze im Lager müssen auch in den Systemen leer sein. Diese Inventur ist sehr aufwendig, gerade bei der Inbetriebnahme von großen automatischen Lagerbereichen mit vielen Lagerplätzen.

Um bei großen Lagern zu vermeiden, dass mehrere Tausend Ladungsträger aus- und zum Teil wieder eingelagert werden müssen, kann man hier einen Teil des automatischen Lagers sperren. Der freie Teil muss aber zu 100 % abgeglichen werden.

Bei der Abnahme der Ladungsträger ist ein kontinuierlicher Abfluss während des Testlaufes sicherzustellen. Dabei ist zu bedenken, dass an den Abnahmestellen ausreichend Platz für die abzunehmenden Ladungsträger verfügbar sein muss.

zu 5. Supportunterstützung

Die erfolgreiche Durchführung der Leistungstests bedingt auch die Unterstützung aus dem Hintergrund. Neben dem Testteam des Auftraggebers, das ja zum großen Teil mit IT-Kollegen besetzt ist, sollte ausreichend Unterstützung aus der IT-Abteilung verfügbar sein, die nicht den Schwerpunkt Anwendersoftware hat.

Die Themen IT-Hardware, Datenbankmanagement und Netzwerk-Infrastruktur müssen in der Zeit der Leistungstests so intensiv betreut werden, als würde es sich um eine fördertechnische Anlage im Echtbetrieb handeln. Gerade am Anfang, wenn die IT-Hardware noch nicht vom Lieferanten an den Auftraggeber offiziell übergeben wurde, sollten die eigenen IT-Ressourcen verfügbar sein, um möglichst viel von den Systemlieferanten zu lernen. Darüber hinaus zeigt sich immer wieder, dass es auch in der IT-Infrastruktur eine Einschwingzeit gibt und bestimmte fehlerhafte Einstellungen oder Funktionen erst bei der massenhaften Nutzung, wie bei einem Leistungstest, auftauchen.

Der Auftraggeber befindet sich in vielen Fällen in einem Dilemma, das nicht leicht aufzulösen ist. Wenn der Auftraggeber zur Entlastung der eigenen IT-Ressourcen die

Beschaffung, die Aufstellung und die Inbetriebnahme der Hardware und IT-Infrastruktur in den Lieferumfang des Systemlieferanten aufgenommen hat, kann nicht erwartet werden, dass die IT-Ressourcen des Auftraggebers den Systemlieferanten bei der Aufstellung und Installation der IT-Komponenten begleiten. Der Auftraggeber sollte hier frühzeitig über eine längerfristige externe Betreuung der Bereiche nachdenken, um die Übergabezeit der neuen Anlage langsamer in die eigene Organisation vollziehen zu können.

Checkliste 9 – Durchführung der Leistungstests	erfüllt ja	erfüllt nein
Vor dem Start der Leistungstests sollten alle wichtigen Abteilungen des Auftraggebers über die Durchführung der Leistungstests informiert werden.		
- Sind die Kollegen, die nicht am Leistungstest direkt teilnehmen, über die Durchführung des Leistungstests informiert?	☐	☐
Es müssen alle notwendigen Personen über den Einsatz und die Dauer der Leistungstest informiert werden.		
- Ist die Teilnahme aller Kollegen des Auftraggebers und des Auftragnehmers bestätigt worden?	☐	☐
- Sind die Kollegen, die nur indirekt von dem Test betroffen sind, informiert worden?	☐	☐
- Gibt es einen Einsatzplan mit Namen der Mitarbeiter des Auftragnehmers, die an den Leistungstest teilnehmen?	☐	☐
- Ist festgelegt worden, wer vor Ort benötigt wird und wer im Backoffice verfügbar sein muss?	☐	☐
Es muss sichergestellt sein, dass für den neuen Prozess notwendige Verbrauchsmaterialien wie Kartonage, Etiketten, Klebebänder und Ähnliches ausreichend verfügbar sind.		
- Sind alle notwendigen Materialien ausreichend vorhanden?	☐	☐
- Sind die Materialien so verteilt, dass alle Arbeitsplätze genug für die Durchführung der Tests verfügbar haben?	☐	☐
Es muss sichergestellt sein, dass genügend Ladehilfsmittel verfügbar sind und entsprechender Platz für abzulegende Ladehilfsmittel vorhanden ist. Gegebenenfalls ist eine Identifikation der Ladehilfsmittel sicherzustellen.		
- Sind genügend Ladehilfsmittel vorhanden, um die Förderflüsse über die Dauer der Tests, inkl. Vorlauf- und Nachlaufzeit, sicherzustellen?	☐	☐
- Sind die Ladehilfsmittel mit gültigen Identifikationsmerkmalen ausgestattet?	☐	☐

9 Projektphase – Durchführung der Leistungstests

	erfüllt	
	ja	nein
Es müssen genügend Endgeräte verfügbar und konfiguriert sein. In den vorherigen Tests wurden vielleicht nur einzelne Geräte verwendet und noch nicht mehrere gleichzeitig eingesetzt.		
- Sind genügend konfigurierte mobile Endgeräte verfügbar?	☐	☐
- Wurden sämtliche Geräte in den Funktionstests schon einmal eingesetzt?	☐	☐
- Wurden diese Geräte schon parallel genutzt?	☐	☐
Ist die IT-Infrastruktur installiert und konfiguriert, dass ein störungsfreier Ablauf sichergestellt ist?		
- Sind die Server und Netzwerke komplett verfügbar?	☐	☐
- Sind alle im Logistikzentrum einzusetzenden Typen von Endgeräten, wie PC und Mobile Terminals, verfügbar, aufgeladen und einsatzbereit?	☐	☐
- Kann bei Störungen im Testverlauf schnell reagiert werden?	☐	☐
Es ist sicherzustellen, dass die notwendigen Flurförderfahrzeuge voll einsatzfähig und an den entsprechenden Einsatzorten verfügbar sind.		
- Sind die Flurförderfahrzeuge vor Ort?	☐	☐
- Sind die Geräte aufgeladen?	☐	☐
Die Hilfsmittel zur Begleitung der Leistungstests müssen in ausreichender Anzahl verfügbar und einsatzfähig sein.		
- Sind die Hilfsmittel verfügbar und funktionsfähig?	☐	☐
- Haben alle Beteiligten schon mal die Geräte benutzt?	☐	☐
- Funktionieren die Funkgeräte in allen betroffenen Lagerbereichen?	☐	☐
- Ist eine Verständigung auch bei laufender Anlage gut möglich?	☐	☐

	erfüllt	
	ja	nein
Die Datenbanken des Lagerverwaltungssystems und des Materialflusssystems müssen „bereinigt" werden. Das heißt, dass alle Testdaten aus den entsprechenden Tabellen gelöscht werden müssen. Hierzu sollte im Vorfeld eine Checkliste für alle beteiligten Systemebenen erstellt werden. Alle in der Anlage vorhandenen Ladungsträger müssen den Systemen bekannt sein.		
- Ist eine Bereinigung vorgenommen worden?	☐	☐
- Ist geprüft worden, ob sich noch Datensätze von Ladungsträgern in dem Materialflusssystem im Status „in Bewegung" befinden, obwohl die Fördertechnik frei von Ladungsträgern ist?	☐	☐
- Gibt es eine Checkliste zur Prüfung der Systemtabellen? (Auftragsdaten, Transportdaten, Bestandsdaten, Avisdaten, Bestellungen usw.)	☐	☐
Der Bestand an Ladungsträgern in der fördertechnischen Anlage muss mit dem Bestand in den Systemen abgeglichen werden, da es bei den vorherigen Funktionstests immer wieder zu Abbrüchen von Tests und unklaren Zuständen in der Anlage kommt. Um Transportfehler durch falsche Platzbelegung zu vermeiden, sollte eine Bereinigung der Ladungsträger durchgeführt werden. Wenn es die Größe der Anlage erlaubt, sollten alle Ladungsträger aus der Anlage rausgefahren werden, um eine eindeutige Belegungssituation sicherzustellen.		
- Kann sichergestellt werden, dass die Transportstrecken frei von Ladungsträgern sind?	☐	☐
- Entspricht der Bestand an Ladungsträgern in der Anlage dem Bestand in den Systemen?	☐	☐
Das eingewiesene Personal aus der Technik muss vor Ort sein.		
- Ist die Anlage startbereit und ist das technische Personal in der Lage, die Anlage anzufahren und bei Bedarf wieder auszuschalten?	☐	☐

10 Projektphase – Inbetriebnahme

10.1 Die Vorbereitung des Go-live

Es wird ernst. Die Testmannschaft ist schon sehr erschöpft. Über Wochen wurden Einzel- und Leistungstests durchgeführt. Es gab immer wieder Rückschläge, die aber mit großer Geduld von beiden Seiten, beim Auftraggeber und beim Auftragnehmer, wieder aufgeholt wurden. Die Leistungstests wurden bestanden. Die Mitarbeiter des Auftraggebers haben die Systemoberflächen durch das intensive Testen kennengelernt. Alle operativen Systemebenen, das Lagerverwaltungssystem, das Materialflusssystem und die fördertechnische Anlage können nahezu vollständig von den Kollegen des Auftraggebers bedient werden. Alle Schnittstellen wurden getestet und sind abgenommen. Die IT-Infrastruktur ist installiert und eingerichtet. Der Termin für den Go-live ist nur noch einige Tage entfernt. Die letzten Vorbereitungen für den Echtbetrieb müssen durchgeführt werden. Bis zu diesem Zeitpunkt hat sich das Projektteam hauptsächlich um die Realisierung des Logistikzentrums gekümmert und weniger um die Aktivitäten, die noch notwendig sind, um das neue Lager in den Echtbetrieb zu nehmen und in die externen Logistikstrukturen des Auftraggebers schrittweise zu integrieren. Nach Betriebsende vor dem Go-live werden die Systeme und die Schnittstellen im Ruhezustand umgestellt. Darüber hinaus sind etliche organisatorische Umstellungen vorzunehmen.

Bevor die Umstellung vorgenommen werden kann, sind noch wichtige Bedingungen zu schaffen. Dazu wird die gesamte fördertechnische Anlage für die Benutzung gesperrt. Es dürfen keine Tests und auch keine Schulungen mehr durchgeführt werden, die Anlage darf nur von einem kleinen Kreis an Mitarbeitern betreten werden. In der Regel handelt es sich hier um das technische Personal des Auftraggebers, die noch von Kollegen des Auftragnehmers unterstützt werden. Die IT-Systeme werden in diesem eingefrorenen Zustand umgestellt. Dies sollte vorzugsweise an einem Freitag oder Samstag durchgeführt werden, damit bei Bedarf noch genug Zeit für die Behebung von Problemen bei der Umstellung bleibt – vorausgesetzt, es wird nicht an 7 Tagen in der Woche gearbeitet.

Wie stellt sich der Umstellungsablauf genau dar? Bei dem Bau eines Logistikzentrums werden in der Regel neue Logistiksysteme installiert. In diesem Fall wird häufig das Testsystem mit der Umstellung zum Produktivsystem. Das heißt, es wird kein neues System mit den Datenbanken und der Anwendersoftware für den Produktivbetrieb installiert, sondern das Testsystem wird zum einen vollständig von Testdaten bereinigt und zum anderen in das operative Netzwerk eingebunden. Nach der Inbetriebnahme wird ein neues Testsystem eingerichtet. Die Schnittstellen zur fördertechnischen Anlage sollten bereits aus den Testphasen aktiv sein. Für den Fall, dass vorhandene fördertechnische Bereiche angebunden werden müssen, sind auch hier noch Umstellungen vorzunehmen.

Um alle IT-Systeme und die gesamte fördertechnische Anlage sowohl datentechnisch als auch physisch frei von Ladungsträgern zu bekommen, sollte wie folgt vorgegangen werden:

- Im ersten Schritt werden alle im Lagerverwaltungssystem geführten Ladungsträger und Bestände mittels Auslageraufträgen aus der fördertechnischen Anlage rausgefahren und ausgebucht.
- Anschließend sollte eine Prüfung des Materialflussrechners vorgenommen werden, der zeigt, ob es noch systemisch belegte Plätze in dem Lager oder auf der Fördertechnik gibt. Ist dies der Fall, handelt es sich vermutlich um Ladungsträger aus den ersten Testphasen, bei denen es zu Fehlern gekommen ist, die nicht bereinigt wurden. Diese werden über den Materialflussrechner direkt rausgefahren.
- Anschließend ist noch eine visuelle Prüfung der gesamten Anlage durch die Mitarbeiter vorzunehmen. Alle Lagerfächer, Plätze und Fördertechnikstrecken müssen frei von Ladungsträgern sein.
- Im Lagerverwaltungssystem und im Materialflussrechner folgen eine Bereinigung der Tabellen, die die Warenbewegungen aufzeichnen.
- Im nächsten Schritt sollten die Schnittstellen bereinigt werden, falls dies notwendig ist.

Jetzt kann die datentechnische Umstellung auf den Echtbetrieb erfolgen. Die Datenbank des neuen Systems, in den meisten Fällen das Lagerverwaltungssystem, wird an die produktive Datenbank der Warenwirtschaft über Schnittstellen verbunden. Mit dieser Verbindung sind alle bestandswirksamen Warenbewegungen betriebswirtschaftlich relevant. Für die datentechnische Umstellung sollte das Projektteam einen Tag Zeit einplanen.

In Abb. 10.1 und 10.2 sind die neuen Systeme des Logistikzentrums unterhalb der Warenwirtschaft dargestellt. Diese Systeme, bestehend aus Datenbanken und Anwendungssoftware, werden bei der Umstellung auf den Echtbetrieb eingesetzt. Die Schnittstelle zur Warenwirtschaft wird vom Testsystem in die Produktivumgebung umgestellt.

Neben der IT-technischen Umstellung sind noch organisatorische Vorbereitungen zu treffen. In der Regel müssen am ersten Tag Warenströme aus anderen Standorten zu dem

10.1 Die Vorbereitung des Go-live

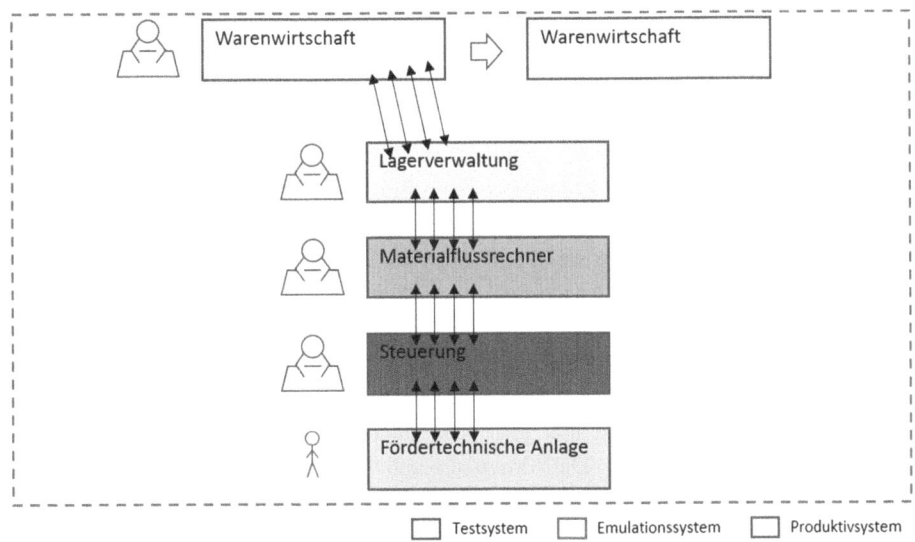

Abb. 10.1 Systemumgebung im Testbetrieb

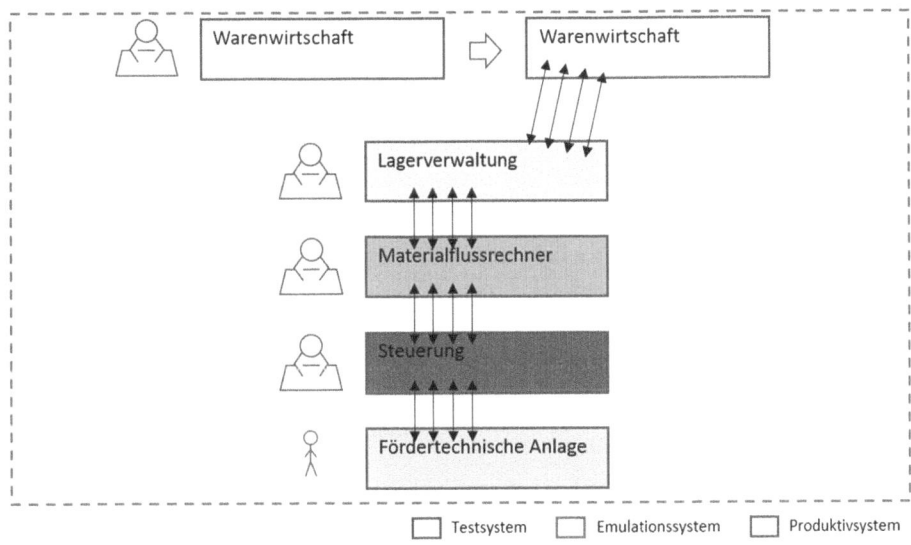

Abb. 10.2 Systemumgebung im Echtbetrieb

neuen Logistikzentrum umgelagert und vereinnahmt werden. Wareneingangslieferungen werden nur noch im neuen Lager angenommen. Das wird einige Tage dauern. Dazu sind die Lieferanten und Spediteure zum neuen Standort zu leiten und auf die neuen Abläufe am Logistikzentrum einzuweisen.

Erst nachdem ein bestimmtes Spektrum an Waren im Lager verfügbar ist, kann auch mit der Bearbeitung von Kommissionieraufträgen und anderen Auslageraufträgen begonnen werden. Es kann daher zu Übergangszeiten kommen, bei denen der Warenempfänger, der auch ein Kunde sein kann, aus zwei Standorten bedient wird. Das neue Logistikzentrum wird nach und nach befüllt, während der Bestand an anderen Standorten runtergefahren wird. Hier sind erhebliche Abstimmungen notwendig. Diese dispositiven Tätigkeiten werden oft von Mitarbeitern durchgeführt, die bis zu diesem Zeitpunkt noch nicht im Projekt eingebunden waren. Es ist daher ratsam, diese Kollegen in einer Informationsveranstaltung noch mal über den Stand des Projektes und der geplanten Inbetriebnahme zu informieren. Die Aktivitäten außerhalb des Logistikzentrums müssen vor dem Go-live sehr genau mit den Aktivitäten in dem Logistikzentrum synchronisiert werden.

Alle Aktivitäten zur Vorbereitung des Echtbetriebes sollten mit größter Vorsicht und Sorgfalt durchgeführt und wie in Abb. 10.3 in einem Drehbuch festgehalten werden. Das Drehbuch muss in einer Arbeitsgruppe einige Wochen vor der Inbetriebnahme erarbeitet werden. Darin sind Vorgänger- und Nachfolgeraktivitäten miteinander verknüpft, sodass die Abfolge deutlich wird. Damit verbunden ist die Bedingung, dass die Kommunikation

Der Start des Echtbetriebes ist für Freitag den 14.07.2017 um 15:00 Uhr geplant!
Der Start für den Betrieb mit externen Geschäftspartnern ist Montag der 17.07.2017 um 6:00 Uhr

Folge	geschätzter Planungszeitpunkt	Freigabe durch	Vorgängeraktivität	Verantwortlicher	Mitwirkung	Aktivität	gesch. Dauer	nach Abschluß Meldung an
1	Donnerstag 13.07.17; 09:00 Uhr	Herr x (Projektleiter)		Herr x (Projektleiter)		Meldung an die Geschäftsführung und alle Projektbeteiligten, den Vertrieb und den Einkauf per Email (Verteiler "Inbetriebnahme"), dass die Inbetriebnahme beginnt.		
2	Donnerstag 13.07.17; 09:05 Uhr	Herr x (Projektleiter)	1	Herr x (Projektleiter)		Meldung an alle Beteiligten Spediteure per Email, dass die Inbetriebnahme des Logistikzentrums am Folgetag beginnt und das Logistikzentrum am Montag 6:00 Uhr betriebsbereit ist. Anbei die Anfahrtsbeschreibung und eine kurze Ablaufbeschreibung des ersten Tages.		
3	Freitag, 7:00 Uhr	Herr x (Projektleiter)	2	Herr d (Gruppenleiter Wareneingang Lager y)		Verladung von 33 Paletten gemäß Umlagerungsauftrag xyz		
4	Freitag, 9:00 Uhr	Herr x (Projektleiter)	2	Herr a (Leiter Logistik)	Team Lager; 5 Mitarbeiter	Lager- und Arbeitsflächen aufräumen und reinigen; Arbeitsplätze einrichten; Hilfsmittel und Geräte prüfen; Abschlusscheck	4 h	Herr x (Projektleiter)
5	Freitag, 9:00 Uhr	Herr x (Projektleiter)	2	Herr b (Leiter Technik)	2 Mitarbeiter Technik und 2 Mitarbeiter von Firma x	Prüfung des Lagers und der Fördertechnik; check, ob alle Plätze leer sind, und ob alle Förderstrecken frei sind. Abstimmung mit Team Leitstand	2 h	Herr x (Projektleiter)
6	Freitag, 9:00 Uhr	Herr x (Projektleiter)	2	Herr c (Gruppenleiter Leitstand)	2 Mitarbeiter Leitstand und 1 Mitarbeiter Firma x	Prüfung und Bereinigung der Systeme (Materialflusssystem, Lagerverwaltungssystem)	3 h	Herr x (Projektleiter)
7	Freitag, 13:00 Uhr	Herr x (Projektleiter)	4,5,6	Herr x (Projektleiter)		Ansage an alle Beteiligten und Mail an Verteiler "Inbetriebnahme": "Lager und Systeme sind bereinigt"		Herr x (Projektleiter)
8	Freitag, 13:00 Uhr	Herr x (Projektleiter)	7	Herr d (Gruppenleiter IT)		Umstellung der Schnittstellen nach Checkliste und Schnittstellenspezifikation Version vom xx.xx.xxxx zwischen Lagerverwaltungssystem und der Warenwirtschaft (neuer Lagerort/Betrieb)	4 h	Herr x (Projektleiter)
9	Freitag, 17:00 Uhr	Herr x (Projektleiter)	8			Ende Meldung erster Tag an Verteiler Inbetriebnahme		
10	Samstag, 6:00 Uhr	Herr x (Projektleiter)		Herr c (Gruppenleiter Leitstand)		1. LKW - Wareneingang aus Umlagerung: Vereinnahmung der Umlagerung aus Lager y	1 h	Herr x (Projektleiter)
11	Samstag, 7:00 Uhr	Herr x (Projektleiter)		Herr c (Gruppenleiter Leitstand)		2. LKW - Wareneingang aus Bestellung	1 h	Herr x (Projektleiter)
						weitere LKW		
			Im Verlauf einer Woche werden nur Wareneingänge durchgeführt. Erst anschließend beginnen die Warenausgangsprozesse					
x	Montag 24.07.2017, 6:00 Uhr	Herr x (Projektleiter)		Herr c (Gruppenleiter Leitstand)		Beginn der Kommissionierung und Auslieferung mit einem kleinen Artikelspektrum	2 h	

Der Planungszeitpunkt ist nur eine ungefähre Zeitangabe für den Beginn der Aktivität. Entscheidend für den Beginn ist die entsprechende Freigabe nach Abschluß der Vorgängeraktivitäten.

Abb. 10.3 Drehbuch zum Go-live

10.1 Die Vorbereitung des Go-live

in Form von Meldeketten zwischen den Abteilungen über die erfolgte Fertigstellung dieser Aktivitäten gewissenhaft durchgeführt wird. Diese, wie auch alle anderen bereichsübergreifenden Aktivitäten im Projekt müssen zentral überwacht und gesteuert werden. Abb. 10.3 zeigt exemplarisch, wie ein Drehbuch aufgebaut werden kann.

Neben dem Ablauf sollte das Drehbuch folgende Informationen enthalten:

- Autor des Drehbuchs
- Eine Versionsnummer
- Auflistung der Systeme, die am Go-live beteiligt sind
- Übersichten der Schnittstellen vor und nach der Umstellung
- Verantwortliche für die Systeme
- Meldeketten mit Kontaktdaten
- Auflistung der Aufgaben zum Go-live für jedes System
- Konfigurationsliste für Netzwerkkomponenten und Endgeräte
- Angaben zu notwendigen Systemsicherungen vor der Umstellung
- Für den Notfall eine Ablaufbeschreibung zum Zurücksetzen der kompletten Systemumgebung, d. h. nach der Umstellung wird wieder auf die alte Systemkonfiguration umgeschaltet
- Support-Kontaktdaten für alle beteiligten Systeme
- Vorbereitung einer Telefonkonferenz, falls Probleme geklärt werden müssen
- Teilnehmerliste vor Ort und in den Büros mit Kontaktdaten
- Zeitplan für Beginn und Ende.

Ablaufprüfung

Die fördertechnische Anlage sollte im Idealfall frei von Ladungsträgern und Testware sein.

In einem Ausnahmefall erforderte der letzte Leistungstest so viele Ladungsträger in der fördertechnischen Anlage, dass eine Auslagerung aller Ladungsträger über einen Tag gedauert hätte. In diesem Ausnahmefall haben die IT-Kollegen mit der Unterstützung des Systemlieferanten die Bestandsdaten aus dem Testsystem in die Produktivumgebung durch eine Übertragung der Bestandsdaten inklusive der Platzkoordinaten aus dem Testsystem in die Produktivsysteme übernommen. Die Ladungsträger und der darauf befindliche Bestand mussten daraufhin nicht bewegt und konnten in den bestandsführenden Systemen übernommen werden.

Dieser Ablauf sollte auf jeden Fall vorher mit dem Bestandsmanagement und dem Wirtschaftsprüfer des Auftraggebers abgestimmt werden.

Checkliste 10 – Vorbereitung des Go-live	erfüllt ja	erfüllt nein
Es ist ein Drehbuch für alle notwendigen Aktivitäten zur sicheren Vorbereitung des Go-live abzustimmen und zu erstellen.		
- Gibt es ein Dokument, in dem tabellarisch festgehalten wird, wer wann was zu tun hat und wer wen anschließend zu informieren hat?	☐	☐
- Sind alle Kontaktdaten und Meldeketten aufgeführt?	☐	☐
Das Projektteam sollte die Belastungsmöglichkeit des Testteams im Auge behalten.		
- Gibt es genügend Erholungsmöglichkeiten?	☐	☐
- Wird laufend geprüft, wie das Kernteam noch weiter unterstützt werden kann?	☐	☐
Alle für die Umstellungsphase notwendigen Personen, Abteilungen und Partnerunternehmen müssen über den Go-live informiert werden.		
- Sind alle an der Umstellung auf den Echtbetrieb Beteiligten informiert?	☐	☐
- Müssen externe Unternehmen, z. B. Spediteure, noch Einweisungen erhalten?	☐	☐
In den ersten Tagen sollten ausreichend Mitarbeiter für die ankommenden Fahrer als Ansprechpartner vor Ort sein. Im Lagerbereich müssen die operativen Mitarbeiter, insbesondere Kommissionierer und Staplerfahrer, immer die Möglichkeit haben, jemanden um Hilfe zu bitten.		
- Können bei der Hofeinfahrt und im Rampenbereich Aushilfen als Ansprechpartner für die Fahrer eingesetzt werden, die bei Unklarheiten in den ersten Tagen des Echtbetriebes auf dem Hof Hilfestellung geben können?	☐	☐
- Wurden für die operativen Arbeitsbereiche Ansprechpartner definiert?	☐	☐
Es muss sichergestellt sein, dass die gesamte Anlage in der Umstellungsphase nicht benutzt wird. Es darf nur ein ausgewählter kleiner Kreis an Mitarbeitern die Anlage begehen und die Systeme bedienen.		
- Sind die Anlage und die beteiligten Systeme so weit gesperrt, dass nur ein Kern an Mitarbeiter die Umstellung störungsfrei vornehmen kann?	☐	☐

10.1 Die Vorbereitung des Go-live

	erfüllt	
	ja	nein
Für den Fall, dass es zu erheblichen Schwierigkeiten in den ersten Stunden des Echtbetriebes kommt, bei dem ein kurzfristiges Eingreifen nicht mehr zum Erfolg führt und die weitere Inbetriebnahme gefährdet ist, sollte ein Rückfallszenario entwickelt werden. Ein Entscheidungsgremium sollte kurzfristig zusammengerufen werden können, um bei Bedarf über den Abbruch der Inbetriebnahme entscheiden zu können.		
- Gibt es ein Rollback-Konzept?	☐	☐
- Welche Schritte sind zu unternehmen, um den systemischen Zustand vor der Umstellung der Systeme für den Go-live wieder herzustellen?	☐	☐
- Sind dazu die Verantwortlichkeiten geklärt?	☐	☐
- Kann schnell entschieden werden?	☐	☐
Die Anlage muss sowohl datentechnisch als auch physisch frei von Ladungsträgern sein		
- Ist die Anlage komplett leergefahren und sind die Systeme bereinigt worden?	☐	☐
Alle Parteien müssen vor dem Go-live dazu angehalten werden, dass anders als bei den Testphasen bei Störungen der Erfüllung des Tagesgeschäftes absoluter Vorrang eingeräumt werden muss.		
- Sind alle beteiligten Mitarbeiter über diesen Grundsatz informiert worden?	☐	☐
- Ist sichergestellt, dass eine Störung im laufenden Betrieb mit höchster Dringlichkeit bearbeitet wird?	☐	☐
- Ist den Beteiligten klar, dass zur Behebung einer Störung im laufenden Geschäft auch eine Interimslösung einer langfristigen umfangreichen Lösung vorzuziehen ist?	☐	☐
Vor der Umstellung der Systeme und der Aktivierung der neuen Systeme ist der Wirtschaftsprüfer zu informieren.		
- Ist der Wirtschaftsprüfer ausreichend über den Go-live informiert worden?	☐	☐
- Gibt es dazu eine Protokoll?	☐	☐

10.2 Der Echtbetrieb

Wann beginnt der Echtbetrieb genau? Streng genommen wenn die Datenbanken und die Schnittstellen von Test- auf Produktionsbetrieb umgestellt werden, wie es in der Vorbereitung beschrieben wurde. Da sich aber dabei visuell auf der fördertechnischen Anlage nichts beobachten lässt, ist der Beginn des Echtbetriebes letztlich immer der Zeitpunkt, wenn das Projektteam eine erste operative Handlung durchführt.

Das Kernteam für den Go-live sollte sich nach der Umstellung mit einem Anlauftest herantasten. Das heißt, noch bevor die operativen Mitarbeiter hinzugezogen werden, sollten einzelne Geschäftsvorfälle durchgeführt werden. Treten hier noch erhebliche Probleme auf, kann immer noch eingegriffen werden, bevor der operative Betrieb mit der vollen Mannschaft beginnt. Der Schwerpunkt der Kontrolle liegt hierbei in der korrekten Buchung von Beständen und der Übertragung über die neu aktivierten Schnittstellen.

Für den Anlauf kann zum Beispiel eine Wareneingangsbuchung durchgeführt werden. Es kann sich dabei um eine kleine Menge, z. B. einen Karton oder eine Palette, handeln. Nach der Wareneingangsbuchung wird in dem Lagerverwaltungssystem die Verarbeitung geprüft, anschließend die Übertragung an das Warenwirtschaftssystem. Wenn dieser Vorgang fehlerfrei durchgelaufen ist, kann der Ladungsträger auf die Fördertechnik aufgesetzt werden. Schritt für Schritt sollte die Verarbeitung noch mal kontrolliert werden.

Erst nachdem alle wesentlichen Arbeitsschritte auch in den bestandsführenden Systemen korrekt abgebildet werden, kann die gesamte Anlage für den Start des Echtbetriebes freigegeben werden. In dem Fall, dass das Logistikzentrum neu gebaut wurde, beginnt nun die Phase des Auffüllens. Erst nachdem der richtige Bestand eingelagert wurde, kann mit der ersten Auslieferung begonnen werden. Der Auslieferungsprozess und andere Tätigkeiten können jetzt in Stufen aufgenommen werden. Nach und nach werden die Mengen gesteigert, neue Vertriebswege oder Warengruppen dazu geschaltet. Das Logistikzentrum ist in Betrieb. Der Go-live war erfolgreich.

Entscheidend für den Erfolg in dieser Phase ist, dass das vorher erarbeitete Drehbuch minutiös eingehalten wird. Jedes Ergebnis einer Handlung wird an die Projektleitung zurückgemeldet, bevor diese den nächsten Schritt freigibt. Die Erfahrungen haben gezeigt, dass die Aufregung in der gesamten Mannschaft sehr groß ist und dazu verleitet, in Teilen nachlässig zu arbeiten und auf die konsequente Arbeitsweise zu verzichten. Darüber hinaus sollte bei der Generalprobe mit dem neuen System kein „Start-Komitee" in Form der Geschäftsführung anwesend sein. Den ersten Lauf für die Kameras sollte der erste Lauf nach der Generalprobe sein, wenn sichergestellt ist, dass die Umstellung erfolgreich war.

Sind nach der Umstellung, beispielsweise bei einer Erweiterung einer bestehenden Anlage, direkt Auslieferungen auszuführen, wird häufig am Wochenende die Auslieferungsmenge vom folgenden Montag bearbeitet. Das hat den Vorteil, dass am ersten produktiven Tag in der neuen logistischen Anlage noch auf Fehler und Störungen reagiert werden kann, ohne eine Auslieferung zu gefährden. Wenn das Logistikzentrum in den ersten Tagen nur mit Ware aufgefüllt wird, ist der Ablauf wesentlich entspannter.

Auf die Projektbeteiligten und auch auf die Kollegen, die bis hierhin noch nicht beteiligt waren, kommt eine sehr stressige Zeit zu. In den ersten Tagen ist die Spannung unheimlich groß. Die Handgriffe sitzen noch nicht gut. Die neuen operativen Mitarbeiter müssen eingearbeitet werden, gleichzeitig müssen aber die Tagesmengen geschafft werden. Auch wenn es einen Stufenplan mit einer geringen Mengen in den ersten Tagen gibt, ist der Druck auf das gesamte Team groß. Man darf dabei nicht vergessen, dass das Projektteam in den letzten Monaten sehr umfangreiche Konzeptgespräche geführt und Software getestet hat. Die Anlaufphase stellt für das Projektteam noch mal eine sehr hohe Belastung dar. Der operative Betrieb muss hochgefahren werden, die geplanten Tagesmengen sind zu schaffen, die neuen Kollegen sind an die neuen Abläufe heranzuführen und gleichzeitig sind die Projektmitarbeiter Troubleshooter für alle anstehenden Unklarheiten in den ersten Wochen.

> **Anekdote aus dem Projektleben**
> Zur Artikelstammdatenversorgung für die vorangegangenen Testphasen wurden Initialübertragungen von den Produktivdatenbanken in die Testdatenbanken durchgeführt. So waren ausreichend Stammdaten zum Testen verfügbar. Ein paar Tage nach dem Go-live mussten die Mitarbeiter aber feststellen, dass neue Artikelnummern im Produktivsystem nicht zu finden waren, obwohl sie im Warenwirtschaftssystem angelegt wurden. Vorgesehen ist, dass Updates immer an die darunterliegenden Systeme übertragen werden. Nachdem alle Beteiligten das Problem für sich nicht klären konnten, gab es zur Problembesprechung eine Telefonkonferenz. In dieser stellte sich heraus, dass immer noch falsche Übergabeverzeichnisse aktiv waren. Das eine System hat den für die Produktivumgebung gültigen Ort verwendet, das andere den für die Testumgebung. Aktualisierungen sind also seit dem Go-live ins Nirwana gelaufen. Mit einem ordentlichen Drehbuch oder einer Checkliste mit einem Vier-Augen-Prinzip wäre das nicht passiert.

Projektphase – Messung der Verfügbarkeit

11

Mit dem Systemlieferanten ist vereinbart, dass die Verfügbarkeit gemessen werden soll. Das Verfahren ist in einem Vertragsanhang genau beschrieben, daher sollte es zu diesem Zeitpunkt keine Unstimmigkeiten mehr geben. Die Messung selbst sollte von einem Mitarbeiter des Auftraggebers oder einem Vertreter organisiert und durchgeführt werden. Auch hier ist es wichtig, jemanden zu haben, der bereits Erfahrungen mit der Durchführung solcher Tests hat. Selbstverständlich sollte der Systemlieferant anwesend sein.

Je nach Projektkonstellation ist eine unterschiedliche Anzahl von Prüfungen vorgesehen. Sind mehr als eine Verfügbarkeitsprüfung festgeschrieben, wird der Zielwert bis zum endgültigen Wert in Stufen hochgesetzt.

In einem Großprojekt wurden beispielsweise 3 Messungen angesetzt. Bei der ersten Messung waren 85 %, bei der zweiten Messung waren 87 % und beim dritten Test 98 % als Sollwert für die Verfügbarkeit angesetzt. In diesem Fall war es so, dass die ersten beiden Tests schon vor dem Go-live durchgeführt wurden. Die Erreichung des zweiten Sollwertes war wiederum Bedingung für den Go-live. Bei dieser Konstellation sind vor der operativen Nutzung der Anlage umfangreiche Förderflüsse über einen langen Zeitraum zu generieren.

Die Förderflüsse sollten möglichst gleich verteilt über den Messzeitraum erzeugt werden. Als eine realitätsnahe Last kann man ca. zwei Drittel des später geplanten Maximalwertes für die Auslastung der Anlage sehen. Das bedeutet einen sehr hohen Einsatz von Ware und Personal, hat aber den Vorteil, dass die fördertechnische Anlage erst in den Betrieb geht, wenn sie eine nachgewiesene Verfügbarkeit erreicht hat. Des Weiteren ist man bei der Messung vor dem Go-live unabhängig von der möglicherweise geringen Auftragslast in der Anfangsphase des neuen Logistikzentrums. Eine Messung der Verfügbarkeit nach dem Go-live kann daher erst nach einer gewissen Zeit durchgeführt werden, nachdem die Last ausreichend hochgefahren wurde.

An dieser Stelle soll nur kurz auf die Methodik der Verfügbarkeitsermittlung eingegangen werden. Für den konkreten Fall sollten entsprechende Fachliteratur und verfügbare Richtlinien hinzugezogen werden. Die FEM 9.222 gibt für den Einsteiger den wohl besten Überblick in die Rechenmethodik. Darüber hinaus gibt es Weiterentwicklungen dieser Richtlinie, die jeweils einen bestimmten Schwerpunkt verfolgen. Diese Richtlinie FEM 9.222 ist im Internet frei verfügbar. Die verfügbaren Regelwerke sollten als Basis für die Bestimmung der Ist-Verfügbarkeit der Anlage herangezogen werden.

Für die Berechnung der Verfügbarkeit wird gemäß den aufgeführten Richtlinien die folgende Formel herangezogen:

$$\text{Verfügbarkeit} = \frac{\text{Einsatzzeit} - \text{Summe ungeplanter Ausfallzeiten}}{\text{Einsatzzeit}}$$

Ungeplante Ausfallzeiten, sogenannte Störungen, sind Zeiten, die aufgrund eines Fehlers in der Anlage entstehen. Es wird hierzu die Zeit herangezogen, die ein Techniker zu Behebung der Störung benötigt. Abb. 11.1 zeigt die mögliche Zusammensetzung der Zeitkomponenten.

Voraussetzung ist natürlich, dass der Fehler unverzüglich, z. B. über eine Visualisierung oder eine Signallampe in der Anlage, erkannt wird, ein an der Anlage ausgebildeter Facharbeiter zu dem Ort des Fehlers geht, die notwendigen Hilfsmittel oder Ersatzteile vorhanden sind, die Reparatur durchgeführt und die Anlage wieder gestartet wird.

Im Vorfeld der Verfügbarkeitsmessung muss geprüft werden, ob die Fehler in der Anlage überhaupt richtig angezeigt werden. Dazu sind schon bei den Funktionstests Störungssituationen provoziert und die entsprechenden Meldungen dazu analysiert

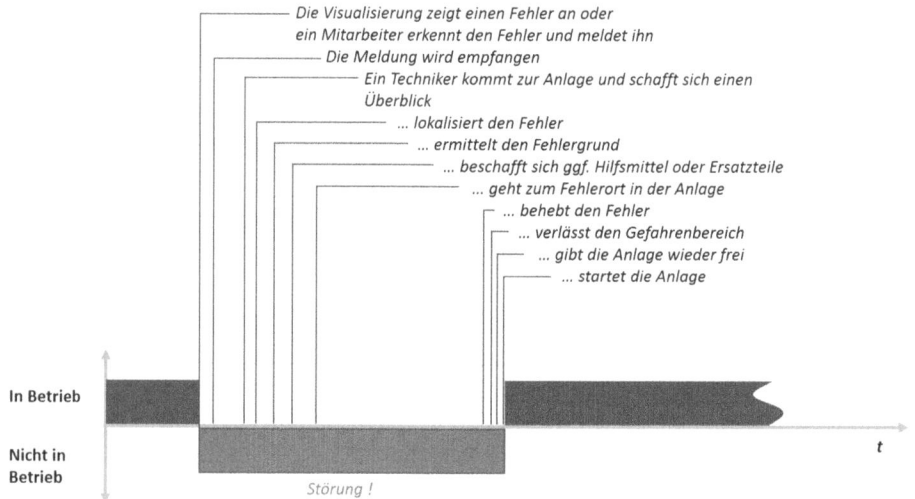

Abb. 11.1 Zusammensetzung einer Ausfallzeit

worden. Wenn es zu Störungszeiten infolge mangelhafter Ersatzteilbevorratung kommt, muss gefragt werden, wer dafür verantwortlich ist. In der Regel sollte der Systemlieferant bis zur Endabnahme für die Teileverfügbarkeit verantwortlich sein.

Die *Einsatzzeit* ist dabei die Summe aus der Bereitschaftszeit und der Betriebszeit der fördertechnischen Einrichtung.

In der Regel setzt sich eine fördertechnische Anlage in der Logistik aus mehreren technischen Einheiten zusammen. Teilweise werden Redundanzen eingebaut, sodass bei einem Ausfall eines Teilbereiches der zweite Teil die Leistung, zumindest für eine gewisse Zeit, übernehmen kann. Vielfach ist es aufgrund des Layouts oder aufgrund der Anbindung von mehreren Arbeitsplätzen notwendig, die Förderstrecken zu teilen und abzubilden. Für diese Fälle muss, wie in Abb. 11.2 dargestellt, mit Teilverfügbarkeiten gerechnet werden. Zur Darstellung der Gewichtungsfaktoren werden Hauptmaterialflussläufe, wie bei den Leistungstestszenaren, abgebildet. Je nach Anzahl der redundanten Leistungskomponenten in paralleler Anordnung werden die Ausfallzeiten an einer dieser Komponenten anteilig gewichtet.

Die Verfügbarkeiten einer Anlage setzen sich durch Multiplikation der Verfügbarkeiten der Teilsysteme zusammen, wenn die Teilsysteme wie in einer Reihenanordnung strukturiert werden können. Innerhalb der Teilsysteme ergeben sich parallele Anordnungen. In Abb. 11.3 werden die unterschiedlichen Rechenwege dargestellt.

Da die parallel angeordneten Teilelemente nicht immer die gleichen Funktionen aufweisen, wird hier mit Gewichtungsfaktoren gearbeitet.

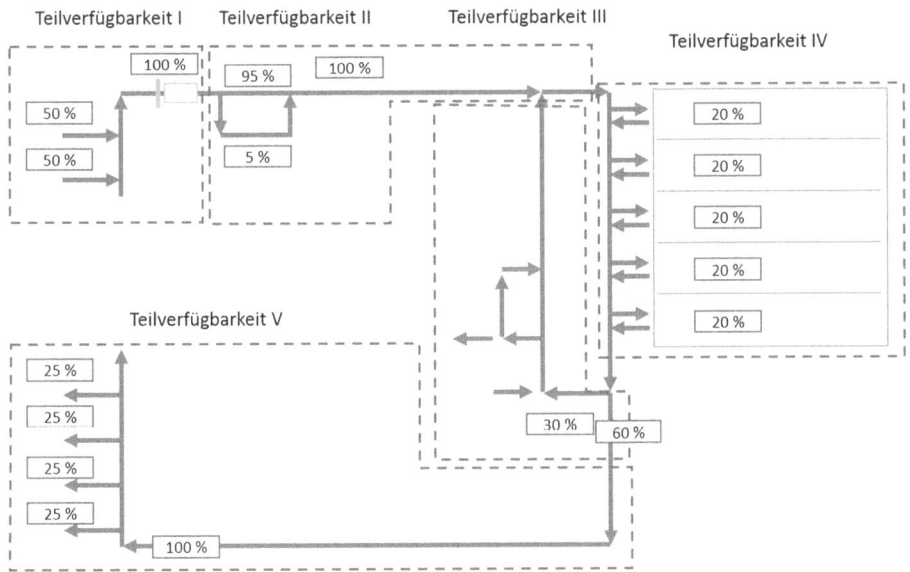

Abb. 11.2 Ermittlung der Teilverfügbarkeiten

Reihenanordnung

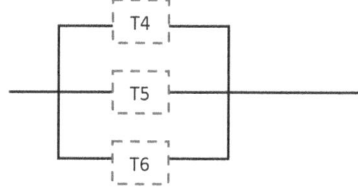

Verfügbarkeit $_{ges}$ = Verfügbarkeit $_{T1}$ x Verfügbarkeit $_{T2}$ x Verfügbarkeit $_{T3}$

Parallelanordnung

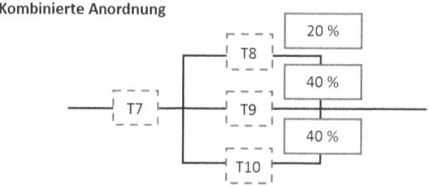

Verfügbarkeit $_{ges}$ = 1 - (1- Verfügbarkeit $_{T4}$) x (1- Verfügbarkeit $_{T5}$) x (1- Verfügbarkeit $_{T6}$)

Abb. 11.3 Teilverfügbarkeiten – Reihenanordnung und Parallelanordnung

Kombinierte Anordnung

Verfügbarkeit $_{ges}$ = Verfügbarkeit $_{T7}$ x (1 - (1- Verfügbarkeit $_{T8}$) x (1- Verfügbarkeit $_{T9}$) x (1- Verfügbarkeit $_{T10}$)

Abb. 11.4 Teilverfügbarkeiten – Kombinierte Anordnung

In der in Abb. 11.4 dargestellten fördertechnischen Anlage sind die Faktoren für die Gewichtung der Ausfallzeiten in % angegeben. Die Ausfallzeiten, die beim Testlauf ermittelt werden, müssen jeweils mit dem entsprechenden Faktor versehen werden. Anschließend werden alle Ausfallzeiten addiert. Der Ausfall des Materialflussrechners wird mit 100 % gewichtet, da er mit einem punktuellen Ausfall die gesamte Anlage außer Betrieb setzen würde. Allerdings gibt es auch für Server Standby-Systeme, die schnell gestartet werden können.

Die Systemlieferanten lassen sich in der Regel auf eine vertragliche Zusage zu einer Verfügbarkeit von 98 % ein. Das heißt 2 % der Nutzungszeit der Anlage darf die Summe aller Störungen dauern. Das ist nach einer längeren Einschwingzeit der Anlage gut machbar. Allerdings kommt es in den ersten Wochen nach dem Go-live immer noch zu Störungen, deren Ursachen zwar kurzfristig behoben, aber langfristig erst nach und nach beseitigt werden. Um den Druck gegenüber dem Auftragnehmer aufrecht zu erhalten, wird in der Regel eine Sollverfügbarkeit in einem bestimmten zeitlichen Abstand nach dem Go-live vertraglich eingefordert. Je nach Komplexität und Größe der Anlage muss die Sollverfügbarkeit 3–6 Monate nach dem Go-live erreicht sein. Damit verbunden sind häufig monetär relevante Vertragsmeilensteine.

Der Systemlieferant steht unter großem Druck, die Anlage nicht nur für den Go-live in Betrieb zu nehmen, sondern auch so lauffähig zu machen, dass die Störungen im geregelten Rahmen bleiben. Der Auftragnehmer sollte in den Phasen bis zu diesen Messpunkten die Last aus dem operativen Geschäft so weit hochfahren, dass eine möglichst realitätsnahe Lastverteilung erreicht wird.

Gerade die Verfügbarkeiten vor dem Echtbetrieb sollten genauestens beschrieben werden. Die Projektverantwortlichen gehen oft sehr leichtfertig mit diesen Begriffen um und geraten unweigerlich zum Zeitpunkt der Messung im laufenden Projekt mit dem Systemlieferanten in Konflikt.

Abb. 11.5 zeigt einen Tabellenentwurf, der zur Entwicklung einer individuellen Tabelle zur Aufnahme der Störungen herangezogen werden kann.

Betriebszeit	von	bis	Dauer
	06:30	19:30	13:00

Störungs-nummer	Störung [hh:mm]			Verursacher					Wertung	Kurzbeschreibung	Position/Bereich	Gewichtung	gewichtete Störungsdauer [hh:mm]
	von	bis	Dauer	LVS	MFR	SPS	Technik	Ladungs-träger	Bedienungs-fehler	ja/nein			
1	06:42	06:58	00:16				x			ja	Palette ist stehen geblieben	Ring vor dem Hochregallager - Teil III	30 %	00:04
2	08:42	08:48	00:06				x			ja	Palette ist nach Prüfung nicht weitergefahren	Konturenprüfanlage im - Teil I	100 %	00:06
3	09:00	09:12	00:12				x			ja	Palette ist stehen geblieben	Einfahrt in den Ring Hochregallager - Teil III	100 %	00:12
4	12:12	13:23	01:11					x		ja	Problem bei Spaltprüfung	RBG I im - Teil IV	20 %	00:14
5	13:02	13:05	00:03		x					ja	Palette ist stehen geblieben	Ausfahrt aus dem Ring Hochregallager	60 %	00:01
6	16:42	16:58	00:16						x	nein	Techniker hat einen Sicherheitsbereich betreten	Hochregallager - Teil IV	0 %	00:00
7	17:02	17:58	00:56					x		nein	Eine Palette mit Überstand ist hängen geblieben	Umsetzer zum Warenausgang - Teil V	0 %	00:00
8	18:00	18:12	00:12				x			ja	Palette ist nach der Freigabe nicht wieder angefahren	Nicht-in-Ordnung-Platz - Teil II	5 %	00:00
												Summe		00:39

Abb. 11.5 Liste zur Erfassung und Auswertung der Störungen

Zum Schluss 12

Warum gibt es immer wieder große und langwierige Probleme bei der Inbetriebnahme von Logistikzentren?

Warum werden so häufig lückenhafte und unklare Pflichtenhefte verabschiedet?

Warum ist den handelnden Personen oft klar, dass das Projekt nicht ordentlich läuft?

Warum werden nicht die entscheidenden Maßnahmen eingeleitet?

Die erfolgreiche Inbetriebnahme eines Logistikzentrums kann gelingen, wenn sich die Projektverantwortlichen bestimmte Voraussetzungen schaffen. In diesem Buch wurde versucht, die wichtigsten Aspekte aus einer Vielzahl von Logistikprojekten zusammenzufassen.

Es ist nicht leicht, den Inhalt des Buches auf wenige Zeilen zu reduzieren. Daher werden hier folgende Grundsätze formuliert, die entscheidend sind, um eine erfolgreiche Inbetriebnahme eines Logistikzentrums zu erreichen:

1. Die Unternehmensführung muss sich deutlich zu einer professionellen Projektabwicklung und den damit verbundenen Zielen bezogen auf Zeit, Kosten und Qualität bekennen.
2. Der Projektauftrag muss klar abgegrenzt sein.
3. Der Projektleiter und das Projektteam müssen Erfahrung und Zeit haben, das Projekt zu bearbeiten.
4. Ein Projektteam konzentriert sich ausschließlich auf die organisatorische Abwicklung des Projektes.
5. Vor der Auftragsvergabe an die Systemlieferanten sind Passagen zu den Test- und Abnahmeverfahren in den Vertragsentwurf aufzunehmen.
6. Das Pflichtenheft und die damit verbundenen Spezifikationen und Prozessbeschreibungen müssen klar verständlich und vom Projektteam und den verantwortlichen Fachbereichen inhaltlich anerkannt sein.
7. Der Auftraggeber muss mit hoher Eigenverantwortung die Test- und Inbetriebnahmephasen leiten und durchführen.

Wenn Sie diese Grundsätze befolgen, werden Sie eine erfolgreiche Inbetriebnahme Ihres Logistikzentrums ermöglichen.

▶ Der größere Teil der Verantwortung für den Projekterfolg liegt beim Auftraggeber. Der Schaden durch eine missglückte Inbetriebnahme auch.

Viele Gespräche mit Verantwortlichen anderer Projekte bestätigen diese Überzeugung. Je schlechter die Führung und die Organisation des Logistikprojektes waren, desto wahrscheinlicher ist ein Misslingen der Inbetriebnahme. Im Folgenden sind beispielhaft einige Punkte und Risiken aufgeführt, die Sie einkalkulieren müssen, wenn Sie nicht wie oben beschrieben vorgehen:

- Mehrmalige Verschiebung des Inbetriebnahme-Termins
- Eine gestörte Inbetriebnahme mit der Auswirkung bis zum Endkunden
- Die geplante Anlaufphase von einigen Wochen verlängert sich auf mehrere Monate
- Starke Steigerung der Distributionskosten durch erhöhten Bedarf an Sonderfahrten
- Meldungen in der Fachpresse über eine misslungene Inbetriebnahme und deren Auswirkungen beim Warenempfänger
- Im schlimmsten Fall der Verlust von Geschäftspartnern an die Konkurrenz
- Eine sehr lange Phase, in der das Tagesgeschäft aufgrund von Störungen durch Behelfslösungen aufrechterhalten werden muss
- Erhöhter Personalbedarf für einen ungewissen Zeitraum, um das Tagesgeschäft aufrecht zu erhalten
- Eine starke Fluktuation im operativen Bereich, was zu Folge hat, dass neue Mitarbeiter immer wieder eingearbeitet werden müssen
- Es gibt große Schwierigkeiten, Symptome des Systemverhaltens konkreten Systemfehlern zuzuordnen und zu lokalisieren, was zu sehr langen Korrekturzeiten führt
- Eine lange Phase, in der Fehler in den Systemen nach und nach und unsystematisch gefunden werden, aber aufgrund der fehlenden Ressourcen nicht kurzfristig behoben werden können.
- Viele Softwareeinspielungen im laufenden Tagesgeschäft, was immer ein höheres Risiko mit sich bringt
- Eine erhöhte Vor-Ort-Bereitschaft der Systembetreuer für alle Systeme über die gesamte Betriebszeit, was zu erheblichen Mehrkosten führt
- Juristische Streitfälle mit den Systemlieferanten, wenn es um die Mehrkosten bei der Begleitung des Echtbetriebes geht
- Erhöhte Projektkosten aufgrund von Mehraufwand in der Anlaufphase
- Ein demotiviertes und erschöpftes Projektteam, mit der Folge eines erhöhten Krankenstands.
- Kündigungen von einzelnen Projektmitarbeitern, weil sie das Misslingen des Projektes auf ein Fehlverhalten des Managements zurückführen.

Anhang 13

13.1 Stichworte Test und Inbetriebnahme

Zur Entwicklung eines mit den beteiligten Systemlieferanten abgestimmten Test- und Inbetriebnahmeverfahrens sind an dieser Stelle beispielhaft Stichworte aufgeführt (siehe dazu Abschn. 4.1). Diese Stichworte ersetzen keine Rechtsberatung zur Entwicklung eines Vertragstextes.

Allgemein
- Aufführung und Erläuterung der Testphasen, die geplant sind.
- Alle Testtermine werden im Terminplan des Projektes aufgeführt.
- Die Tests dienen dem Nachweis der Funktions- und Leistungsfähigkeit gemäß Pflichtenheft und Vertragsanhängen.
- Der Hinweis, dass die folgende Testphase erst begonnen wird, wenn die vorherige keine offenen Mängel aufweist.
- Verhindert ein wesentlicher Fehler im System die Fortführung der Tests, kann einvernehmlich eine Unterbrechung der Testphase beschlossen werden.
- Sind größere Anpassungen der Systeme notwendig, muss zwischen dem Auftragnehmer und dem Auftraggeber geprüft und entschieden werden, welche bereits erfolgreich bearbeiteten Testfälle wiederholt werden müssen.
- Änderungen an dem System oder der fördertechnischen Anlage nach dem Auftreten eines Fehlers müssen vom Lieferanten dokumentiert und mit einer Referenz zu den betroffenen Testfällen an den Auftraggeber übergeben werden.
- Protokolle sind von beiden Parteien zu unterzeichnen
- Die Testergebnisse werden durch den Auftraggeber dokumentiert und dem Systemlieferanten zur Verfügung gestellt.

- Der Auftraggeber stellt ausreichend Personal für die Bedienung der logistischen und systemischen Prozesse für die Durchführung der Tests zur Verfügung, wie Wartungstechniker, Leitstandmitarbeiter und Mitarbeiter für die operativen Prozesse.
- Der Auftraggeber stellt ausreichend Ladehilfsmittel, Testware und Hilfs- und Betriebsmittel zur Verfügung und ist auch für die Sicherheit der Ware zuständig.
- Alle Tests sind durch den Lieferanten vor Ort mindestens mit folgenden Qualifikationen zu unterstützen: … ein Mitarbeiter für die Steuerung, ein Mitarbeiter für die Technik, ein Mitarbeiter für den Materialflussrechner …
- Der Auftragnehmer bezieht die Techniker des Auftraggebers mit in die Aufbauphase der fördertechnischen Anlage und der Steuerung ein, um frühzeitig einen Wissenstransfer sicherzustellen.
- Bei Bedarf hat der Lieferant im Backoffice zur Behebung etwaiger Fehler die zügige Bearbeitung der Fehler durch ausreichende Ressourcen sicherzustellen.
- Muss ein Leistungstest wiederholt werden und hat der Systemlieferant die notwendige Wiederholung verschuldet, darf der Systemlieferant daraus entstehende Mehrkosten, wie Einsatzkosten und Reisekosten, nicht in Rechnung stellen.
- …

Werksabnahmen – Akzeptanztests
- Im Vertrag sollte festgehalten werden, welche Systemteile im Verlauf der Realisierung geprüft werden sollen. Es ist außerdem festzulegen, wie geprüft wird, wer anwesend ist und wie die Beurteilung dokumentiert wird.
- Des Weiteren muss bereits zu diesem Zeitpunkt beschrieben werden, wie und in welcher Zeit die Mängelpunkte durch den Auftraggeber in die weitere Realisierung einfließen werden und wie die erneute Vorstellung organisiert werden soll.
- …

Statische Abnahme Software und Hardware und Fördertechnik – Sichtprüfung
- Es wird aufgeführt, welche Bereiche und Systemteile bei der Prüfung durch Sichtprüfung betrachtet werden.
- Folgende Aspekte sollen bei der Sichtprüfung erfasst werden. Prüfung der
  - vollständigen Lieferung der mechanischen, elektrischen und steuerungstechnischen Elemente,
  - ordnungsgemäßen mechanischen und elektrischen Montage,
  - vollständigen Lieferung der Dokumentation bzw. der vorläufigen Dokumentation,
  - der Zugänglichkeit der verschiedenen Arbeitsbereiche, insbesondere Wartungszugänge,
  - der Anlage bezüglich der allgemeinen mechanischen Verarbeitung und der Montage
  - …
- Die Sichtprüfung erfolgt zusammen mit Auftraggeber und Auftragnehmer.

- Die Basis ist das Pflichtenheft mit den Zusatzdokumenten und den verfügbaren Zeichnungen.
- Die Dokumentation von auftretenden Mängeln wird durch den Auftraggeber durchgeführt. Die Mängelliste enthält im Wesentlichen eine Ortsbeschreibung, eine Mängelbeschreibung und Fotos des Anlagenteils.
- Nach der Sichtprüfung werden die dokumentierten Mängel durch den Lieferanten innerhalb eines Tages bewertet. Die Bewertung enthält die Akzeptanz/Nicht-Akzeptanz als Mangel, die Aufwandsschätzung in Euro und Arbeitstagen, den möglichen Umsetzungszeitpunkt, den Einfluss auf die weiteren Testphasen usw.
- Die Sichtprüfung wird in kurzen Abständen, z. B. wöchentlich, nach Erledigung einiger Punkte, wiederholt.
- Die Umsetzungstermine der erfassten Mängel werden dem Auftraggeber drei Tage vor einer möglichen Nachprüfung bekannt gegeben.

Dynamische Abnahme I – Autarke Funktionstests
- Welche Voraussetzungen müssen erfüllt sein, damit die autarken Funktionstests begonnen werden können?
  - Beispielsweise müssen die zentralen Bedienungsdialoge komplett realisiert worden sein.
  - Es sollte die Systemdokumentation in einer Vorabversion übergeben worden sein. Die ausreichend qualifizierten Mitarbeiter des Auftraggebers sollen mit dieser Dokumentation die fördertechnische Anlage bedienen können, Störungen erkennen, bewerten und beseitigen können.
  - Der Auftraggeber sichert zu, dass die dokumentierten Testfälle dem Lieferanten ca. zwei Wochen vor dem Testbeginn zur Prüfung vorgelegt werden. Der Lieferant hat diese eine Woche vor Testbeginn zu bestätigen oder Unklarheiten aufzuzeigen.
- Was ist der Inhalt und der Umfang des autarken Funktionstest?
  - Prüfung der Funktionen und Bedienung des Materialflussrechners.
  - Prüfung der Funktionen und Bedienung der Anlagenvisualisierung.
  - Test der Grundfunktionalitäten des Lagerverwaltungssystems.
  - Prüfung und Abnahme aller Belege und Etiketten.
  - ...
- Während des autarken Funktionstests ist der Materialflussrechner nicht mit dem Lagerverwaltungssystem über eine Schnittstelle verbunden.
- Für die Durchführung der autarken Funktionstests sind x Wochen (z. B. zwei) geplant.
- Die autarken Funktionstests gelten als abgeschlossen, wenn alle entsprechend markierten Testfälle durch das verantwortliche Testteam als „erledigt" gekennzeichnet wurden.
- ...

Dynamische Abnahme II – Funktionstests im Verbund
- Während des Funktionstests im Verbund werden die Testsysteme der beteiligten Systemebenen in mehreren Schritten über die definierten Schnittstellen verbunden.
- Eine Auswahl von Testfällen aus den autarken Funktionstests wird im Verbund mit der aktiven Schnittstelle wiederholt.
- Für die Durchführung der Funktionstests im Verbund sind x Wochen (z. B. zwei) geplant.
- Die Funktionstests im Verbund gelten als abgeschlossen, wenn alle entsprechend markierten Testfälle durch das verantwortliche Testteam als „erledigt" gekennzeichnet wurden.
- Um ein grobes Bild der Funktionsfähigkeit der fördertechnischen Anlage vor Beginn der Tests zu bekommen, sollte nachgewiesen werden, dass jede Start-Ziel-Kombination mit x Ladungsträgern gefahren worden ist. Ein Nachweis über erfüllte Transportaufträge im Materialflussrechner reicht hier aus. Der Auftraggeber muss noch nicht zwingend anwesend sein.
- …

Leistungsabnahme – Leistungstests im Verbund
- Voraussetzung für die Durchführung der Leistungstests ist
  - die Verbindung aller beteiligten Systemebenen über Schnittstellen,
  - die erfolgreiche Bearbeitung der durchgängigen Testfälle über alle beteiligten Systemebenen,
  - die Behebung aller Mängel aus den vorherigen Testphasen,
  - die Bereitschaft des Systemlieferanten zur Durchführung der Leistungstests,
  - die ausreichende Einarbeitung des technischen Personals zur Führung der fördertechnischen Anlage,
  - die Inbetriebnahme aller notwendigen Endgeräte,
  - die Fähigkeit des Auftraggebers, ausreichend Personal, Hilfsmittel, Flurförderzeuge, Verbrauchsmaterial und Testware zur Verfügung zu stellen
  - …
- Ziel ist es, die Leistungstests im Verbund innerhalb von x Woche(n) (z. B. eine Woche) stattfinden zu lassen.
- Für jedes Szenario wird ein eigener Leistungstest mit einer Dauer von x Stunde(n) durchgeführt. Während des Leistungstests werden an allen Systemquellen Förderflüsse erzeugt, die der definierten stündlichen Leistung des jeweiligen Szenarios entsprechen. Der Leistungstest gilt als bestanden, wenn die Gesamtleistung je Szenario erreicht wurde. Die vereinbarten stündlichen Leistungen sind technisch installierte Leistungen, die gemäß der Leistungsschaubilder an allen hier markierten Anlagestellen nachzuweisen sind.
- Wird die in den Testszenarien definierte Förderleistung nicht erreicht, muss der Lieferant nachbessern.
- …

Go-live
- Der Go-live wird erst vollzogen, wenn die vorherigen Tests erfolgreich abgeschlossen werden konnten.
- Der Termin wird mindestens x Wochen (z. B. zwei) vorher schriftlich unter allen Parteien abgestimmt.
- Alle Voraussetzungen und Bedingungen zum Start des Echtbetriebes werden von den beteiligten Parteien bestätigt.
- Alle betriebsbehindernden Mängel sind beseitigt.
- In einer Anlaufphase von x (z. B. vier) Wochen wird schrittweise Last auf die Anlage gebracht, um dem Personal innerhalb und außerhalb des Logistikzentrums die Gelegenheit der Eingewöhnung zu geben.
- Die Anlaufphase dient der weiteren Optimierung unter realitätsnaher Dauerlast.
- Alle Parteien müssen sicherstellen, dass notwendige Änderungen außerhalb des operativen Betriebes durchgeführt werden und rechtzeitig zum Beginn des nächsten Werktages abgeschlossen sind.
- Während der vertraglich festgelegten Anlaufphase hat der Auftragnehmer vor Ort ausreichend Personal zur Unterstützung des Personals des Auftraggebers und zur Fehlerbeseitigung zur Verfügung zu stellen.
- …

Verfügbarkeitsprüfung
- Nach der Anlaufphase von x Wochen (z. B. vier Wochen) ist eine Verfügbarkeit von x % (z. B. 98 %) zu erreichen.
- Die Verfügbarkeit berechnet sich gemäß der Richtlinien xxx.
- Der Rechenweg zur Ermittlung der Gesamtverfügbarkeit unter Berücksichtigung unterschiedlicher Teilverfügbarkeiten für die zu liefernde fördertechnische Anlage ist beigefügt.
- Oder alternativ: Der Rechenweg der Gesamtverfügbarkeit wird nach Abschluss der Montagen einvernehmlich auf Basis der genannten Richtlinien ermittelt.
- Die Sollverfügbarkeit berechnet sich wie folgt: Sollverfügbarkeit = (Einsatzzeit − Summe ungeplanter Ausfallzeiten)/(Einsatzzeit).
- Ungeplante Ausfallzeiten sind z. B. solche aufgrund eines Fehlers der Anlage, wobei hierfür nicht die Anlagenstillstandzeit aus der Anlagenvisualisierung maßgebend ist, sondern die reine Fehlerbehebungszeit (einschließlich der Zeit bis zum Beginn der Fehlerbehebung) durch das geschulte Fachpersonal.
- Die Einsatzzeit ist dabei die Summe aus der Bereitschaftszeit und der Betriebszeit der fördertechnischen Einrichtung. In der Bereitschaftszeit ist die Anlage eingeschaltet, ihre Funktion aber nicht ausführt. Die Betriebszeit ist die Zeit, in der die Anlage in ihrer Funktion betrieben wird.
- Die Teilverfügbarkeiten der Fördertechnik und die der Regalbediengeräte im Hochregallager fließen jeweils zu 100 % in die Sollverfügbarkeit der gesamten fördertechnischen Anlage ein. Sind bestimmte technische Einheiten redundant ausgelegt, werden diese anteilig gewichtet.

- Die Einzelverfügbarkeit der IT-Server und Komponenten im Lieferumfang des Systemlieferanten muss mindestens x % (z. B. 99,5 %) betragen.
- Wird die Verfügbarkeit nachweislich unterschritten, hat der Auftragnehmer Maßnahmen einzuleiten, um die Verfügbarkeit der fördertechnischen Anlage anzuheben. Der Aufwand dafür liegt beim Auftragnehmer des Systemlieferanten.
- Die Verfügbarkeit wird an x Tagen (z. B. drei Tage) über jeweils x Stunden (z. B. 8 h) gemessen.
- Voraussetzung für die Messung ist mindestens ein durchschnittlicher operativer Betriebstag, an dem alle einlagernden und auslagernden Prozesse durchgeführt werden.
- Die Wiederholung eines Verfügbarkeitstests verlängert die Dauer der vertraglich festgelegten Dauer der Anlaufphase.
- …

Zum Thema Behördliche Abnahmen
- Es geht dabei um die Prüfung der Einhaltung von Richtlinien, Vorschriften und Verordnungen durch eine Behörde.
- Die Behörden können das Gewerbeaufsichtsamt, die Brandschutz- und Bauaufsichtsbehörde, die Berufsgenossenschaft, die Bauaufsichtsbehörde, die ansässige Feuerwehr, die Gewerbeaufsichtsämter und der TÜV sein.
- Die Organisation liegt in der Verantwortung des Lieferanten des Gewerkes.
- Der Auftraggeber hat entsprechendes Fachpersonal zu stellen.
- Die Gebühren für die Abnahmen gehen zulasten des Auftragnehmers.
- Als Nachweis gilt das entsprechende amtliche Prüfergebnis.
- …

Sachverzeichnis

A
Abnahme, 35
   behördliche, 49, 160
   dynamische
      I, 44, 157
      II, 46, 158
   Pflichtenheft, 39
   statische
      Fördertechnik, 42
      Software und Hardware, 43, 156
   Verfügbarkeit, 51
   Werksabnahme, 40
   Zahlungsmeilenstein, 37
Akzeptanztest s. Werksabnahme
Analyse, 9
Änderungsmanagement, 117
Anlage, fördertechnische, 8
Auftraggeber
   Anforderungen, 7
   Tests, 21
Auftragnehmer, Anforderungen, 25

B
Behinderungsanzeige, 37

E
Echtbetrieb, 144
Emulation, 47
   Einsatzmöglichkeiten, 22
   Zwischenstufe, 47
Endabnahme, 51

F
Funktionstest
   autarker, 44, 157
   im Verbund, 46, 158

G
Go-live, 159

I
Inbetriebnahme, 137
   Anlauftest, 144
   erfolgreiche, 153
   gescheiterte, 1
   häufigste Fehler, 5
   missglückte, 154
Inbetriebnahmeverfahren, 155

K
Konfiguration, 103
Konfigurationshandbuch, 103
Konfigurationsteam, 103

L
Lastenhefterstellung, 8
Leistungsabnahme, 49, 158
Leistungstest, 49
   Dauer, 126
   Durchführung, 123
   im Verbund, 158
Leistungstestszenario, 27–29, 31, 49

M
Mängeldokumentation, 42

O
Offene-Punkte-Liste, 18

P
Personalverfügbarkeit, 6
Pflichtenheft, 39
Pflichtenhefterstellung, 5, 53
Planungsbasis, 9
Projektbüro, 15
Projektfähigkeit, 10
Projekthandbuch, 6, 15
Projektleiter, 12
Projektorganigramm, 11
Projektteam, Verfügbarkeit, 11
Projektziel, 7
Protokollführung, 18
Prozessbeschreibung, 5, 58
    Flussdiagramme, 68
    tabellarische, 64
    Vergleich, 59

R
Regeltermin, 18

S
Schulung, 6
    Durchführung, 75
Simulationsstudie, 123
Spezifikation, 39
Steuerung, 100
Systemdokumentation, 78

T
Taskmanager, 84
Test, 35, 155
    Auftaktworkshop, 91
    Bedingungen, 82
    Durchführung, 109
Testergebnis, 113
    Fehlerklassen, 115
Testfall
    Dokumentation, 95
    Erstellung, 88
    Status, 115
Testfortschritt, 115
Testmanager, 83
Testraum, 84
Testteam, 82
Testumgebung, 98
Testvorbereitung, 75
Testware, 85

U
Urlaubsliste, 18

V
Verfügbarkeitsmessung, 51, 147
    Störung, 148
    Teilverfügbarkeit, 149
Verfügbarkeitsprüfung, 159
Vertrag
    Testszenarien, 5
    Testunterstützung, 27

W
Werksabnahme, 40, 156

The manufacturer's authorised representative in the EU is Springer Nature Customer Service Centre GmbH, Europaplatz 3, 69115 Heidelberg, Germany. If you have any concerns regarding our products, please contact ProductSafety@springernature.com

Printed and bound by CPI Group (UK) Ltd, Croydon, CR0 4YY

23/03/2026

02076459-0020